Inhalt

Klang und Notation 5

Frühe Notationsformen 8
Mensuralnotation 13
Tabulatur und Akkordschrift 20
Notation als strenges Diktat und als befreiender Impuls 34
Aufzeichnungsmöglichkeiten elektronischer Klänge 41

Tonsysteme 47

Diatonik und Chromatik im Vergleich 48
Diatonik 53
Das pythagoräisch-diatonische System der Quintbeziehungen 54
Unstimmigkeiten des pythagoräischen Systems 62
Temperierte Stimmungen 67
Johann Sebastian Bachs „Wohltemperiertes Klavier“ 68
Enharmonik 71
An der Grenze der Tonalität 72
Fernöstliche Einflüsse auf das abendländische Tonsystem 75
Einfluß des Blues 82
Der Durchbruch der Chromatik im Zwölftonsystem 84
Auflösung der Tonsysteme in der Gegenwart 88

Analyse und Interpretation 101

Subjektive Musikbetrachtung 102
Objektive Musikbetrachtung 102
Von der Analyse zur Interpretation 112
Musikerlebnis und Musikverständnis 124
Die Interpretation eines Charakterstücks 129
Die Interpretation von Programmusik 130

Stil und Stilwandel 135

Zwischen zwei großen Epochen: Carl Philipp Emanuel Bach 136
Der Stilbegriff 145
Stilwandel: Spätromantik – „Wagnérisme“, Impressionismus, Expressionismus . . 148

Strömungen der Musik im 20. Jahrhundert 164

Das Verhältnis des Komponisten zur Tradition 165
Das Verhältnis des Komponisten zur Volksmusik 180
Musik in Politik und Gesellschaft 186
Musik zwischen Kunst und Konsum 205

Musik und bildende Kunst / Architektur 220

Gemeinsame Wahrnehmungsformen in Musik und bildender Kunst 221
Strukturelle Entsprechungen in Musik und Architektur 228
Der architektonische Raum als musikalische Komponente 232
Beziehungen zwischen bildender Kunst und malender Musik 245
Die Collage als gemeinsame Kompositionstechnik in bildender Kunst und Musik des 20. Jahrhunderts 251

Musik und Sprache 264

Die Poesie, der Musik gehorsame Tochter? 265
Musica poetica – musikalische Rhetorik 276
Vom deklamatorischen Gesang zum Sprechton 291
Der Sprachlaut als Kompositionsmaterial 308

Quellennachweis 313

Personenregister 317

Sachregister 319

Verzeichnis der besprochenen Musikbeispiele 322

Farbtafeln nach S. 312:

I Claude Monet: Impression. Soleil levant (Sonnenaufgang. Eine Impression), 1873
II Edvard Munch: Der Schrei, 1893
III oben: Wassily Kandinsky: Komposition IV, 1911 – unten: Henri Matisse: L'enterrement de Pierrot (Das Begräbnis des Pierrot)
IV Katsushika Hokusai: Ansicht des Fuji vom Wellental im offenen Meer vor Kanagawa

Klang und Notation

Moritz von Schwind (1804–71): Konzertante Symphonie mit Katzen. Zeichnung in brauner Tusche und Bleistift (Staatliche Graphische Sammlung, München)

Mich brennt's in meinen Reiseschuh'n

Ritornell

Lied

2. Es hebt das Dach sich von dem Haus, und die Kulissen rühren
und strecken sich zum Himmel raus, Strom, Wälder musizieren.
3. Da gehn die einen müde fort, die andern nahn behende,
das alte Stück, man spielt's so fort und kriegt es nie zu Ende.
4. Und keiner kennt den letzten Akt von allen, die da spielen,
nur der da droben schlägt den Takt, weiß, wo das hin will zielen.

Begleitsatz zum Lied

Worte: Joseph von Eichendorff (1788–1857)
Weise und Ritornell: Cesar Bresgen (*1913)
Chor- und Instrumentalsatz: Gottfried Wolters (*1910)

1 Singen und spielen Sie den Satz unter Verwendung geeigneter Instrumente. Fügen Sie weitere Rhythmusinstrumente hinzu mit ergänzenden Ostinato-Spielfiguren. Versuchen Sie, das Stück auch ohne Notenvorlage zu musizieren.

In der Musikpraxis gibt es die Möglichkeit, frei zu improvisieren oder nach einer Vorlage zu musizieren. Eine Vorlage kann möglichst originalgetreu wiedergegeben, aber auch freizügig variiert werden.

Überschaubare Vorlagen lassen sich leicht aus dem Gedächtnis nachspielen. Bei der Nachgestaltung komplizierter, umfangreicher Kompositionen erweist sich eine schriftliche Aufzeichnung als unentbehrliche Hilfe. Ohne Notation werden nur kleinere Musikstücke überliefert oder Spielmodelle weitergegeben, die als Grundlage immer neuer improvisatorischer Erweiterung dienen. Groß angelegte musikalische Werke sind auf Notation angewiesen, um mehr als einmal zu erklingen.

2 Beurteilen Sie die Schwierigkeiten, die entstanden wären, wenn Sie das obenstehende Musikstück nicht anhand des Notenbilds, sondern lediglich auf der Grundlage einer verfügbaren Schallplattenaufnahme hätten erarbeiten müssen.

Das Nachgestalten einer musikalischen Vorlage nach dem Gehör verlangt fachliche Kenntnisse und große Übung. In neuerer Zeit werden Kompositionen wieder häufiger ohne Hilfe eines Notentextes nachgespielt, besonders in Jazz und populärer Musik, wobei individuelle Variationen des Originals üblich sind (Spielmodell). Elektromagnetische Klangaufzeichnung ermöglicht es heute, die Vorlage so oft unmittelbar hintereinander zu wiederholen, bis sich das Klangbild ins Gedächtnis einprägt. Trotzdem ist damit die Aufgabe nicht gelöst, den Aufbau komplexerer Klangverläufe zu durchschauen und die vielen Einzelelemente passend wiederzugeben.
Diese Hinweise berühren die wichtigsten Funktionen schriftlicher Aufzeichnung von Musik: Musik als akustische Erscheinung ist ein zeitlicher, flüchtiger Ablauf; Notation fixiert ihn, nimmt ihn aus der Dimension der Zeit heraus und hält ihn als Ganzes vor Augen. Dadurch entlastet sie das Gedächtnis für die Rekonstruktion des Klangs. Je nach ihrer Genauigkeit gewährt die Schrift Einblick in die Einzelelemente der Komposition. Viele Nuancen des Musikvortrags entziehen sich der schriftlichen Fixierung.
Es gibt verschiedene Arten grafischer Aufzeichnung von Musik. Sie reichen von symbolischen Zeichen für Einzelelemente bis zu sprachlichen Beschreibungen und zu tabellarischen Darstellungen exakter Meßergebnisse. Jede Musikkultur hat die Art von Schriftbild hervorgebracht, die für ihre musikalische Praxis nötig und hilfreich war.
Hier stellt sich die Frage: Wäre die Entstehung der Werke europäischer Musikgeschichte ohne Notenschrift überhaupt denkbar? Der gegenseitigen Abhängigkeit zwischen Komposition und Notation soll im folgenden nachgegangen werden.

Frühe Notationsformen

Anknüpfend an Notationspraktiken und -formen der Antike, zeigten sich zuerst im kirchlichen Gesang des Mittelalters (Gregorianik) seit dem 9. Jahrhundert Bemühungen um schriftliche Musikaufzeichnung: Einerseits war man bestrebt, überlieferte Singweisen zusammenzutragen und zu ordnen, andererseits wollte man das Einstudieren chorischer Gesänge erleichtern. Die weltliche Musikpraxis kam zunächst noch jahrhundertelang ohne Notenschrift aus. Wer Musik vortrug, erfand sie entweder selbst oder ahmte Gehörtes nach, indem er nach Gelegenheit und eigenem Gutdünken variierte; zudem waren die häufig aufgegriffenen, in vielen

Liedern wiederkehrenden Melodiemodelle noch einfach und durch Wiederholungen einprägsam gegliedert.
Erst als anspruchsvolle Gesangstexte immer ausführlichere und kunstreichere Singweisen zur Folge hatten, fühlte man sich veranlaßt, diese schriftlich festzuhalten.

Weitere Beweggründe für die Aufzeichnung weltlicher Weisen waren:

- die Möglichkeit der Verbreitung (Flugblätter)
- das Sammeln von Überlieferungen (Dokumentation), auch weil durch einen Wandel des Musiklebens die „altmodisch“ gewordenen Praktiken in Vergessenheit gerieten.

Die uns überkommenen frühesten Belege weltlicher Notentexte stammen erst aus dem ausgehenden 13. Jahrhundert. Die Epoche der Musikpflege an Fürstenhöfen und auf Ritterburgen, die Kunst der Troubadours und Trouvères in Frankreich (11.–13. Jahrhundert) und der Minnesänger in Deutschland (12.–14. Jahrhundert), neigte sich ihrem Ende zu.

3 Hören Sie zwei Beispiele aus der Musik der Troubadours. Im ersten (anonym, Ende des 12. Jahrhunderts) fordert der Vorsänger zum Reigentanz im anbrechenden Frühling auf, um die Herrin des Ritterhofes zu ehren. Im zweiten (Bernart de Ventadorn, † um 1200) beneidet der Troubadour in seiner Sehnsucht nach Liebe eine Lerche, die fröhlich zur Sonne steigt und sich befriedigt fallen läßt. 1

Ritterliche Herren verschiedensten Ranges, sogar Könige, widmeten sich solcher Musik im edlen Wettstreit oder in ausgelassener Geselligkeit, bei Hofe oder auf abenteuerlichen Reisen, wo sie ihre Erfahrungen mit fahrenden Musikanten und Gauklern aus dem niederen Volk austauschten. Aus einem Lied des Troubadours Guirant de Calancon vernehmen wir, welche Anforderungen an einen ritterlichen Musiker gestellt wurden. Die Kunst des Ritters ähnelte in vieler Hinsicht dem artistischen Spiel des Gauklers auf der Straße.

„Wisse gut zu erfinden und zu reimen und im Wettstreit gut aufzugeben. Wisse Trommel und Cymbel[1] *frisch zu rühren und die Bauernleier*[2] *wohl zu spielen. Wisse kleine Äpfel zu werfen und mit Messern aufzufangen, den Vogelsang nachzuahmen, Kunststücke mit Karten zu machen und durch vier Reifen zu springen. Wisse die Citole*[3] *und die Mandoline zu spielen, das Manichord*[4] *und die Gitarre zu handhaben, die Rotte*[5] *mit siebzehn Saiten zu beziehen, die Harfe zu behandeln und auf der Geige gut zu begleiten, um den Sprachgebrauch gefälliger zu machen. Jongleur, du sollst neun Instrumente wohl instand setzen können. Wenn du selbige gut spielen lernst, wirst du allen Bedürfnissen zu genügen wissen. Laß auch die Leier*[6] *ertönen und die Schellen klingen.“*

Solistischer Gesang blieb die Regel, gelegentlich – z. B. beim Tanz – wurde er vom Chor aufgegriffen. Die Instrumentalbesetzung war beliebig und die Spielform frei.

---

[1] Becken
[2] Drehleier (Streichinstrument mit drehbarem Steg)
[3] Cister, Zupffiedel
[4] Monochord
[5] Harfe in dreieckiger Form einer Zither
[6] Zupfinstrument mit Jocharmen und Joch zum Spannen der Saiten

Es gab noch keine selbständige (polyphone) Gegenstimme zum Gesang; die Begleitstimmen verstärkten die Haupttöne der Singstimme, umspielten sie frei (Heterophonie), verliefen mitunter parallel zur Melodie (Quint- bzw. Quartorganum), reduzierten sich auf einen fortklingenden Grundton (Bordun), gaben eine rhythmische Untermalung. Auch Akkordspiel kannte man nicht.
Notierungen jener Zeit zeigten die Musik nur sehr unvollständig. Sie setzten voraus, daß der Ausführende das Lied schon oft gehört hatte und in der Musizierpraxis erfahren war. Lange Zeit fehlten alle Angaben zur Instrumentalbegleitung, und auch für die Singstimme gab die Notenschrift nur lückenhafte Hinweise: Die Zeichen betrafen zunächst lediglich die Richtung im Auf und Ab der Tonhöhe, nicht Tondauer, Rhythmus, Takt und Tempo. Da und dort gaben sie immerhin auch stimmliche Vortragsnuancen (Ornamente) an. Die Troubadours verwendeten bereits Zeichen, aus denen mit der Richtung durch Hoch- und Tiefsetzung der Tonabstand der Melodietöne hervorging: die sog. „diastematischen Neumen". Vermutlich wurde die Form der Neumen aus den Handzeichen des Chorleiters entwickelt.

1 — 4 Beurteilen Sie im Hinblick auf die gehörten Klangbeispiele, woran sich der rhythmische Vortrag des Minnesängers orientiert haben könnte.

2 — 5 Hören Sie verschiedene Tonfolgen aus drei bis fünf Tönen, und erfinden Sie grafische Zeichen zur Darstellung der jeweiligen Tonverläufe.

Die aus nordfranzösischen Neumenschreibweisen abgeleitete Quadratnotation, nach der Form der Notenköpfe benannt, zeigt bereits wesentliche Elemente unserer heutigen Notenschrift, z. B. das Notenliniensystem im Terzabstand (eingeführt durch Guido von Arezzo, um 1025), dazu die dem Liniensystem vorangesetzten Tonbuchstaben, aus denen später die Notenschlüssel entstanden sind. (Siehe auch Beispiel S. 282)

6 Vergleichen Sie die beiden abgebildeten Notationssysteme. Welche genaueren Angaben der Musik sind durch die Quadratnotation möglich geworden?

Das System der Quadratnotation enthält auch Notenzeichen für ganze Gruppen aufeinanderfolgender Töne; in der Regel wird dabei eine Textsilbe über mehrere Töne gebunden (Ligaturen, Figuren).

2 — 7 Hören Sie noch einmal die 5 Tonfolgen. Welche von ihnen entspricht einem der historischen Neumenzeichen und der daraus abgeleiteten Quadratnotengruppe?

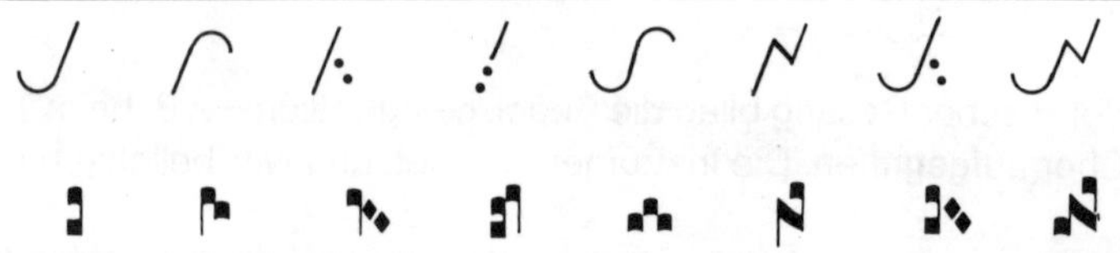

	1	2	3	4	5	6	7	8
Neumenschrift von St. Gallen								
Quadrat-notation								
	Podatus	Clivis	Climacus	Scandicus	Torculus	Porrectus	Pes subbi-punctis	Torculus resu-pinus

Palästinalied

Original

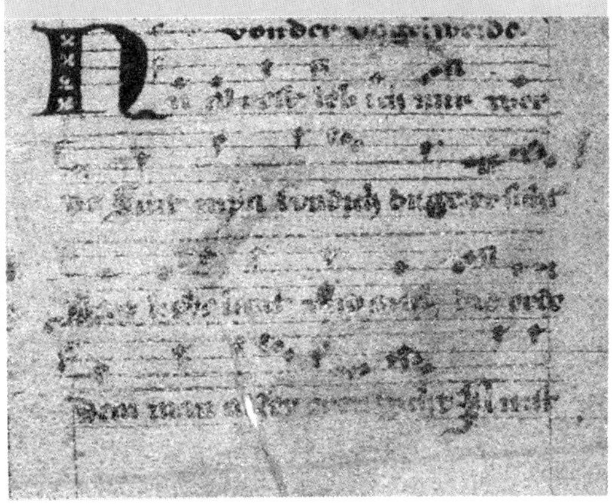

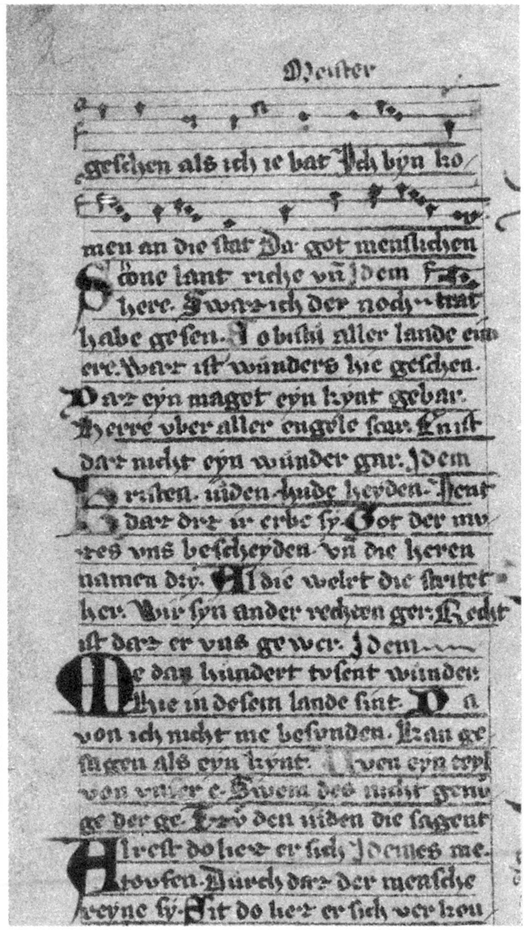

Walther von der Vogelweide, von dem das obenstehende Beispiel stammt, gilt – bereits im Urteil der Zeitgenossen – als einer der bedeutendsten Minnesänger. Anfang und Ende seines Wirkens liegen im Dunkeln. Weitgereist und schließlich als Ritter von Kaiser Friedrich II. mit einem Lehen beschenkt, soll er in Würzburg gestorben sein. Sein Palästinalied (um 1228) gibt Zeugnis von seiner Teilnahme am 5. Kreuzzug.

Übertragung

Neuzeitliche Textfassung:

Nun erst ist mir das Leben teuer,
seitdem mein sündig Auge
das reine Land und auch den Boden schaut,
den man so sehr rühmt und preist.
Mir ist erfüllt worden, worum ich immer bat:
ich bin an die Stätte gekommen,
wo Gott in Menschengestalt wandelte.

Es gibt verschiedene Versuche, die authentische rhythmische Fassung des Walther-Liedes zu rekonstruieren. Zum Beispiel kommt man auf die nachstehenden drei unterschiedlichen Deutungen:

(A)

(B)

(C)

8 Hören Sie das Lied Walthers von der Vogelweide, und verfolgen Sie den in neue Notation übertragenen Notentext.
Entscheiden Sie, welche der drei abgedruckten rhythmischen Fassungen der klanglichen Interpretation am nächsten kommt.

3

Mensuralnotation

In der Liedkunst *Oswalds von Wolkenstein* (1377–1445), die schon zur neuen Epoche überleitet, erblühte die ritterliche Musizierpraxis ein letztes Mal. Während seiner weiten Reisen – als Pilger ins Heilige Land, als Kriegsmann, als Politiker im Dienst des Kaisers, als Abenteurer, Spielmann – und zu Hause auf seiner Burg im Südtiroler Grödner Tal entstand ein reichhaltiges Werk. Oswald hinterließ sorgsam in Text und Weisen zusammengestellte Kompositionssammlungen. Wahrscheinlich wurden sie als Abschrift aus Einzelaufzeichnungen von kundigen Schreibern im Kloster Neustift bei Brixen unter gelegentlicher Aufsicht Oswalds hergestellt. Die kostbarste der Sammlungen enthält das kunstvoll gemalte Porträt des Verfassers – die erste realistische Darstellung eines deutschen Komponisten (vgl. Abbildung). Der Musiker jener Zeit begann sich als Urheber unverwechselbarer musikalischer Erfindungen bewußt zu werden und zu profilieren. So verlangte z. B. Guillaume de Machaut, ein Komponist der französischen „Ars nova", seine Kompositionen seien so vorzutragen, *„zu hören und zur Kenntnis zu nehmen, wie sie geschrieben sind, ohne etwas hinzuzutun oder hinwegzunehmen"*. Erst die schriftliche Festlegung von Musik ermöglicht dem Komponisten, eine künstlerische Autorität zu werden.
Inzwischen hatte sich die heterophone Mehrstimmigkeit zur Polyphonie, zum Geflecht selbständig geführter Stimmen weiterentwikkelt, zunächst in fortschrittlichen geistlichen Zirkeln, dann auch in speziellen bürgerlichen Kreisen, aber *„fürs einfache Volk wenig geeignet"* (Johannes de Grocheo). Oswald von Wolkenstein griff in seinem Schaffen alle Anregungen auf. Die polyphone Mehrstimmigkeit findet sich sogar dort, wo er in seinem bäuerlichen Umkreis musizierte.

Oswald von Wolkenstein. Bildnis aus der Innsbrucker Liederhandschrift, 1432 (Universitätsbibliothek Innbruck)

Frölich geschray so well wir machen

Original

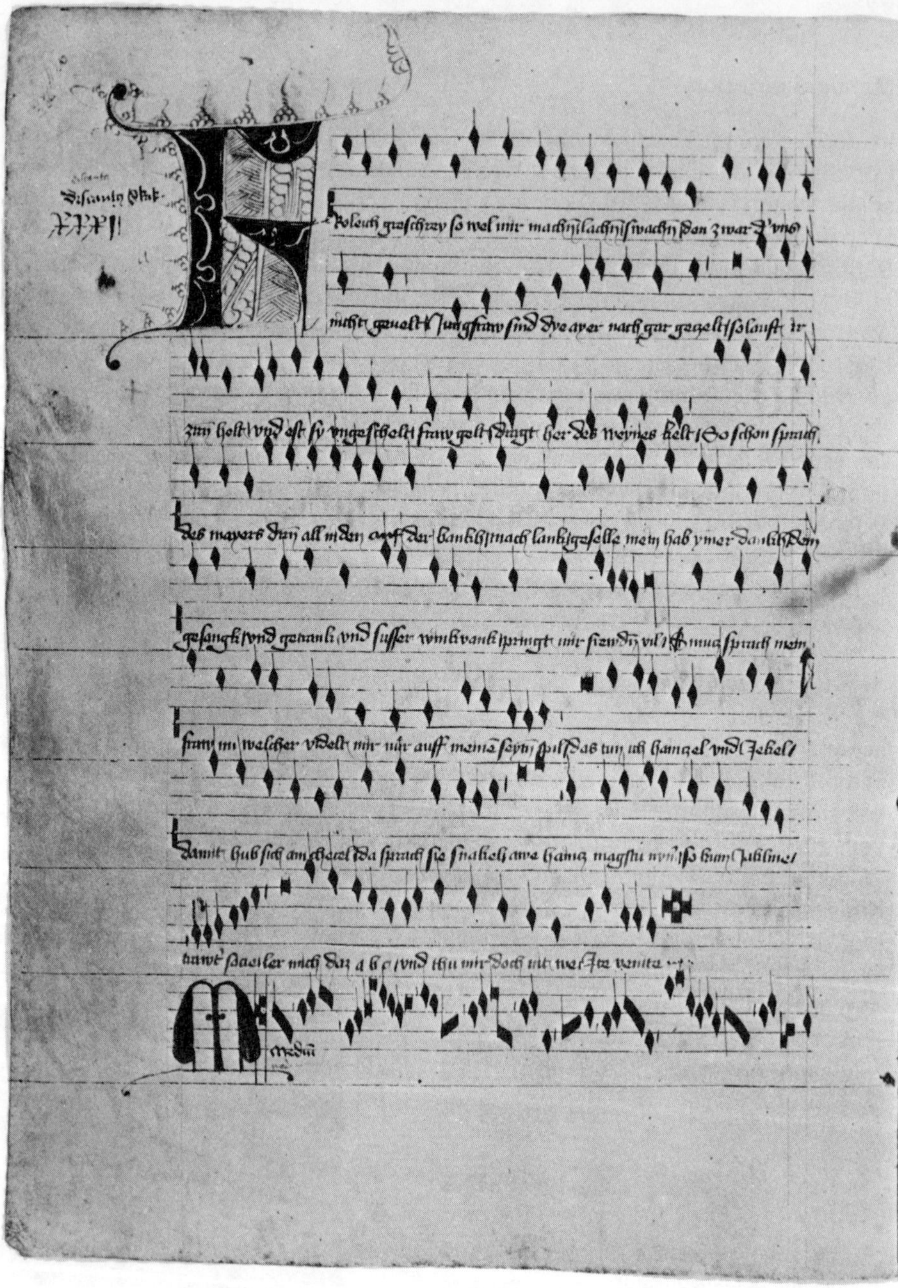

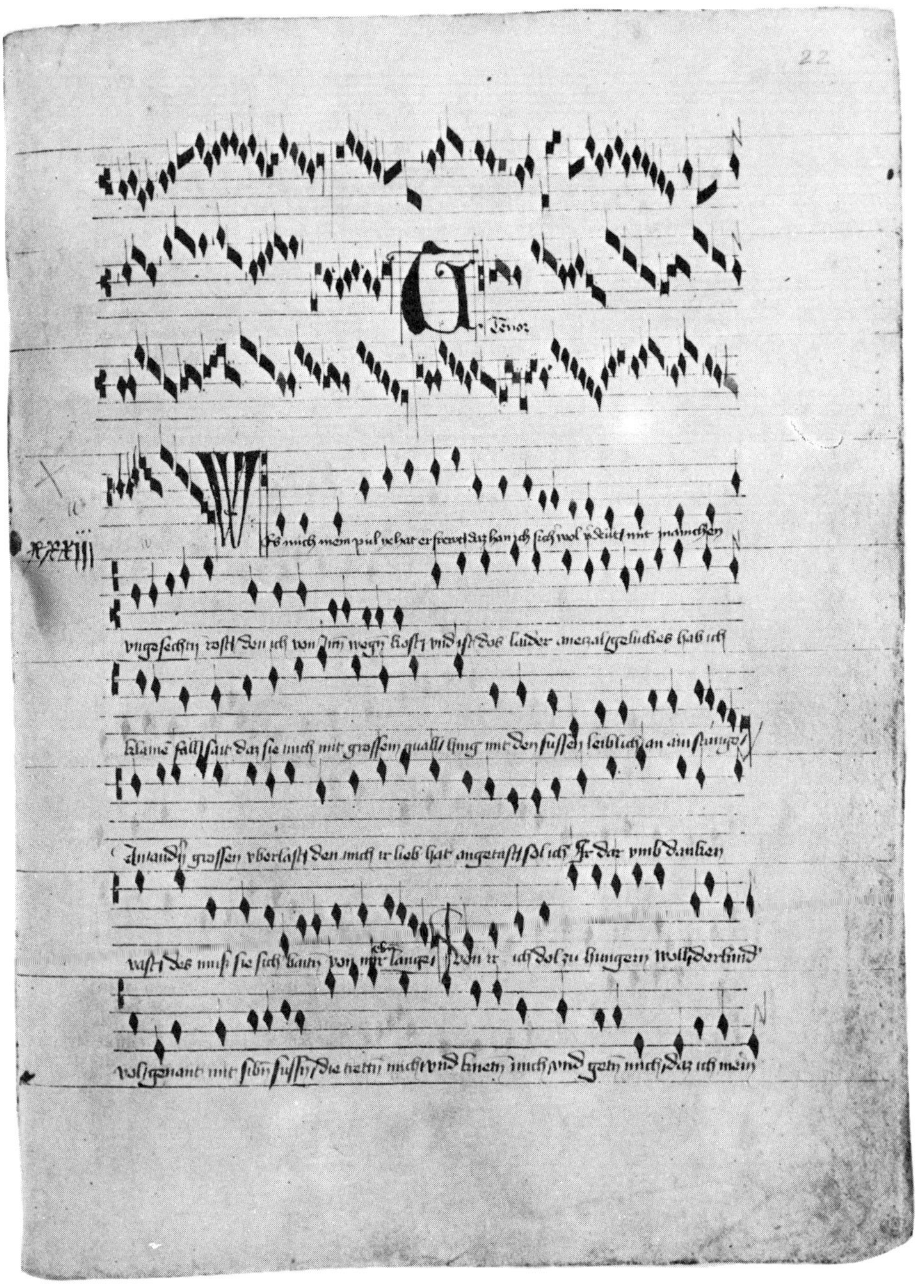

Die beiden Seiten der Handschrift geben das genannte Lied, seine beiden Begleitstimmen und den Beginn eines weiteren Liedes wieder.

Übertragung[1]

[1] Die Übertragung der Herausgeber weicht bei einigen Tönen (*) und im Text von der Handschrift ab.

Der in der deftigen Sprache des Volkes gehaltene Text, der zahlreiche erotische Anspielungen enthält, gibt einen ausgelassenen Dialog von Zechkumpanen einer Dorfschenke wieder.

Nachdichtung von Dieter Kühn

Wir wollen uns vergnügen, lärmen, lachen,
und alle foppen, die uns nicht gefallen!
„Fräulein, hast du schon das rechte Ei gewählt?“
„Ach geht, ihr großen Helden,
freßt eure Eier selber, ungeschält!“
Frau Krug, wo bleibt der kühle Wein?
„Ja, schon dich“, sprach die Bauernmagd
ganz hinten auf der Bank,
„streck dich nur aus, mein Lieber, so ists recht,
dein altes Lied,
dein fester Griff,
dein schönes Hin und Her,
das macht mir großen Spaß.“
„Wie ists?“ rief meine Dame,
„wer fiedelt mir die Liebesgeige?“
Und schon begann das laute Spiel.
Da sagte sie: „Ach, Schneckerl,
Heinz, kannst du nicht mehr?
Komm her, mein Jäckelino,
lieber amigo,
spiel du mir auf,
doch tu mir bloß nicht weh!
Ite, venite!“

4

9 Hören Sie den Liedsatz, und verfolgen Sie das Notenbild.
a) In welcher Besetzung werden die Instrumentalstimmen ausgeführt?
b) Warum läßt sich diese Komposition ohne genauere Notation nicht vorstellen?
c) Zeigen Sie mehrere Stellen auf, in denen sich der rhythmische Verlauf der Stimmen gegeneinander verschiebt. Welcher rhythmische Wert gibt hierzu den Anstoß?

10 Beschreiben Sie das Schriftbild der Originalnotierung, und vergleichen Sie es mit der heutigen Notenschrift.

11 Stellen Sie aus der Diskantstimme die jeweiligen historischen Zeichen für die verschiedenen Ton- und Pausenwerte zusammen. (Die Schlußnote ist eine grafische Auszierung. Das Notenzeichen am jeweiligen Zeilenende gibt lediglich den Anfangston der nächsten Zeile an.)

Im folgenden wird versucht, den Anfang der im Original getrennt notierten Stimmen in neuzeitlicher Partiturform anzuordnen, d. h. das zugleich Erklingende untereinander zu schreiben, jedoch die alten Notenzeichen beizubehalten.

In den Instrumentalstimmen der Originalnotierung finden sich zahlreiche Zeichen für ganze Tongruppen (Figuren). Die Deutung ihrer rhythmischen Aufteilung ist sehr kompliziert; sie läßt sich nicht einfach aus dem Wert der Einzelnoten ableiten. Auch bei den Einzelnoten gibt es verschiedene Lesarten, je nachdem, welches Metrum zugrunde gelegt wird: Die Notenwerte wurden ursprünglich in drei gleiche Einheiten geteilt (ähnlich der heutigen Triole), erst später auch (wie heute) in zwei Einheiten:

Auch das Grundtempo, d.h. die absolute Tondauer, war mittels dieser Zeichen annähernd definiert. Die kürzesten Werte – zunächst die „Semibrevis", bei Oswalds Notation bereits die „Minima" – sollten gerade noch auf eine Textsilbe singbar sein: *„quod est minimum in plenitudine vocis"* (Franco von Köln, 1280). Die den Rhythmus auf solche Art festhaltende Notenschrift jener Epoche nennt man „messende" bzw. „Mensuralnotation", im Unterschied zur vorausgegangenen „Quadratnotation".

12 Hören Sie zum Vergleich eine andere Interpretation des Liedes von Oswald von Wolkenstein. Beschreiben und beurteilen Sie die unterschiedliche Ausführung im Hinblick auf Tempo und Besetzung.

5

13 Zeigen Sie zusammenfassend auf, inwiefern die Entwicklung von der Quadrat- zur Mensuralnotation von der Entwicklung der musikalischen Komposition und Vortragsweise bestimmt war.

Ein Kanon des Oswald von Wolkenstein zum gemeinsamen Singen und Spielen:

Her wiert uns dürstet

*Glück

Tabulatur und Akkordschrift

Aus dem Song der *Rolling Stones* „Sweet black angel“:

judge her for all_ dat he's worth. Well de gal_ in dan-
Em
C
Am7
ger, de gal in chains,_ but she keep_ on push-
D
G
in', would you do the same?_ She count-in' up de
Em
C
Am7
min-utes, she count-in' up de days, she's a sweet black

Mick Jagger (*1943)/Keith Richard (*1943)

Bei der Notation dieses Rocksongs von 1972 stehen sich drei verschiedene Aufzeichnungsweisen gegenüber:

- unsere geläufige Notenschrift
- eine Griffschrift für die Gitarrenbegleitung
- Akkordsymbole in Buchstaben und Ziffern für die Gitarrenbegleitung.

6 14 Hören Sie den Song im Blick auf das Notenbild.
Beschreiben Sie Klangbild (Sound) und Kompositionsweise.

Die Akkorde der Begleitgitarre sind ein wesentlicher Bestandteil der Rockmusik. Die Griffschrift für den Gitarrenpart knüpft an alte Praktiken der Tabulaturschrift an: Statt Noten werden die Fingerstellungen auf dem Griffbrett des Instruments

notiert. Die Notation erfaßt nur die Griffe der linken Hand, nicht aber das Klangbild. Auch der des Notenlesens unkundige Spieler kann die Hinweise ausführen.
Die Buchstaben- und Ziffernsymbole informieren über den Akkordaufbau: Die Buchstaben nennen den Baßton des Akkords, die Ziffern Abweichungen vom Dreiklang über dem Baßton (z. B. Zusatzintervalle 7 bzw. 9). Auf die Angabe sämtlicher Akkordtöne durch Ziffern wird verzichtet, weil der Akkordaufbau in der Spielpraxis als bekannt und geläufig vorausgesetzt werden kann („m" bedeutet Moll).

15 a) Deuten Sie die Zeichen der Griffschrift, und versuchen Sie die Akkorde auf einer Gitarre zu spielen.
b) Übertragen Sie die Akkorde aus den Buchstaben- und Ziffernsymbolen in Noten, und vergleichen Sie das Ergebnis mit den aus der Griffschrift gewonnenen Gitarrentönen.

16 Stellen Sie den Begleitostinato mit geeigneten Instrumenten zusammen, und versuchen Sie einige Abschnitte des Songs zu musizieren.

Die Musikgeschichte kennt verschiedene Tabulaturschriften[1], z. B.:

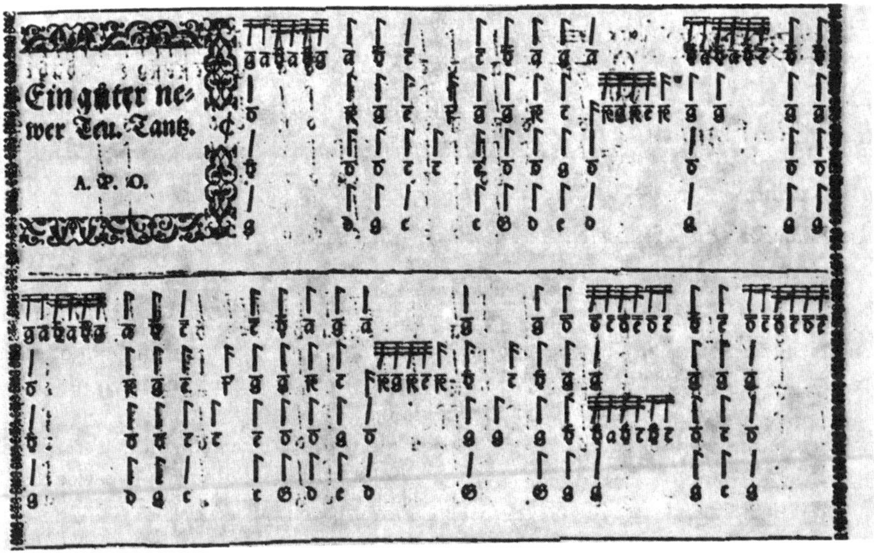

Übertragung

[1] lat. tabula = Tafel

Die ersten Tabulaturschriften entstanden im 15./16. Jahrhundert, der Frühzeit solistischer Instrumentalmusik. Sie wurden speziell für Orgel-, Lauten- und Gitarrenspiel verwendet.

Das Beispiel von Seite 23 „Ein guter newer Teu(tscher) Tantz" ist aus dem Orgeltabulaturbuch (1583) des Jacobo Paix Augustano, Organist in Lauingen, entnommen. Die Zeichen geben den vierstimmigen Satz mit Notennamen und Notenwerten wieder.

Das folgende Beispiel zeigt eine französische Tabulaturschrift für Laute. Seinerzeit war die Laute das beliebteste Instrument der Hausmusik *(„regina omnium instrumentorum musicorum")*, besonders für Liedbegleitung, Konzertstücke und Tanzweisen. Jean-Baptiste Besard, der Komponist der hier wiedergegebenen Volte[1] – ein Paartanz mit heftigen Sprüngen und Drehungen – gehört zu den bedeutenden französischen Lautenisten um 1600.

[1] franz. volte = Umdrehung

17 Hören Sie das Stück, und versuchen Sie den Verlauf in der Tabulatur mitzuverfolgen. 7

Die französische Tabulatur verwendet folgende Zeichen:

- Die 6 waagrechten Linien stellen die Saiten der Laute dar, hier in der Stimmung e – a – d – fis – h – e (Umstimmung der g-Saite nach fis = Scordatura[1]):

- Die Buchstaben bezeichnen die einzelnen Bünde des Griffbretts:

a = leere Saite	ℓ = e = 4. Bund
ɓ = b = 1. Bund	f = 5. Bund
c = 2. Bund	g = 6. Bund
d = 3. Bund	ɦ = h = 7. Bund

  Die Bünde ergeben eine Saiteneinteilung in Halbtonschritten.

- Das Zeichen „– a –" unter der tiefsten Saite besagt, daß noch eine weitere, nicht gegriffene Baßsaite (Bordunsaite) d mitklingt:

- Die Symbole über den Griffbuchstaben markieren die Dauer der Töne:

  Jedes Zeichen gilt bis zur Ablösung durch ein neues. Die alten Notenwerte entsprechen heute kürzeren Tondauern:

Hieraus ergibt sich die auf Seite 26 wiedergegebene Übertragung des Stücks.

[1] ital. scordatura = Verstimmung

Tabulaturübertragung und Bearbeitung: Heinz Teuchert

18 Hören Sie den Tanz nochmals anhand des neuzeitlichen Notenbilds, und beachten Sie dabei die zusätzlichen Zeichen des Bearbeiters für Spielanweisungen, die die Griff- und Zupftechnik betreffen. Welche verschiedenartigen, die Notation ergänzenden Zeichen können Sie finden? 7

19 Versuchen Sie selbst einen kurzen Abschnitt der Tabulatur in neue Notenschrift zu übertragen, und vergleichen Sie das Ergebnis mit der abgedruckten Übertragung.

20 Musizieren Sie das Tanzstück, indem Sie den mehrstimmigen Satz auf verschiedene geeignete Instrumente aufteilen (z. B. 2 Melodieinstrumente spielen nur die Außenstimmen; gegebenenfalls Oktavversetzung einzelner Baßtöne).

Die Akkordnotation durch bezifferte Baßtöne bzw. lediglich durch Angabe des Baßtons prägt ein ganzes Zeitalter der Musik: die „Generalbaßzeit"[1]. Die Musik des 17. und der ersten Hälfte des 18. Jahrhunderts ist besonders durch die beständig mitgehende Begleitung eines Baßinstruments und eines darauf bezogenen Akkordinstruments charakterisiert (Basso continuo). Alle wesentlichen Baßtöne werden durch das Akkordinstrument (Cembalo, Orgel, Laute, Gitarre) zu Dreiklängen oder Vierklängen ergänzt, um Klangfülle zwischen Oberstimmenmelodie und Baßführung zu erzielen.

Der Spieler des Akkordinstruments hatte keine vollständige Notenvorlage; er leitete die jeweils passenden Akkorde aus Baß und Oberstimmen des Notentextes ab. In der Regel deutete der Komponist kompliziertere Akkorde durch Bezifferung der Baßtöne an (bezifferter Baß), wobei die Ziffern die Abstände wichtiger Akkordtöne zum Baßton angeben. Die Bezifferung regelmäßig gebildeter Dreiklänge konnte man sich ersparen. Der Spieler durfte zudem die Tonlage der angezeigten Akkorde nach freiem Ermessen verändern, die Klänge auch arpeggieren[2] oder verzieren.

Weil heute das Spiel nach bezifferten Bässen nur noch von wenigen, speziell ausgebildeten Musikern beherrscht wird, druckt man Neuausgaben von Barockmusik meist mit ausgeschriebenen Generalbaßbegleitungen.

Am häufigsten finden sich folgende Bezifferungen:

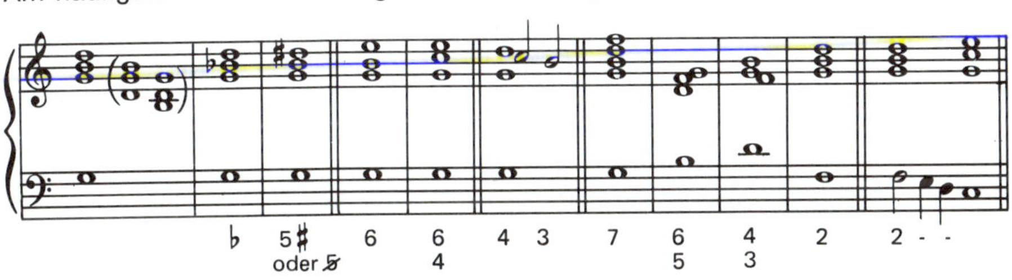

Tonartfremd erhöhte oder erniedrigte Akkordtöne wurden durch Versetzungszeichen vermerkt (unter bzw. über dem Baßton, mit oder ohne Bezifferung).

Die letzte der hier aufgezeigten Klanggruppen weist zugleich darauf hin, daß der Generalbaßspieler auch Spielregeln der Stimmführung beherrschen mußte, die nicht in der Notation erfaßt waren: Zur Gewährleistung eines flüssigen und wohl-

[1] generell = ohne Unterschied alles betreffend, allgemein
[2] Arpeggio (ital. arpa = Harfe): Akkordbrechung

klingenden Verlaufs hatte man z. B. auf Liegetöne, Gegenbewegung der Stimmen, richtige Leittonauflösung, Vermeidung von Quint- und Oktavparallelen zu achten. Im nachstehenden Beispiel aus der Generalbaßmusik sind die Akkorde ausgeschrieben. Im Nachspiel (Ritornell) treten weitere Melodieinstrumente hinzu.

Abendlied

2. Nur ich, ich gehe hin und her und suche, was mich quält,
ich finde nichts als ungefähr das, was mich ganz entseelt.

3. Ihr Sterne hört zwar meine Not, ihr helft mir aber nicht,
wenn euer Einfluß macht mich tot und blendet mein Gesicht.

4. Du Schöne bist in Schlaf gebracht und liegst in stiller Ruh.
Ich aber geh die ganze Nacht und tu kein Auge zu.

5. Indessen habe gute Nacht, du meine Lust und Pein.
Und wenn du morgen aufgewacht, so laß mich bei dir sein.

Adam Krieger (1634–66)

Der Komponist *Adam Krieger* war Hoforganist in Dresden. Seine „Arien" zeugen vom damaligen geselligen Musizieren der Studenten.

21 Musizieren Sie das Lied selbst.
Von den Ritornellinstrumenten sollte wenigstens die Oberstimme ausgeführt werden.

22 Die Bezifferung der zweiten Liedzeile wurde weggelassen. Rekonstruieren Sie die Ziffernfolge im Blick auf die ausgesetzten Akkorde.
Warum wäre die Bezifferung der letzten Zeile im Originaldruck entbehrlich?

Gleichfalls für studentische Geselligkeit war wohl *Johann Sebastian Bachs* „Kaffee-Kantate" vom Jahr 1732 gedacht. Der Thomaskantor leitete damals auch das „Collegium musicum" der Leipziger Studenten, die sich im Sommer gern in einem der Kaffeegärten vor der Stadt trafen. Der Genuß von Kaffee war erst kurz zuvor in Europa bekannt und Mode geworden. Mediziner und Geistliche warnten besonders die dem neuen Getränk stark zugeneigten Damen vor schädlichen Folgen, und man verspottete ihre Genußsucht.

In den Rezitativteilen verzichtet der Komponist auf Bezifferung der Baßstimme; um so reichhaltiger sind die Akkordfolgen der Arienbegleitung notiert.

23 Hören Sie die ersten drei Teile der Kantate, und achten Sie dabei besonders auf das Spiel des Cembalos. An welchen Stellen der beiden Rezitative ergänzt der Cembalist Akkorde, ohne daß ein spezieller Baßton darauf hinweist? Was veranlaßt ihn dazu? 8

24 Notieren Sie die Akkorde eines mit vielen Ziffern versehenen Taktes aus der Arie. (Bei den Sechzehntelnoten-Gruppierungen werden meist nur die akzentuierten Anfangstöne mit einem Akkord versehen.)

25 Versuchen Sie nach Möglichkeit den Beginn der Arie, die den brummigen, verärgerten Vater charakterisieren soll, selbst zu musizieren, evtl. unter Verzicht auf Mittelstimmen und Akkorde.

Schweigt stille, plaudert nicht

Kaffee-Kantate
(Anfang)

Nr. 1 Rezitativ

Nr. 2 Arie

Vl.
Vla.
Schl.
Hat man nicht mit sei - nen
Cont.
Vl.
Vla.
Schl.
Kin - dern hun-dert-tau-send Hu - de - lei!
Cont.
10
Vl.
Vla.
Schl.
Cont.

Nr. 3 Rezitativ

Johann Sebastian Bach (1685–1750) · Text: Picander (= Christian Friedrich Henrici, 1700–64)

Notation als strenges Diktat und als befreiender Impuls

26 Vergleichen Sie die beiden im folgenden abgedruckten Notationen. Von welchen unterschiedlichen Prinzipien ließen sich die Komponisten bei der Niederschrift der jeweiligen Spielvorlage für die ausführenden Musiker leiten?

9, 10a

27 Hören Sie die Anfänge der beiden Musikbeispiele, und verfolgen Sie dabei das Notenbild.
Welche Dimensionen des Klangs werden jeweils notiert?
Beurteilen Sie die beiden Notationsformen in Hinblick auf ihre Eindeutigkeit. Prüfen Sie beim Hören die klangliche Ausführung verschiedener Details nach (z. B. Dynamik, Tempo, Phrasierung).

Serenade für Flöte, Violine und Viola op. 77 a, 2. Satz
(Anfang)

rit.
Più moto (♪ = 96).
molto
molto
espress.
poco rit.

a tempo
rit.
a tempo (♪ = 120)
molto
pp
ben marc. ed espr.
(non marc.)
ben marc. e molto espr.
ff
mf (non marc.)

Max Reger (1873–1916)

Edition
Multiple Musik für variable Besetzungen

(Ausschnitte)

„Diese Musik basiert auf der Idee der ARS MULTIPLICATA. Das Grundmodell kann auf Wunsch bzw. Bestellung vom Komponisten für vielerlei Instrumental- oder (und) Vokal-Besetzungen, von 5 Ausführenden an, ausgearbeitet und geliefert werden. Die verschiedenen Ausgaben werden dann mit ‚Edition A'/B/C etc. bezeichnet.
Die Form dieser Komposition besteht aus einer Montage verschiedener musikalischer Proportionen. Bewegte Klänge, liegende Klänge, nicht-Klänge (Pausen/Stillen), werden in 4 kontrastierenden Tonlagen – nämlich hohe Lage, mittlere Lage, tiefe Lage, Universallage – und ausgewählten Zeitmaßen vorgestellt.
In diesem Modell zählen nur einzelne Momente und deren Verhältnisse, Reize und Spannungen zueinander. Das Schema wurde möglichst einfach und übersichtlich dargestellt und bietet ausschließlich die dem Komponisten am wichtigsten erscheinenden Elemente.
Folgende Ausgaben können beispielsweise hergestellt werden: für Bläserquintett – Streichquintett – Quintett mit verschiedenen Instrumenten – Streichorchester – Blasorchester – großes Orchester – Gesangsquintett – Chor – Chor und Orchester – Jazzquintett – gr. Jazzband etc.

Zeichenerklärung:

hhhhhhhhh = hohe Lage
mmmmmm = mittlere Lage
tttttttttttt = tiefe Lage
UUUUUU = Universallage (alle Lagen – größte Intervallsprünge)
tmUh = von tiefer bis mittlerer in Universal- zur hohen Lage
tmm = von tiefer bis mittlerer Lage
mhmt = mittlere bis hohe bis mittlere bis tiefe Lage
——— = ausgehaltener Ton; – ——— . . . – ——— = brüchiger Ton mit ¼ Ton-Schwankungen und Unterbrechungen.
++++++++ = die Instrumentalisten (oder Vokalisten) sprechen z.B.: ‚Proportionen', ‚eine Sekunde', ‚im Pianissimo', ‚Klangmaterial', ‚Sprachmosaik' etc. (Für größere Besetzungen werden vom Komponisten weitere Texte erfunden).
ᗺᗺᗺᗺᗺᗺ = sprechen und gleichzeitig spielen (in Universallage).
▭ = tonloses, bewegtes Luftblasen für Bläser; für andere Ausführende verschiedene Zischlaute (F, S, Sch).
xxxxxxxxx = Klappengeräusche bzw. Fingerspiel auf den Saiten bzw. auf dem Korpus der Instrumente. Vokalisten pfeifen Morsezeichen in x-beliebigen Tonhöhen.

Im Gegensatz zu den ausgehaltenen Tönen (———) sollen bei mmmmm/ttttt/hhhhh/UUUU etc. stets *ununterbrochene Tonphrasen* gespielt werden.
Der Teil [E] soll zwischen 1'30" und 2' dauern. Jeder Spieler (bzw. jede Instrumental-/Vokal-Gruppe) tritt bei └f┘ einmal solistisch aus dem pp hervor. Diese kurzen Soli dürfen 15" nicht überschreiten. Sie sollen eine etwaige Zeitlänge von 5" bis 10" haben.
Dauer: 5–6 Min."

Anfangsteil

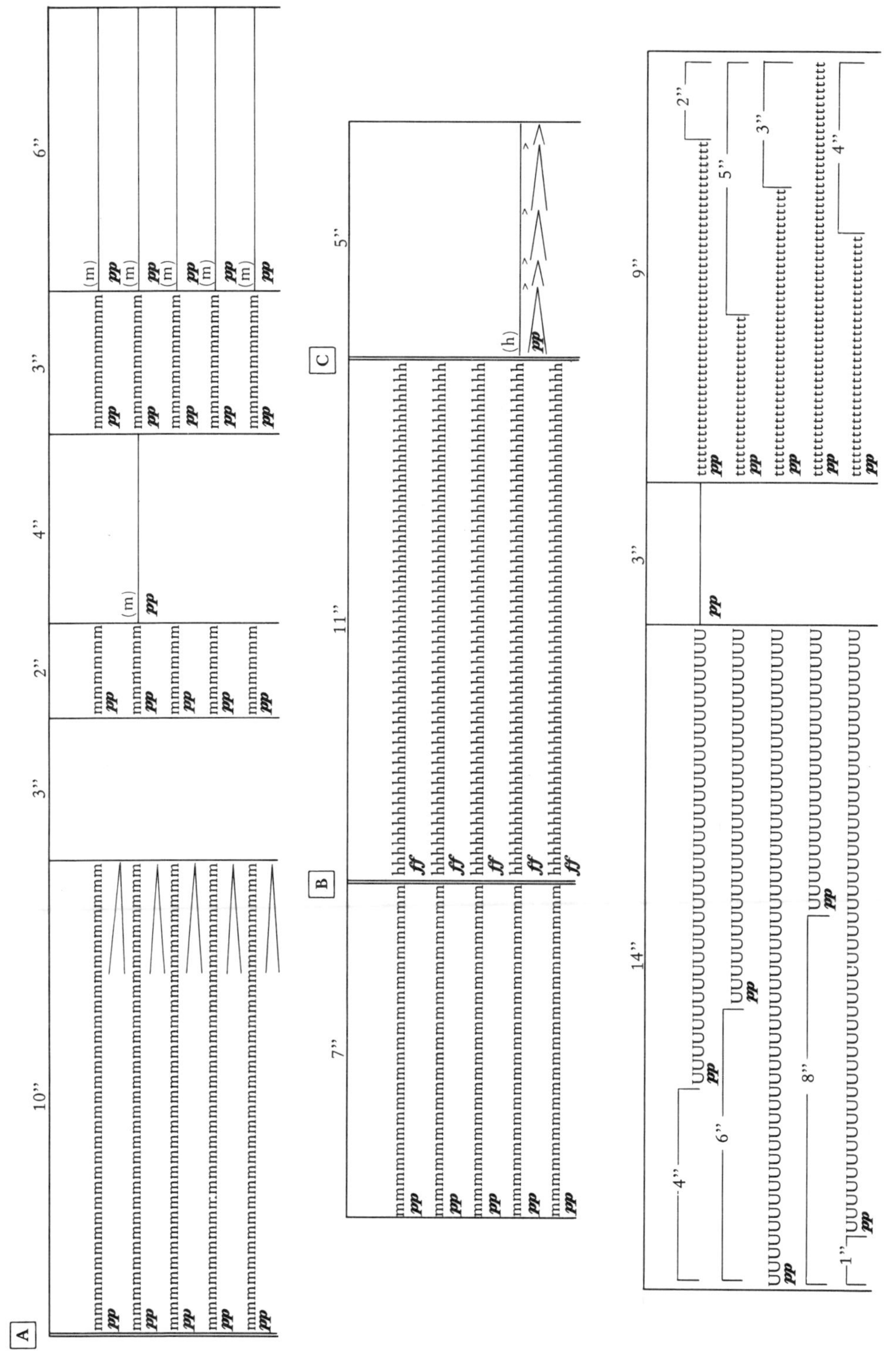

Schlußteil

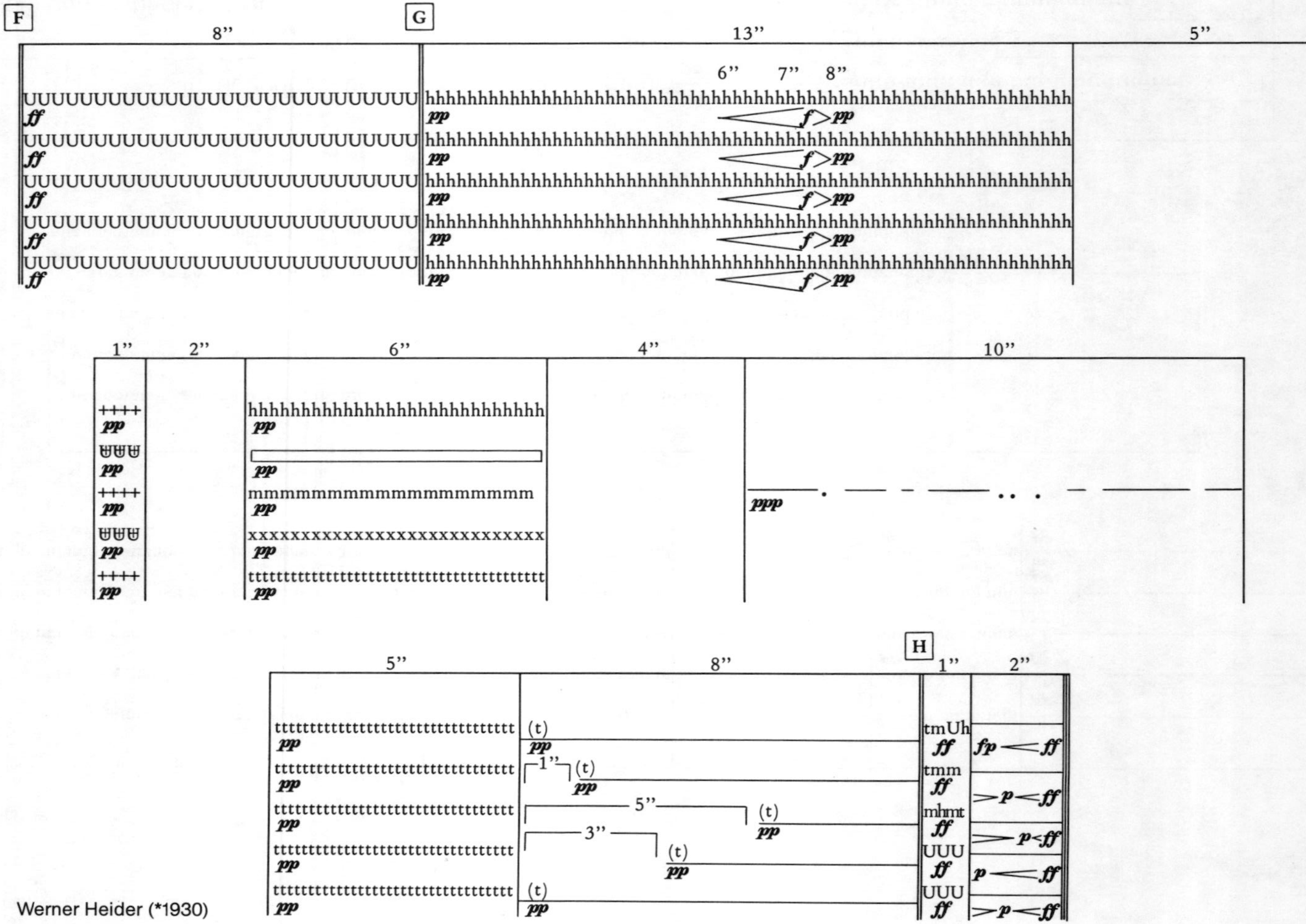

Werner Heider (*1930)

In den Werken *Max Regers* hat sich am Ende des 19. Jahrhunderts die Entwicklung der romantischen Musik zu höchster Reife gesteigert: Raffinierte Akkordverbindungen, polyphone Stimmführungen und expressive Deklamation wirken zusammen. Vielfach knüpft Reger dabei an einen historischen Stil an, besonders an den kunstvollen Satz Bachs, im vorliegenden Beispiel an das Klangbild Mozartscher Musik. Regers extrem genaue und differenzierte Notation spiegelt die hohe Künstlichkeit und Sensibilität seiner musikalischen Sprache.
Zahlreiche Vortragsanweisungen – jede Note trägt mindestens ein Gestaltungszeichen – leiten die Musiker an, die Ideen des Komponisten ins Klangliche zu übersetzen. Dies geschieht aus dem Selbstbewußtsein des romantischen Tonschöpfers, der seine persönliche Empfindung und individuelle Konzeption in seinem Werk zum Ausdruck bringt. Die Person des Künstlers tritt mit ihrem subjektiv geprägten Schaffen als unbedingte Autorität in den Vordergrund. Die konsequente Fortführung dieser Idee gipfelte in der elektronischen Musik der fünfziger Jahre unseres Jahrhunderts, die den Interpreten ausschließt.

28 Hören Sie den gesamten 2. Satz der Serenade op. 77 a von Reger, und versuchen Sie die Konturen des am Anfang erklingenden Themas in den einzelnen Variationen wiederzuerkennen.

In der Musik unseres Jahrhunderts erweiterten sich die Möglichkeiten, Klänge zu „komponieren": durch die Gleichberechtigung von Dissonanz und Konsonanz, durch den Einfluß der Musik fremder Kulturen, durch den Einsatz neuartiger Instrumente, z. B. der elektronischen, durch die Emanzipation der Geräusche als musikalisches Material. Für diese Ausweitung der Klangwelt konnte die überkommene Notenschrift nicht mehr genügen. Neue Aufzeichnungsformen entstanden, oft nur auf eine spezielle Kompositionsweise zugeschnitten.
Werner Heiders „Edition. Multiple Musik für variable Besetzungen" geht von fünf Ausführenden bzw. Gruppen oder Klangschichten aus.

29 Hören Sie die Realisierung der „Edition" (Anfangs- und Schlußteil) durch 5 Klarinetten, und verfolgen Sie die grafische Vorlage. Versuchen Sie selbst Realisierungen eines Abschnitts in verschiedenen Besetzungen, und vergleichen Sie die Klangergebnisse. 10a+b

Solche grafischen Spielvorlagen weisen auf eine gewandelte Beziehung zwischen Komponist und Interpret hin. Sie regen Kreativität aller Beteiligten im Rahmen eines Teamworks an, wobei die Idee des unverwechselbaren, beständigen musikalischen Werks in den Hintergrund tritt. Die Notation wird wieder offen für Improvisation, für immer neue spontane Interpretation und Klangrealisation.

Aufzeichnungsmöglichkeiten elektronischer Klänge

Die Fortschritte auf dem Gebiet der Elektronik in den fünfziger Jahren unseres Jahrhunderts weiten den musikalischen Horizont und bedingen neue Perspektiven der Klangaufzeichnung.
Die elektronische Klangerzeugung durchbricht die Grenzen der naturgegebenen Klangspektren, der Klangfarbe herkömmlicher Instrumente, die durch Grundschwingung und Partialtöne bedingt ist. Der kleinste Bestandteil der Musik, der Ein-

zelton (Klang), wird nun auf elektronischem Wege in seine Einzelelemente aufgespalten und selbst zum Gegenstand des Kompositionsprozesses gemacht. Seine Klangfarbe läßt sich aus Sinustönen frei komponieren und beliebigen Klangmanipulationen unterwerfen (z.B. Filter, Modulatoren).

11 30 Hören Sie ein auf einem Synthesizer gespieltes Klangbeispiel, und beachten Sie die Vielfalt neuartiger Klangfarben.

12 Der gesamte Bereich zwischen Klang und Geräusch wird nun erschlossen: Das „weiße Rauschen" hat eine Bandbreite von 20000 Hz und setzt sich aus allen hörbaren Frequenzen zusammen. Durch Ausfiltern bestimmter Frequenzen und durch Begrenzung der Bandbreite entsteht „farbiges Rauschen". Weiteres Ausfiltern und Verringern der Bandbreite führt zurück zur Tonhöhenempfindung mit Klangfarbe, dem Klang.

Auch die übrigen Variablen (Parameter) des Klangs lassen sich beliebig und absolut präzis einsetzen:

- Lautstärke durch Veränderung der Amplitude (maximaler Ausschlag der Schwingung)
- 13 Artikulation durch Gestaltung der Hüllkurve (Verbindungslinie der sich verändernden Amplitudenmaxima)
- Tondauer durch elektronische Zeitmessung bzw. Längenmaß des Tonbands (in cm).

Diese extrem genaue Kompositionsweise verlangt eine äußerst differenzierte, alle Einzelheiten erfassende Notationsform:

- Kodierung der Parameter (Zeitdauer, Frequenz, Amplitude und Spektrum) für Computer, z.B. auf Lochstreifen (siehe Abbildung).

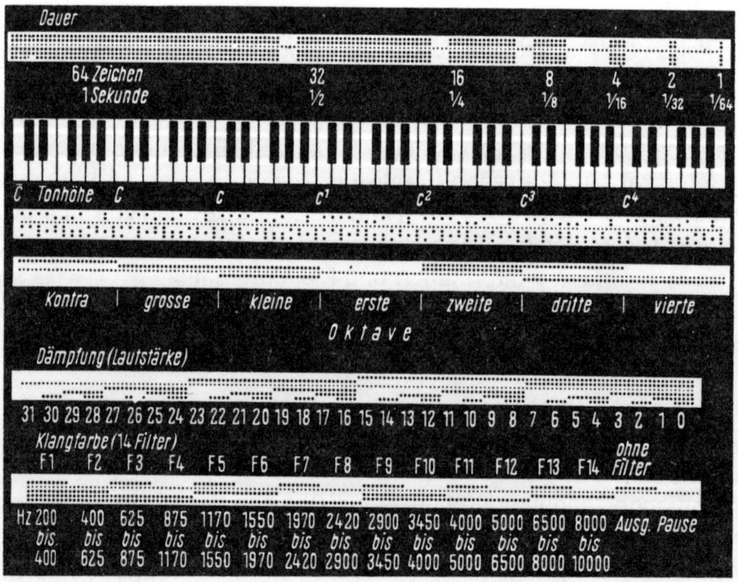

- Anweisung für Tontechniker, z. B. in Form von Prinzipschaltplänen und Parameterwerten
- Aufzeichnung des Klangverlaufs als Diagramm, unter Verwendung logarithmischer Skalen

Im folgenden wird eine ganz einfache Melodie in zwei gebräuchlichen Notationsformen wiedergegeben und erläutert:

- Diagramm mit Frequenz-, Intensitäts- und Zeitskalen
- Flußdiagramm für elektronischen Rechner (Computer).

Diagramm mit Frequenz-, Intensitäts- und Zeitskalen[1]

14

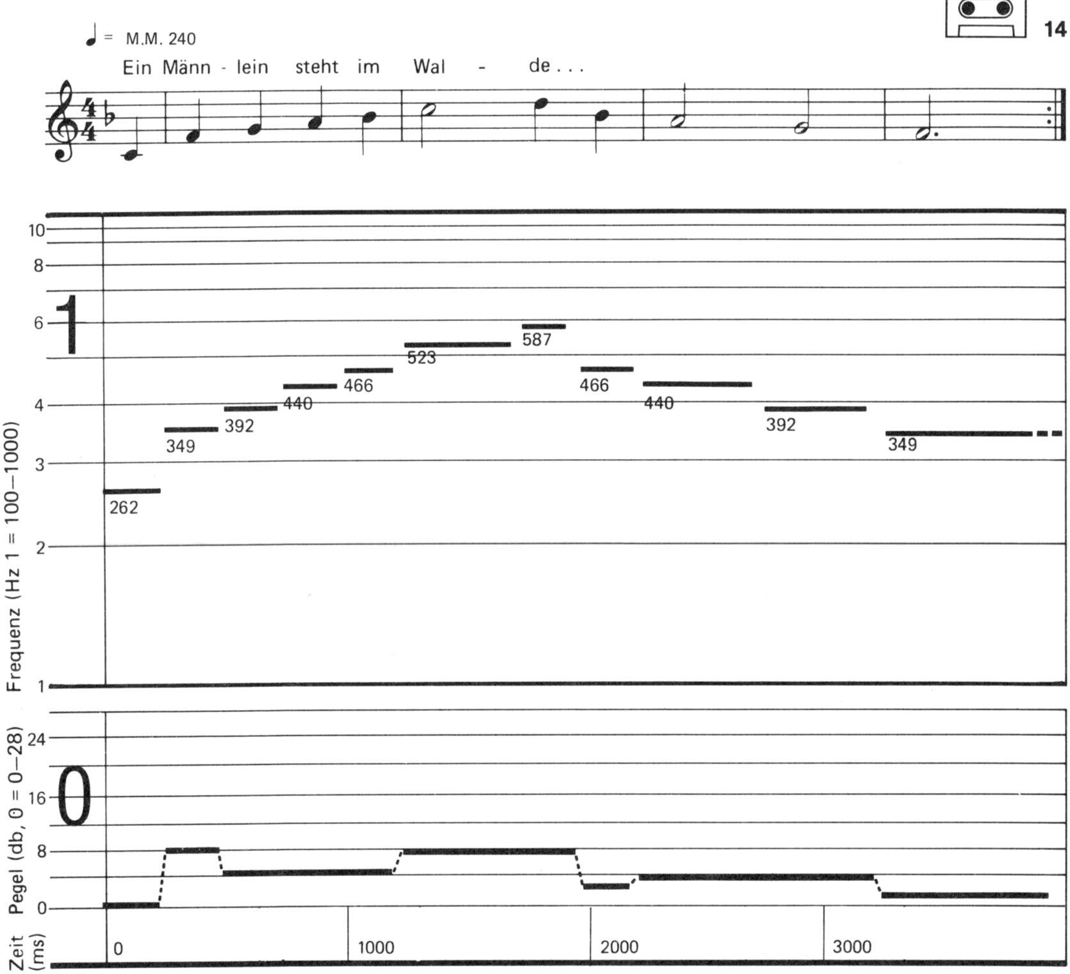

[1] nach E. Terhardt

Erläuterungen zum Diagramm auf Seite 43:

Oberes System:

Logarithmische Darstellung der Frequenz als Funktion der Zeit.

- Schlüssel geben an, mit welchem Faktor die zu erzeugenden Frequenzen gegenüber den angegebenen zu multiplizieren sind (hier 1)
- Horizontale Linien stellen Teiltöne in Dauer und Frequenz dar (hier nur 1. Partialton)
- Gestrichelte Fortsetzung einer Frequenzlinie bedeutet Nachhall.

Unteres System:

Schallpegel als Funktion der Zeit (Hüllkurve der Quadrate der Druckschwankungen)

- Bereich 0–28 Dezibel
- Lautstärkeschlüssel : 0 bedeutet normale Aufzeichnung (– 4 würde eine Verschiebung um 4 dB bedeuten)

15 Gibt man der Melodie eine Klangfarbe, etwa die des Vokals a, so muß man jeder Frequenz des 1. Partialtons weitere 17 Teiltöne in verschiedenen Lautstärken hinzufügen, entsprechend dem Frequenzspektrum des Vokals a für $c^1 = 261{,}6$ Hz:

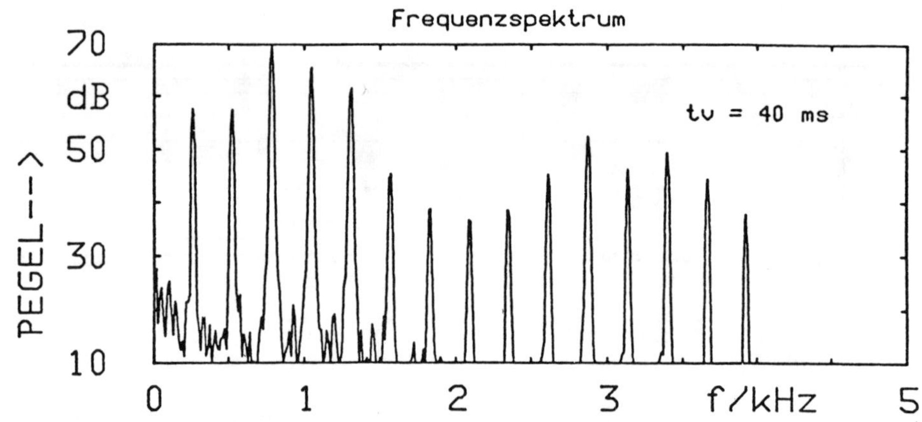

Flußdiagramm für elektronischen Rechner[1]

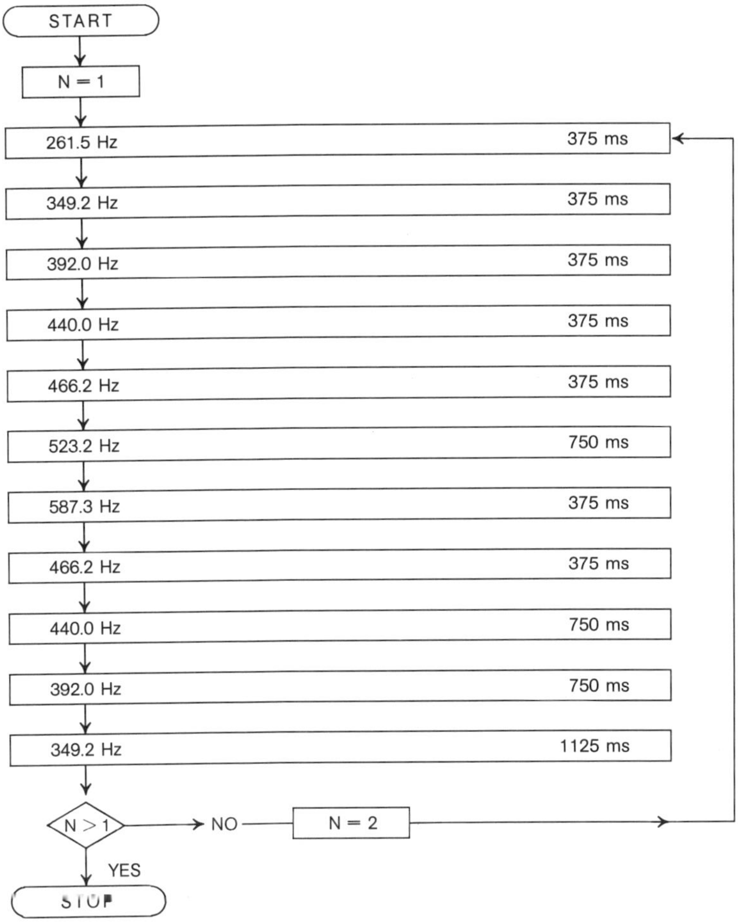

Ergebnis:

16

Erläuterungen:

- Einstieg und Abschluß des Rechenprogramms werden durch abgerundete Kästchen symbolisiert.
- N ist ein Indexzähler, dessen Inkrementierung[2] zur Wiederholung benutzt wird.
- Das rautenförmige Kästchen versinnbildlicht eine Entscheidung. Im vorliegenden Beispiel fragt das Programm: Ist N größer 1 (N > 1)? Bei der Antwort „NO" wird N = 2 gesetzt, und die Programmschleife kehrt zum Befehl [261,5 Hz 375 ms] zurück.
  Nach wiederholtem Durchlauf wird wieder gefragt: Ist N > 1? Da nun die Antwort „YES" ist, wird das Programm zum (STOP) geführt.

[1] nach J. de Boer
[2] Inkrement: Betrag, um den eine Größe zunimmt

Flußdiagramm, übersetzt in Computersprache

BASIC von einer Schülerin der 11. Klasse

```
1 REM EIN MAENNLEIN STEHT IM WALDE
2 REM 18.11.82
100 FORI=1TO2
110 A=0
120 POKE59467,16:POKE59466,104
130 READA,B
140 IFA=9999THEN POKE59467,0:GOTO180
150 POKE59464,A
160 FORJ=1TOB:NEXT
170 GOTO130
180 RESTORE
190 NEXTI
200 DATA125,375,94,375,84,375,74,375,70,375
210 DATA63,750,56,375,70,375,74,750,84,750,94,1125,9999,0
220 END
```

Erläuterungen:

100:	Wiederholung
120:	„POKE 59467,16" Einschalten
	„POKE 59466,104" Klangfarbe (die Dezimalstelle 104 ergibt ein Binärmuster 01101000, d. h. die Frequenzform 
130:	Der READ-Befehl liest die in DATA angegebenen Anweisungen
140:	Ausschalten; „GOTO 180" für Wiederholung
150:	A ist Variable für Frequenz[1]
160:	B ist Variable für Tondauer, hier ♩ = 375 ms
170:	Wenn das erste $\overline{AB}$-Paar abgearbeitet ist, kommt das nächste $\overline{AB}$-Paar.
180:	Mit diesem Befehl können die in DATA angegebenen Anweisungen zur Wiederholung noch einmal abgelesen werden
200 u. 210:	DATA für 11 $\overline{AB}$-Paare; A = „9999, 0" siehe 140

Die Produktion elektronischer Musik im Studio schließt die Reproduktion durch Interpreten im Konzert aus. Deshalb besteht keine Notwendigkeit mehr, eine Komposition schriftlich für den nachschaffenden Musiker aufzuzeichnen. Der Komponist verzichtet in vielen Fällen auf jegliche Notation und speichert sein Werk direkt auf Tonband.

Der Überblick über die Entwicklung der Notenschrift im Rahmen der abendländischen Musikgeschichte hat deutlich gemacht: Je nach den Klangvorstellungen in der Musikpraxis einer Epoche benötigte man unterschiedliche Notationsformen. Dabei läßt sich nicht etwa nur eine allmähliche Vervollständigung des Zeichensystems feststellen. Manche grafischen Symbole verschwanden wieder, als sie der Musik neuen Stils nicht mehr angemessen waren. Manche Symbole bekamen neue Bedeutungen. Eine ganze Reihe Aspekte lebendigen Musizierens blieb von der Notierung unerfaßt. Unsere Einschätzung der heute geläufigen Notenschrift relativiert sich aus diesem Blickwinkel.

[1] Der benutzte Computer (PET 3001) kann nur bestimmte Frequenzen wiedergeben, die von denen der temperierten Skala bis zu 1% abweichen. Daher kommt die nicht ganz saubere Intonation beim Klangbeispiel. Das Klangbild wird den aufgeschlossenen Hörer überzeugen, daß es auch heutzutage noch lohnt, ein Instrument und die Notenschrift zu erlernen.

Tonsysteme

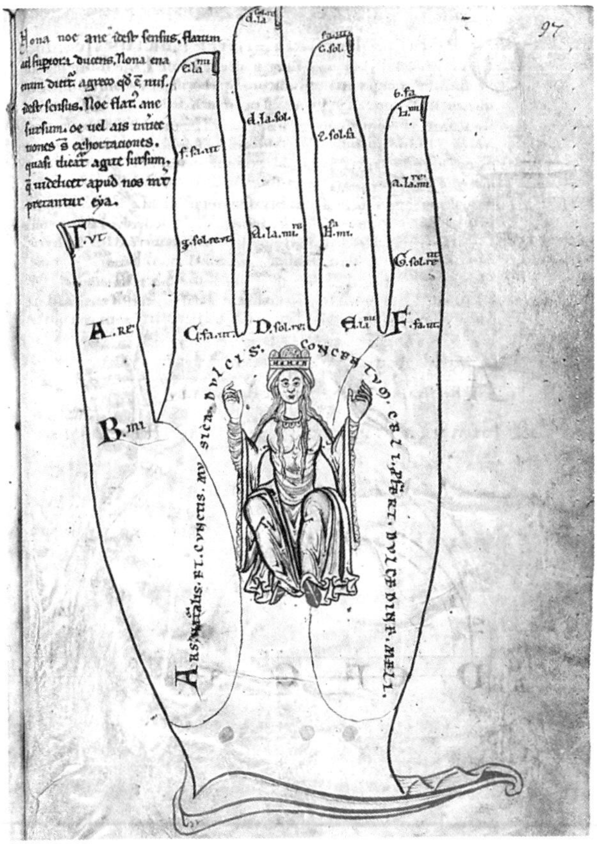

Guidonische Hand mit Darstellung der „Frau Musica" (aus einer Handschrift der Abtei Aldersbach, 13. Jahrhundert)
Seit dem 11. Jahrhundert wurde mit der „Harmonischen Hand" im Musikunterricht das Tonsystem veranschaulicht. An den Fingerspitzen und -gelenken zählte man die Tonbuchstaben ab, wobei ein bestimmter „Weg" über die Hand vorgegeben war (Γ = G, A, B, C, D, E, F, G, a, b, c, d, e, f, g ...). Die Darstellung enthält auch die lateinischen Solmisationssilben (ut, re, mi, fa, sol, la), welche die Stellung eines Tones im Tonsystem anzeigen (z. B. Halbtonschritt mi–fa). Verschiedene Silben neben einem Tonbuchstaben ergeben sich durch die Transposition (Mutation) des Sechstonsystems (Hexachord) auf höhere Grundtöne. Der halbkreisförmige Text lautet: „Ars naturalis et cunctis musica dulcis concentum coeli profert dulcedine meli".[1] Der Text über dem Daumen erläutert ein im Kirchengesang gebräuchliches griechisches Textwort.

1 „Die Musik, eine natürliche und allen Menschen angenehme Kunst, bietet den Zusammenklang des Himmels mit ihrer Honigsüße." Die Aussage bezieht sich auf die Vorstellung, daß die Zahlenverhältnisse der Planetenbewegungen mit denen der musikalischen Intervalle vergleichbar seien.

Die Tonordnung der abendländischen Musik erscheint uns als so selbstverständlich, daß man meinen möchte, ihre eingehende Erörterung sei unnötig. Unserem Gehör erscheinen die sieben Stufen der diatonischen Tonleiter innerhalb einer Oktave als der Normalfall. Aus heutiger Perspektive aber findet man das System in Frage gestellt: erstens, weil die Welt mit ihren verschiedenen Kulturräumen „klein geworden" ist und von fremden Völkern ganz andere Tonsysteme bei uns bekannt werden, zweitens, weil die abendländische Tonordnung sich aufzulösen beginnt.

Diatonik und Chromatik im Vergleich

Das die abendländische Musik beherrschende System von Tonbeziehungen ist die Diatonik. Sie wurzelt in der Musik der Griechen, tritt im Gregorianischen Choral des frühen Mittelalters hervor und bestimmt seit dem 11. Jahrhundert, getragen von der Musiktheorie des Guido von Arezzo, die Tonsprache bis zur Gegenwart. Die Chromatik konnte sich erst in der „Wiener Schule" zu Beginn des 20. Jahrhunderts als System (Zwölftontechnik) manifestieren, obwohl die „Umfärbung" diatonischer Stufen seit dem 17. Jahrhundert zunehmend an Bedeutung gewann.
Die Diatonik ist durch die Verwendung von zweierlei Tonschritten (Ganz- und Halbton) und ihre Beziehung zu einem tonalen Zentrum (Grundton) gekennzeichnet; die atonale Chromatik hebt den Grundtonbezug auf und benutzt als Grundlage nur noch den Halbtonschritt.
Die Aufspaltung des Tonmaterials in Vierteltonschritte und schließlich in Mikrointervalle beliebiger Größe läßt sich als Fortführung der Chromatik erklären.
In der Musik *Richard Wagners* gewinnt die chromatisch durchdrungene Kompositionsweise zunehmend Gewicht. In der Oper „Die Meistersinger von Nürnberg" (1868) werden Diatonik und Chromatik gegenübergestellt. Wagner bringt hier einen musikhistorischen Stoff auf die Bühne. In Nürnberg wie in anderen Städten Europas hatten nach dem Niedergang des Rittertums bürgerliche Kreise die Kunst des Minnesangs traditionsbewußt und regelgetreu weitergepflegt. Wagner zeigt die Konfrontation der an überliefertem Regelwerk orientierten Bürgerzunft mit dem genialen, seinen Eingebungen folgenden Künstler – auf der einen Seite Handwerksmeister, geschart um den Schuster und Poeten Hans Sachs (1494–1576), auf der anderen Seite der Ritter Walther von Stolzing. Walther liebt die Tochter des Goldschmiedemeisters Pogner, würde aber als Schwiegersohn nur akzeptiert, wenn er sich der Kunstfertigkeit der Meistersinger ebenbürtig erweisen könnte.
Die folgenden beiden Musikbeispiele aus der Oper zeigen, wie Wagner die unterschiedlichen Auffassungen von Kunst durch diatonische oder chromatische Anlage voneinander abhebt. Beispiel A ist die Verlesung der „Tabulatur" durch den Meister Kothner, die Bekanntgabe der strengen Kompositionsregeln aus der „Vereinssatzung" der Meistersinger; die Formbezeichnungen für Liedstrophen, -abschnitte, -verszeilen und Reime gehen auf Vorlagen aus der Zeit der Minnesänger zurück. Beispiel B entstammt einem Dialog zwischen Eva Pogner und Walther, der keine Chance sieht, Meistersingerwürde zu erwerben. Erbost macht er seiner Abneigung gegen das handwerkliche Regelsystem Luft.

A
Ein je-des Mei-ster-ge-san-ges Bar stell or-dent-lich ein Ge - mä - ße dar
aus un - ter-schied - li - chen Ge - sät-zen, die kei-ner soll ver - let - - - - - - - - zen
Ein Ge-sätz be - steht aus zweenen Stollen, die glei-che Me - lo-dei ha-ben sol-len
der Stoll' aus et - li-cher Vers Ge - bänd', der Vers hat seinen Reim am End.
Dar - auf so folgt der Ab - ge - sang, der sei auch et-lich' Ver - se lang,
und hab' sein' be-sond' - re Me - lo - dei, als nicht im Stol - len zu fin - den
sei. Der - lei Ge - mä - ßes meh - re Ba - ren
soll ein jed' Mei - ster - lied be - wah - ren und wer ein neu - es Lied ge - richt',
das ü - ber vier der Sil - ben nicht ein - greift in and' - rer Mei - ster Weis',
des Lied er - werb sich Mei - ster - preis!

Ⓑ

„Ein Meistersinger muß es sein;
nur wen ihr krönt, den darf sie frei'n!"
So sprach er festlich zu den Herrn;
kann nicht zurück, möcht' er auch gern! –
Das eben gab mir Muth:
wie ungewohnt mir Alles schien,
ich sang voll Lieb und Gluth,
daß ich den Meisterschlag verdien'. –
Doch diese Meister! Ha! diese Meister! –
Dieser Reimgesetze Leimen und Kleister!
Mir schwillt die Galle, das Herz mir stockt,
denk' ich der Falle, darein ich gelockt.
Fort, in die Freiheit! Dahin gehör' ich,
dort, wo ich Meister im Haus.
Soll ich dich frei'n heut', dich nun beschwör' ich,
komm' und folg' mir hinaus! –

wer - ken, aus den Ge - mer - ken, aus al - len Ek - ken, auf al - len Flek - ken, seh' ich zu
Hau - fen Mei - ster nur lau - fen, mit höhnendem Nik - ken frech auf dich
blik - ken, in Krei - sen und Ringeln dich um - zin - geln, näselnd und
krei - schend zur Braut dich hei - schend als Mei - ster-buh - le auf dem
Sin - ge-stuh - le zit - ternd und be - bend,
3

17 1

Hören Sie die beiden Musikbeispiele, und belegen Sie aus Klang- und Notenbild, mit welchem Tonsystem Richard Wagner das traditionsgetreue Vereinsritual der „Handwerker" und mit welcher Kompositionsweise er den spontanen Gefühlsausdruck des erregten Künstlers darstellt.
Bestimmen und notieren Sie die dem diatonischen Beispiel zugrunde liegende Tonleiter, und suchen Sie längere chromatische Tonfolgen in dem anderen Beispiel.

Tonsysteme werden aus der musikalischen Praxis abstrahiert. Sie dienen zu ihrer Beschreibung, aber sie können auch Ausgangspunkt für eine Komposition werden. Die Notenschrift ist Spiegelbild des Tonsystems: z. B. Terzabstand der Notenlinien, farbige Kennzeichnung der Linie, unter der sich der Halbtonschritt befindet, oder ein logarithmisches Liniensystem zur genauen Darstellung der Frequenzen der Töne (vgl. S. 43).

Die Tonleiter („Gebrauchstonleiter“) ist eine abstrakte Materialreihe, in der die Töne eines Bezugssystems der Höhe nach geordnet sind. Sie wird zur Darstellung von Tonsystemen benutzt, im Gegensatz zu den Melodiemodellen (z. B. Psalmtöne der europäischen Musik des Mittelalters, Ragas der indischen Musik, Patet der Gamelanmusik), die die Hierarchie der Töne innerhalb eines Tonsystems darstellen.

Diatonik

Das europäische Tonsystem läßt sich bis in die frühe europäische Musiküberlieferung zurückverfolgen. Das folgende Beispiel zeigt Musik der mittelalterlichen Spielleute (13. Jahrhundert):

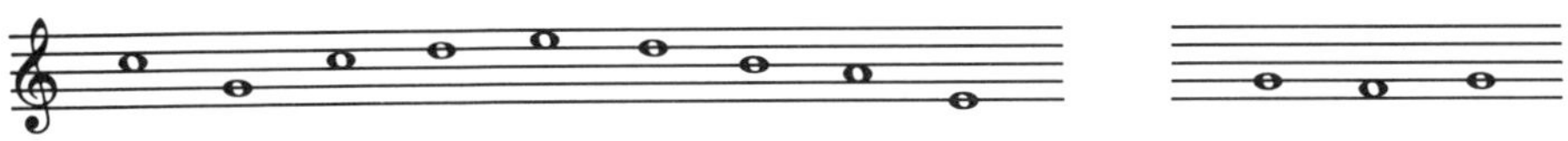

18

2 Der Tonvorrat der Melodie umfaßt im allgemeinen den Oktavraum e^1 bis e^2. Übertragen Sie die Melodie in Ihr Arbeitsheft, und setzen Sie beim Hören des Klangbeispiels die fehlenden Vor- und Versetzungszeichen ein. Welche Tonleiter läßt sich aus der Melodie ableiten? Welche Besonderheit hinsichtlich der 7. Tonleiterstufe zeigt sich bereits in diesem Klangbeispiel?

Das Grundprinzip des abendländischen diatonischen Tonsystems ist das Zusammenspiel von feststehenden und beweglichen Tönen. Bei sieben definierten Tonstufen innerhalb der Oktave sind die Außentöne der beiden die Oktave bildenden Tetrachorde[1] unveränderlich, z. B.:

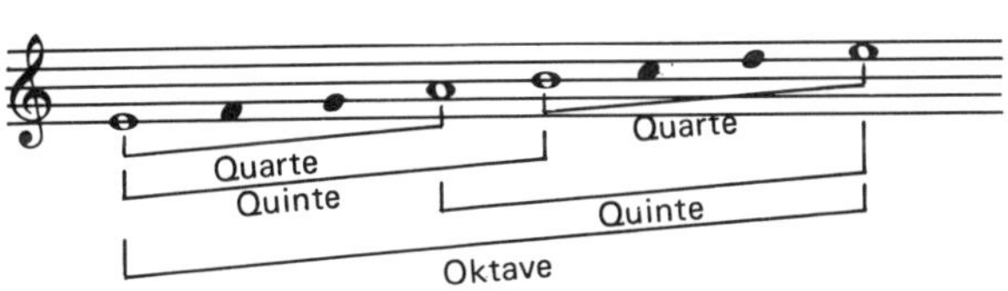

Oktave, Quinte und Quarte stützen das Tonsystem. Die variablen Stellungen des Halbtonschritts innerhalb der Tetrachorde bestimmen die jeweilige Tonart. Daß die Oktave und weitgehend auch die Quinte als konsonant empfunden werden, ist ein Phänomen, das sich in den meisten Tonsystemen der Welt findet.

[1] griech. tetra = vier, chorde = Saite

Das pythagoräisch-diatonische System der Quintbeziehungen

Das Monochord diente in der Antike (z. B. Pythagoras) wie im Mittelalter (z. B. Guido von Arezzo) zur mathematischen Bestimmung und Erklärung der musikalischen Tonverhältnisse.

Guido von Arezzo und sein bischöflicher Gönner am Monochord (12. Jahrhundert)

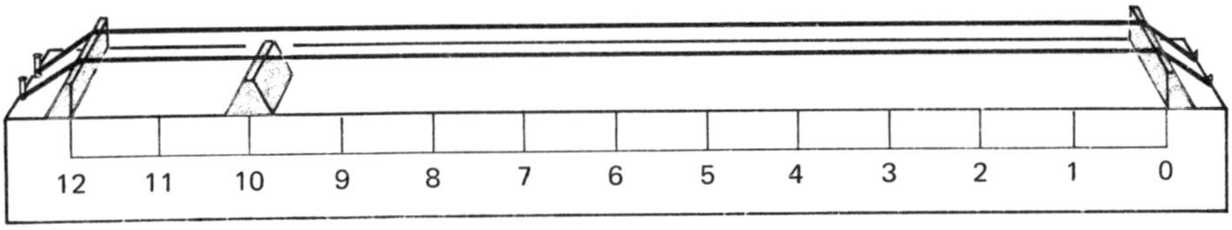

Holzkasten: ca. 135 cm x 10 cm x 10 cm
Skala: 120 cm lang, zwölfteilig
Stege: zwei festverleimt, einer oder zwei verschiebbar
Saiten: Stahldraht, zweimal ca. 150 cm, an einem Ende fixiert, am anderen Ende mittels Zitherstift stimmbar auf gleiche Tonhöhe.

3 Machen Sie sich die folgenden Erörterungen anhand eines Monochords bzw. an den Saitenmaßen der obigen Abbildung klar.

Da die Saite an beiden Enden fixiert ist, hat sie an beiden Enden einen Schwingungsknoten. Aus diesem Grund kann sie nur in ganzzahligen Teilen schwingen, z.B. 1:1, 1:2, 1:3, 1:4.

Daraus ergibt sich die bekannte Partialtonreihe, z.B.:

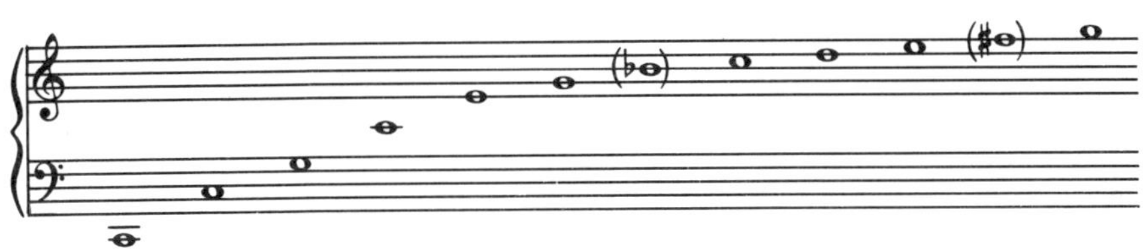

Partialton: 1[1] 2. 3. 4. 5. 6. 7.[3] 8. 9. 10. 11.[3] 12.

Verhältnis der schwingenden Saitenlängen: 2:1 (1.–2.), 3:2[2] (2.–3.), 4:3 (3.–4.), 5:4 (4.–5.), 6:5 (5.–6.), 9:8 (8.–9.), 10:9 (9.–10.)

Intervall[4]: Oktave, Quinte, Quarte, große Terz, kleine Terz, großer Ganzton, kleiner Ganzton

4 a) Beurteilen Sie, inwieweit die Partialtonreihe die Grundlage des diatonischen Tonsystems darstellt. Kann sich die Stimmung von Instrumenten an ihr orientieren?

b) Schreiben Sie die Partialtonreihen auf G und E (1. bis 7. Teilton). Vergleichen Sie die Teiltöne mit denen des Tones C, und versuchen Sie zu erklären, warum im Mittelalter die Quinte (z.B. c–g) konsonant, die Terz (z.B. c–e) dissonant empfunden wurde.

---

[1] Grundton
[2] 1/2 : 1/3 Saitenlänge
[3] Ab hier lassen sich die kontinuierlich kleiner werdenden Intervalle nicht mehr in unser Tonsystem eingliedern und in Notensymbolen darstellen.
[4] Intervalle der Partialtonreihe werden als „reine Intervalle" bezeichnet.

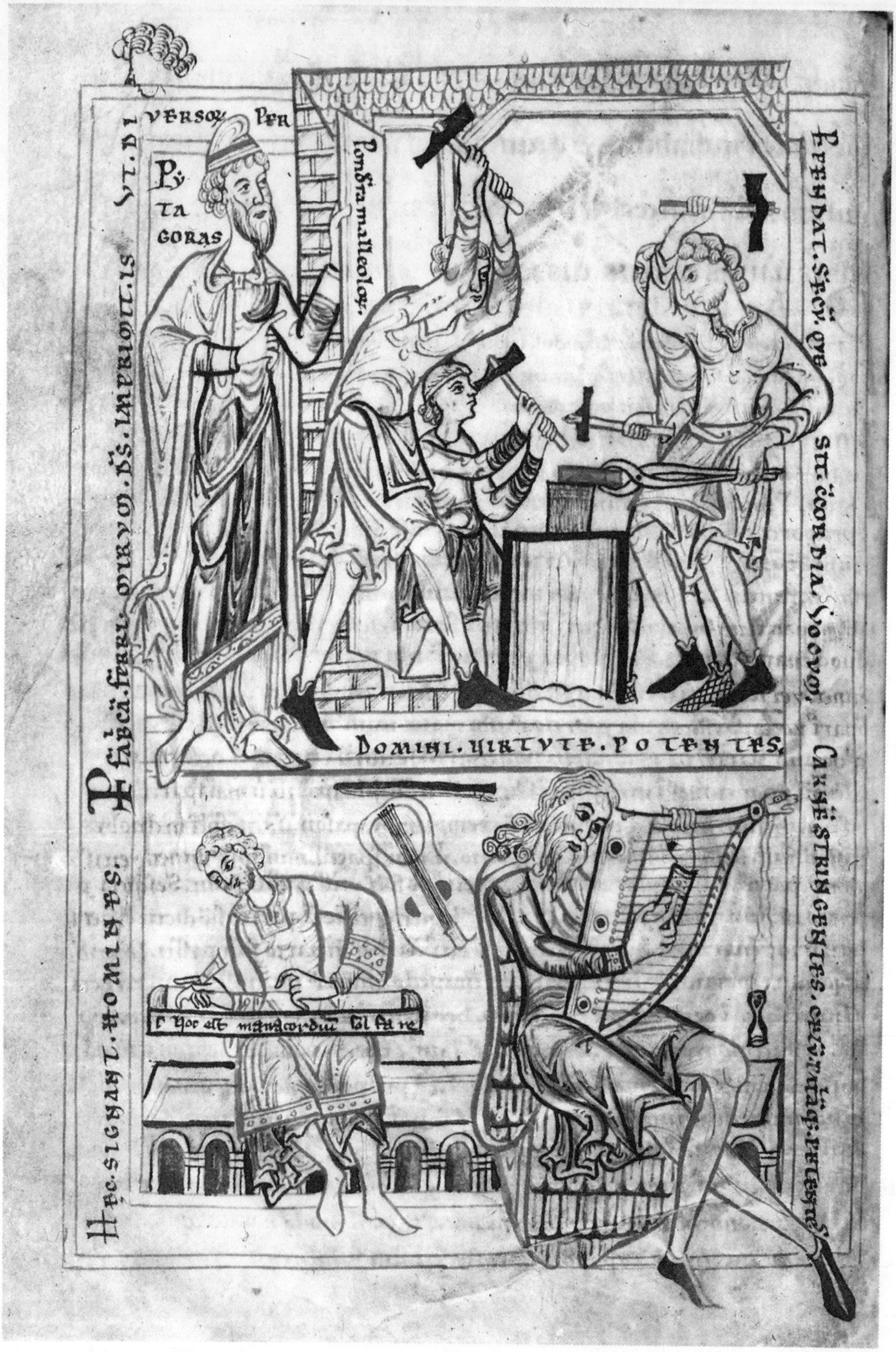

Pythagoras entdeckt die Proportionen der Intervalle (Miniatur aus dem 13. Jahrhundert)

Pythagoras wählte das Intervall der Quinte zur Festlegung der Stimmung von Instrumenten und machte damit die Quintkonsonanz zur Grundlage des abendländischen Tonsystems. Aus den Quintabständen lassen sich durch Oktavversetzung die übrigen Töne eines Oktavraums leicht ableiten bzw. berechnen:

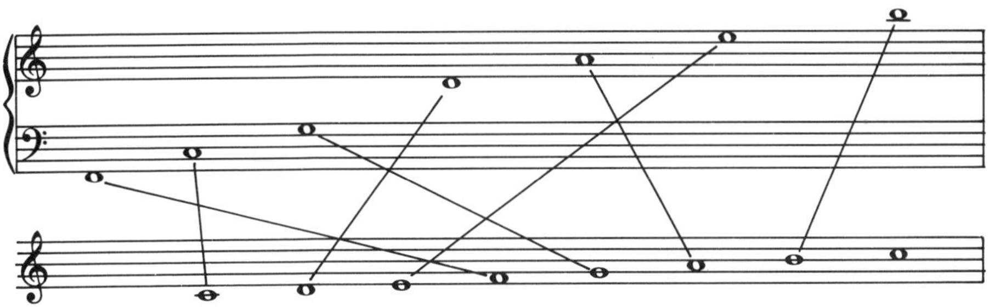

Oktave – Quinte = Quarte

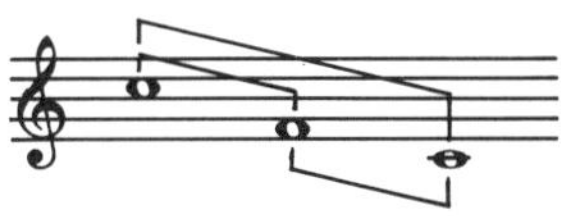

d. h. $\frac{2}{1} : \frac{3}{2} = \frac{4}{3}$

Quinte – Quarte = Ganztonschritt

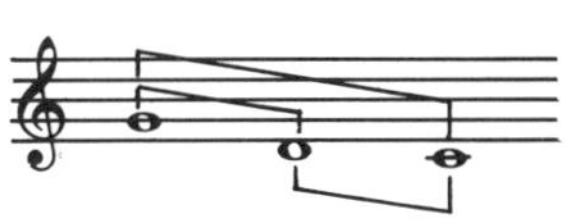

d. h. $\frac{3}{2} : \frac{4}{3} = \frac{9}{8}$

(Unser Hörvorgang spielt sich auf einer logarithmischen Ebene ab. Dem Addieren bzw. Subtrahieren von Intervallen in unserem Bewußtsein entspricht ein Multiplizieren bzw. Dividieren von Längenverhältnissen.)
Unterlegt man der schwingenden Saite am Monochord eine zwölfteilige Skala, so lassen sich die oben angeführten Verhältnisse zeigen:

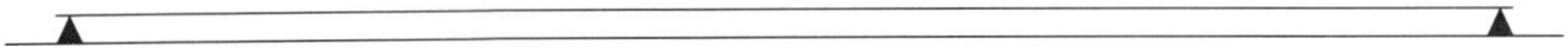

12	11	10	9	8	7	6	5	4	3	2	1	0
12	:		9		(Quarte)							
12		:		8		(Quinte)						
			9 :	8		(Ganztonschritt)						

Das Singen und das Instrumentalspiel mit Quint- und Quartklängen, unter Vermeidung des heute vorherrschenden Terzklangs, prägt die ersten Jahrhunderte europäischer mehrstimmiger Musik.

5 a) Hören Sie die mittelalterliche Sequenz „Victimae paschali laudes", und beachten Sie die vorherrschenden Quartklänge.

b) Singen und spielen Sie das folgende Beispiel aus dem 9. Jahrhundert.

19

Organum

König des Himmels, Herrscher des tosenden Meeres, der strahlenden Sonne und der unwirtlichen Erde: Dich verehren Deine demütigen Diener mit frommen Weisen und flehen Dich an, daß Du sie befreien wollest von allerlei Übeln.

Bamberg, um 850

Mehrstimmiges geistliches Singen dieser Art, „Organum" genannt, war bereits in der Improvisationspraxis der weltlichen Instrumentalmusik vorgegeben. Im abgelegenen Kulturraum Islands hat sich das volkstümliche Organum-Singen in Quintklängen bis heute erhalten:

6 Welche heute gebräuchlichen Instrumente weisen in ihrer Stimmung auf den grundlegenden Quint- bzw. den Quartklang besonders hin?

20

7 Hören Sie drei Klangbeispiele im Blick auf die Abbildungen alter Instrumente, und belegen Sie daran die historische Bedeutung des Quintklangs.

Fidel [und Flöte]
(Miniatur aus der Manesse-Handschrift, ca. 1300; Universitätsbibliothek Heidelberg)

LEYRERIN

Heÿ lustig junge Pursch. thut euch nur munder halten
seÿd fröhlich weil ihr könt. so lang es euch behagt:
im Feld wird manchem bald das freudge Hertz erkalten.
wañ statt des Leÿren-thon. der Stücke-Doñer kracht
da gilt ein andrer tantz: man wird mich gar nicht achten
Ein tapfferer Soldat. der muß nach Sieg nur trachten.

Drehleier
(aus J. Ch. Weigel: Musicalisches Theatrum, Blatt 36)

POLNISCHER BOCK.

Ich bin ein ſchöner Menſch und ƙan ſo trefflich pfeiffen
auf den anmuthigen Bock. daß manchen übel wird :
auch! wie die Bären ſelbſt ein Menuet begreiffen,
doch weil von vieler Müh der Hals gantz abgekirrt
ſo ſchenckt jhr Tantzende. die trotz den Bären ſpringen
mir bald was in den Bock: ſo will ich luſtig ſingen.

Dudelsack
(aus J. Ch. Weigel: Musicalisches Theatrum, Blatt 31)

Unstimmigkeiten des pythagoräischen Systems

Die Grundlegung des abendländischen Tonsystems und der Stimmung der Instrumente auf der Basis von Quintbeziehungen ist nicht so unproblematisch, wie es zunächst den Anschein hat.

1. Das „pythagoräische Komma“ („Quintkomma“):
   Beim Vergleich einer Reihe von zwölf Quinten mit einer Reihe von sieben Oktaven ergibt sich für den erreichten Ton nicht die gleiche Tonhöhe, denn

   $$\left(\frac{3}{2}\right)^{12} = 129{,}7 > \left(\frac{2}{1}\right)^{7} = 128$$

   Der Ton „his“ ist um 23,5 Hundertstel Halbtonschritte höher als „c“.

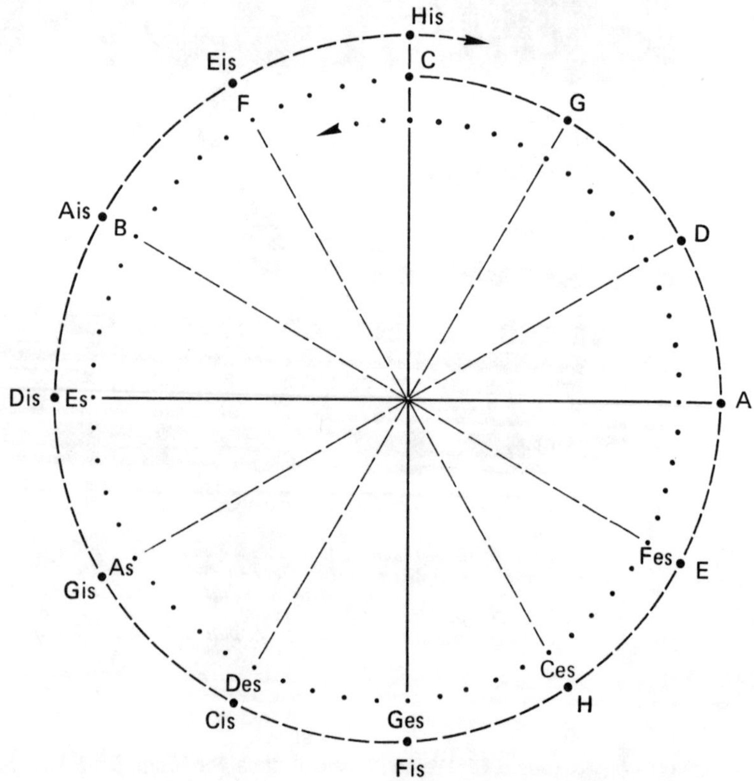

2. Das „syntonische Komma" („Terzkomma"):
Aus der Diskrepanz zwischen pythagoräischer Musiktheorie und Musizierpraxis (z. B. pythagoräisch gestimmtes Saiteninstrument im Zusammenwirken mit einem Blasinstrument, das Naturtöne spielt) ergibt sich der Gegensatz zwischen pythagoräischer Terz (2 große Ganztonschritte) und reiner Terz (Terz der Partialtonreihe).

$$\frac{9}{8} \cdot \frac{9}{8} = \frac{81}{64} > \frac{5}{4} = \frac{80}{64}$$

Die pythagoräische Terz ist um 21,5 Hundertstel Halbtonschritte größer als die reine Terz.

3. Die „kleine Diesis":
Eine Reihe von drei großen reinen Terzen ergibt ein kleineres Intervall als die Oktave:

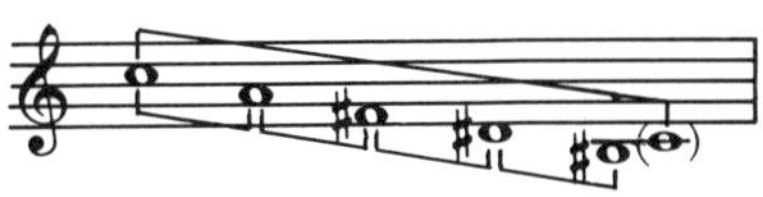

$$\left(\frac{5}{4}\right)^3 = 1{,}95 < \frac{2}{1} = 2$$

Das sind 41,1 Hundertstel Halbtonschritte.

4. Die „große Diesis":
Eine Reihe von vier kleinen pythagoräischen Terzen ergibt dagegen ein größeres Intervall als eine Oktave:

$$\left(\frac{6}{5}\right)^4 = 2{,}07 > \frac{2}{1} = 2$$

Das sind 62,6 Hundertstel Halbtonschritte.

Solange der Terzklang in der frühen mehrstimmigen Musik umgangen wurde und als Dissonanz galt, spielten die oben angedeuteten Stimmungsprobleme kaum eine Rolle. Seit dem 13. Jahrhundert traten Terzklänge in zunehmendem Maße auf, nun auch rhythmisch akzentuiert, aber noch nicht als Schlußklang.

8 Musizieren Sie die folgende Estampie[1] eines anonymen englischen Musikers aus dem 13. Jahrhundert auf geeigneten Melodieinstrumenten. Beachten Sie betonte Terzklänge und Parallelführungen der beiden Stimmen in Quinten.

[1] Form der weltlichen Instrumentalmusik des 13./14. Jahrhunderts, die auf dem Prinzip der fortschreitenden Wiederholung beruht (Unterstimme Takt 1–4: a, Takt 5–8: a', Takt 9–12: b, Takt 13–16: b', wobei a und b offen, a' und b' geschlossen sind)

Estampie

Erst Ende des 15. Jahrhunderts wurde die Terz von den Theoretikern als Konsonanz anerkannt.
Die Verwendung der Terz in der Mehrstimmigkeit brachte neue Fragen zum pythagoräischen System. Das alte System basierte auf einem einzigen Intervall, der Quinte. Seit dem 16. Jahrhundert setzte sich ein System mit zwei Stammintervallen durch: Quinte und reine Terz. Jetzt wurde das Problem der Stimmung aktuell; es ist bis heute nicht befriedigend gelöst.
Die mehrstimmige Musik bis zum 17. Jahrhundert zeigt verschiedene Wege, mit den Intonationsschwierigkeiten fertig zu werden. In der Regel entschied man sich für die „reine" Einstimmung der gebräuchlichsten Töne der musikalischen Praxis und vermied die kritischen Zusammenklänge oder verschleierte ihre Disharmonie durch auflockerndes Verzierungsspiel. Wo die „Labyrinth-Stimmung" des Pythagoras einer Kompromißlösung vorgezogen wurde, entstanden sogar Tasteninstrumente mit 31 Tasten innerhalb der Oktave.
In anderen Fällen konnten die Komponisten unharmonisch klingende Akkorde für die Darstellung besonderer Affekte (z. B. Schmerz) nutzen. Dies läßt sich beispielsweise vermuten, wenn auf einem Instrument mit fixierten Tonhöhen Dreiklänge wiedergegeben werden sollen, die je nach Zusammenhang z. B. ein „as" oder „gis" enthalten. Die entsprechende Tonhöhe kann nicht zugleich als große Terz zu „c" und zu „e" gestimmt sein, wenn „c" und „e" exakt zusammenstimmen sollen.

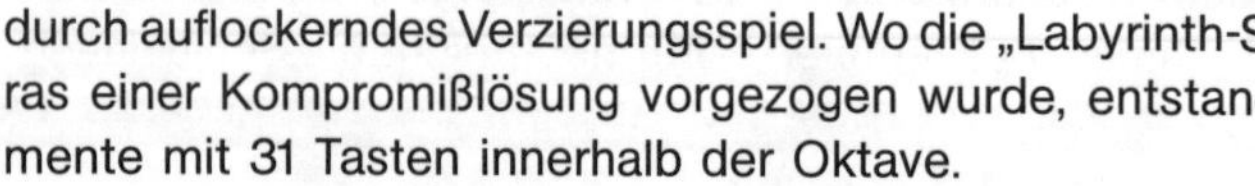

Cembalo mit 31töniger Unterteilung der Oktave, genannt Clavemusicum Omnitonum, von Vitus de'Trasuntini, Venedig, 1606. Angefertigt für Camillus Gonzaga zu Novella.
Der Tonumfang der Klaviatur ist $C-c^3$ mit folgenden Tonstufen (die Obertasten jeweils vom vorderen Ende der Klaviatur her aufgelistet):
C, Cis, Des, Cisis, Deses, D, Es, Dis, Eses, Disis, E, Fes, Eis, F, Fis, Ges, Fisis, Geses, G, Fis, As, Fisis, Ases, A, B (= Hes), Ais, Bes (= Heses), Aisis, H, Ces, His, C ... usw.
Durch ein vierfach bezogenes Monochord, das dem Clavemusicum als Stimmgerät beigegeben ist, läßt sich die Stimmung rekonstruieren: Es ergibt sich eine mitteltönige Temperatur, die hier für das Spiel in entlegenen Tonarten wesentlich erweitert ist.

9 Hören Sie das folgende Beispiel des Einleitungssatzes einer Kantate, gespielt auf einem „mitteltönig"[1] gestimmten Cembalo[2]. **21**

[1] Bei der sog. Mitteltontemperatur werden möglichst viele große reine Terzen eingestimmt (z. B. c – e), innerhalb derer der „Mittelton" (d) als geometrisches Mittel bestimmt wird, was die Terz in zwei gleich große Ganztonschritte teilt. Der „Mittelton" liegt genau zwischen dem großen und kleinen Ganzton. Wenn man auf diese Weise die gebräuchlichen Tonhöhen c, d, e, f, g, a, h und cis, es, fis, gis, b bestimmt, ergibt sich eine unbrauchbar zu groß klingende (enharmonische) Quinte gis – es, „Wolfsquinte" genannt (das „gis" kann nicht als „as" verstanden werden). Ursache ist das „syntonische Komma" (s. S. 63): Das Intervall einer reinen Terz plus zweier Oktaven ist kleiner als das Intervall von vier reinen Quinten, d. h. die Quinten müssen verkleinert werden; stellt man nun 11 solche reduzierte Quinten übereinander (z. B. über es), ergibt sich als (enharmonische) Ergänzung zum Intervall von 7 Oktaven (über es, s. S. 62) eine zu große 12. Quinte (gis – es), die „Wolfsquinte".

[2] als Continuo-Instrument

Sinfonia aus der Kantate „Weine nicht“

Matthias Weckmann (1621–74)

Temperierte Stimmungen

Schon im 16. Jahrhundert forderte man in Italien, daß die Abstände der Lautenbünde (Halbtonschritte) einer geometrischen Reihe entsprechen sollten; dies geschah aber wohl mehr aus ästhetischen als aus musiktheoretischen Gründen. Im Jahr 1585 berechnete der holländische Mathematiker Simon Stevin als erster auf europäischem Boden die gleichstufige Temperierung[1] (wahrscheinlich angeregt durch die Schrift des chinesischen Prinzen Chu Tsai-Yü von 1584). Sie konnte sich erst im 19. Jahrhundert vor allem für die Tasteninstrumente durchsetzen, zunächst nur als praktischer Näherungswert.
Das Prinzip der wohltemperierten Stimmung ist die gleichmäßige Verteilung von Stimmungsdiskrepanzen (Komma, Diesis) auf den gesamten Oktavraum, wodurch das System geschlossen wird. Man teilt ihn in 12 gleich große Halbtonschritte auf, die folgendes Schwingungsverhältnis haben:

$$(2:1)^{\frac{1}{12}} = \sqrt[12]{2}$$

Multipliziert man eine beliebige Schwingungszahl (Frequenz) mit dieser Verhältniszahl, so erhält man die nächsthöhere temperierte Halbtonstufe. 7 Halbtonschritte ergeben eine Quinte; die „wohltemperierte Quinte“ ist geringfügig kleiner als die pythagoräische Quinte (2 Hundertstel Halbtonschritte). Deutlicher zeigt sich der Unterschied bei der wohltemperierten großen Terz; sie weicht von der pythagoräischen um 7,8 Hundertstel Halbtonschritte nach unten, von der reinen um 13,7 Hundertstel Halbtonschritte nach oben ab.
Dennoch läßt sich die Intonationstrübung aller Tonstufen des Oktavraumes als Kompromißlösung hinnehmen, weil sie vom Gehör im allgemeinen nicht als Fehler wahrgenommen wird. Allerdings fühlen sich Spieler von Melodieinstrumenten, die die Intonation nach Gehör treffen müssen, oder Sänger oft mehr einer nicht temperierten Stimmung verpflichtet.
Bei der Beurteilung des Höreindrucks von verschiedenen Stimmungen ist zu bedenken, daß das menschliche Gehör sich im Rahmen bestimmter Intervallkombinationen durchaus täuschen läßt.

10

a) Hören Sie sechs Tonpaare, und entscheiden Sie, welches davon Ihrer Meinung nach der reinen Oktave am nächsten kommt. 22

b) Hören Sie drei verschiedene Einspielungen einer Melodie mit Baßbegleitung. Welche der Einspielungen erscheint Ihnen intonationsmäßig als die beste?

c) Vergleichen Sie Ihre Ergebnisse mit den gesprochenen Angaben auf der Tonkassette.

Hieraus läßt sich folgern, daß psychoakustische Gesichtspunkte für die Stimmung von Musikinstrumenten eine mindestens ebenso wichtige Rolle spielen wie Fragen der physikalisch exakten Tonhöhenbestimmung. Die Stimmung einer Tonskala dürfte letztlich nicht starr sein wie notwendigerweise bei Tasteninstrumenten, sondern sie müßte in jedem Augenblick der beste Kompromiß zwischen den einander widerstreitenden Forderungen sein.
Für die Kompositionstechnik hat die „gleichschwebend“ temperierte Stimmung ungeahnte Möglichkeiten erschlossen. Allerdings verlieren gewisse Tonarten und

[1] temperieren = mäßigen, mildern

Zusammenklänge, wie sie in der Tabelle des Musikers und Musikschriftstellers der Bach-Zeit Johann Mattheson beschrieben werden, ihre besondere Charakteristik. Als Beispiel: *„E-dur drückt eine verzweiflungsvolle oder ganz tödliche Traurigkeit unvergleichlich wohl aus … – g-moll ist fast der allerschönste Thon, weil er nicht nur … ziemliche Ernsthaftigkeit mit einer munteren Lieblichkeit vermischet, sondern eine ungemeine Anmuth und Gefälligkeit mit sich führet."*
Solche Tonarteneinschätzungen gehören von nun an ausschließlich dem ideellen Bereich an; sie können allenfalls von der Erinnerung an entsprechend interpretierbare Kompositionen herrühren. Die Geschlossenheit des Systems aber erlaubt nun eine größere Bewegungsfreiheit im Tonartenkreis. Da jetzt z. B. „gis" und „as" klanglich identisch sind, lassen sich erhöhte und erniedrigte Tonstufen ohne weiteres gegeneinander austauschen. Der Begriff „Enharmonik" betrifft seither entgegen früherer Praxis nicht Mikrointervalle wie Kommata oder Diesen, sondern die „Umdeutung" gleich klingender Töne.
Nach Wegfall des pythagoräischen Kommas läßt sich die Reihe von 12 Quinten als geschlossener Kreis, als „Quintenzirkel" darstellen.

11 Ergänzen Sie im Arbeitsheft die fehlenden Töne des Quintenzirkels:

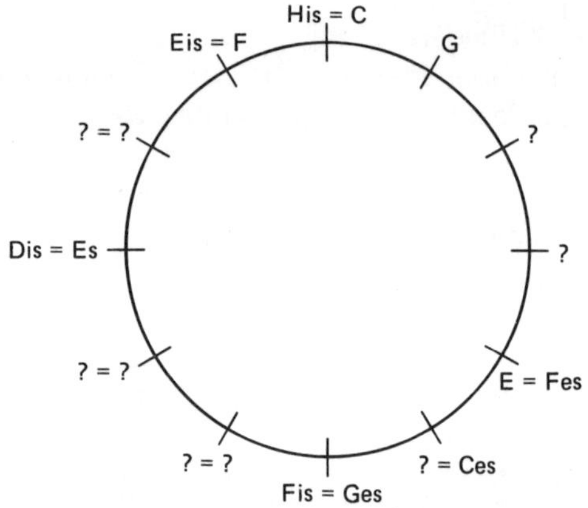

Johann Sebastian Bachs „Wohltemperiertes Klavier"

J. S. Bachs Sammlung von Klavierpräludien und -fugen „Das Wohltemperierte Klavier" meint nicht, wie vielfach angenommen, die gleichstufig temperierte Stimmung. Bach benutzte wahrscheinlich die „Kirnberger-Stimmung"[1]. Vor der Durchsetzung der gleichstufigen Temperierung ist sie der letzte große Versuch, die Diskrepanzen des Systems zu verringern. Mittels 8 reiner und 4 mitteltöniger Quinten (ähnlich schon bei A. Werckmeister) ließ sie bereits „enharmonische Verwechslungen" zu, bewahrte aber noch die Charakteristik der einzelnen Tonarten. Jede der 12 Tonstufen einer Oktave konnte zum Grundton einer Dur- oder Molltonart gemacht werden und als Ausgangs- oder Zielton weitreichender Modulationen dienen.

[1] Kirnberger war ein Schüler J. S. Bachs.

Besonders Präludium und Fuge VIII aus dem 1. Teil des „Wohltemperierten Klaviers" verdeutlichen diese Konsequenzen[1]. Das Präludium ist in der seltenen Tonart es-Moll komponiert, die bei Bach nur ein einziges Mal auftaucht. Johann Mattheson bekennt sogar, er habe in es-Moll noch kein Stück gesehen.

Präludium

23

Die Fuge war ursprünglich in d-Moll geschrieben. Sie wurde aus schreibtechnischen Gründen nach dis-Moll transponiert, um in Verbindung mit dem es-Moll-Präludium den 8. Platz in der systematischen Sammlung von Präludien und Fugen in allen 24 Tonarten einzunehmen.

12 Notieren Sie eine harmonische d-Moll-Tonleiter, und transponieren Sie diese nach dis-Moll.
Notieren Sie die Dreiklänge der Tonika und Dominante von dis-Moll und es-Moll, und beurteilen Sie die unterschiedliche Lesbarkeit für den Klavierspieler.

Fuge

[1] Das Hörbeispiel ist auf einem Cembalo mit ungleichschwebender Temperierung gespielt, wobei für einzelne Sätze, der damaligen Praxis entsprechend, Modifikationen der Stimmung vorgenommen wurden.

24 Hören Sie die Exposition der Fuge. Übertragen Sie das folgende Modell einer Fugenexposition in Ihr Arbeitsheft, und tragen Sie mit Hilfe des Notentextes darin Taktzahlen, Tonarten und Stimmlagen (Sopran, Alt, Baß) der Themeneinsätze ein.

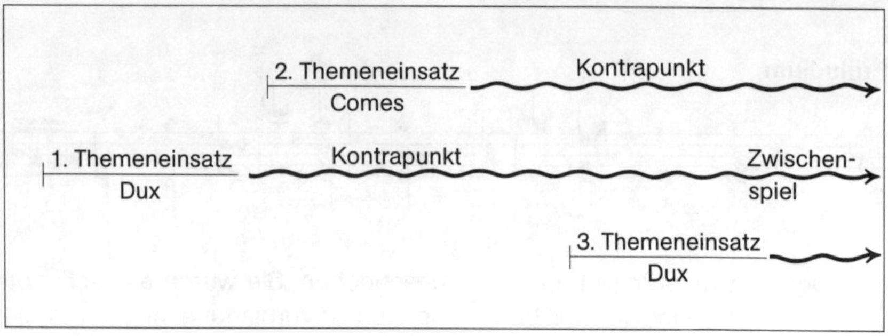

25 Hören Sie die folgende Fugendurchführung, und erläutern Sie die Verarbeitung des Fugenthemas. Vergleichen Sie die Führung der drei Stimmen ab Takt 85: Welches unterschiedliche Verhältnis zum diatonischen Tonsystem zeigt sich in den einzelnen Stimmen?

Enharmonik

Vor allem in der Musik des 19. Jahrhunderts werden die Möglichkeiten, auf der Grundlage der chromatischen Skala freizügig durch alle Dur- und Molltonarten des Quintenzirkels zu modulieren, voll ausgenutzt. Das zeigt z. B. dieser Klavierwalzer von *Franz Schubert:*

Walzer As-Dur op. 9, Nr. 2

Ab Takt 9 bringt die Oberstimme auf die jeweilige Taktbetonung einen Vorhalt. Die eigentliche Harmoniefolge ergibt sich aus den Zusammenklängen der jeweiligen Taktmitte (2. Viertel).

15 Übertragen Sie die Grundform der für die Harmoniefolge wesentlichen Akkorde in Ihr Arbeitsheft:

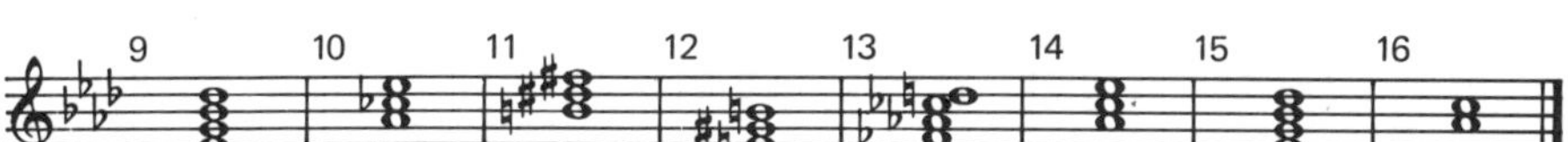

Verbinden Sie die Tonhöhen, die in aufeinanderfolgenden Takten gleichbleiben, mit einem Bindebogen, um Akkordbeziehungen zu verdeutlichen. Tragen Sie die Grundtonfolge mit Taktzahlen in einen Quintenzirkel ein, und verbinden Sie diese Punkte entsprechend der Zahlenfolge mit Linien (Takt 9–11 bereits ausgeführt).

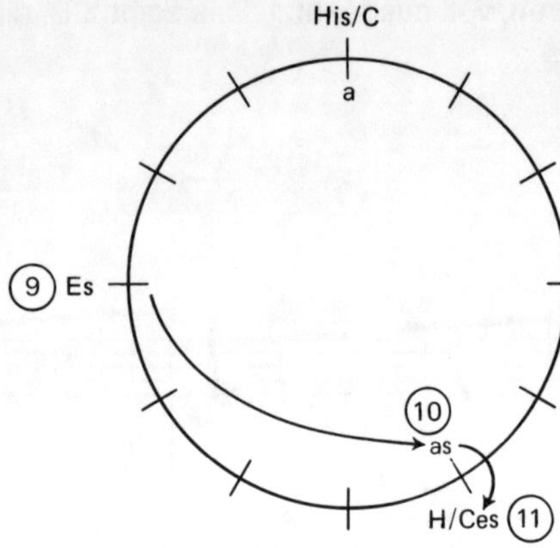

26 16 Verfolgen Sie beim Hören des Walzers den Modulationsverlauf. Wo verläßt Schubert erstmals den tonalen Bereich von As-Dur, und mit welchem Takt beginnt die Rückleitung?

An der Grenze der Tonalität

Mit der Klavierkomposition „Richard Wagner – Venezia", einem musikalischen Nachruf auf den 1883 in Venedig verstorbenen Bayreuther Meister, betrat *Franz Liszt* (1811–86) musikalisches Neuland.

Richard Wagner – Venezia

8va bassa
8va bassa
(cresc.
ritenuto
(a tempo)
f
(poco a poco cresc.)
(più cresc.)

27 17 Schreiben Sie den Akkord auf, der sich aus den Anfangs- und Schlußtakten des Stükkes zusammenfügt, und analysieren Sie ihn.
Inwiefern ist dieser „harmonische Rahmen" charakteristisch für das ganze Stück?
Welche Tendenz zeichnet sich in diesem Stück hinsichtlich des Tonsystems ab?
Warum schrieb Liszt ein harmonisch so kühnes Stück gerade als Nachruf auf Richard Wagner?

Die Tonsprache Wagners, besonders die von „Tristan und Isolde" (vgl. S. 150), durchbricht die „Schallmauer" der tonal gebundenen, chromatisch durchdrungenen Diatonik und stellt damit das abendländische Tonsystem in Frage. Dies ist ein Punkt, an dem sich die Geister scheiden: Die Musikentwicklung der folgenden Jahrzehnte ist durch den Gegensatz Wagner-Nachfolge – Wagner-Ablehnung geprägt.
Claude Debussy wendet sich nach anfänglicher Bewunderung von Richard Wagner ab, nicht nur wegen des Pathos seiner Musikdramen, sondern auch wegen seiner in ständiger Spannung verharrenden chromatischen Tonsprache. Debussys Stil zeigt oft eine harmonische Spannungslosigkeit, wie sie fernöstlichen Musikkulturen eigen ist.
Auf der Pariser Weltausstellung von 1889, einem Schauplatz der Begegnung von westlicher und östlicher Kultur, hört Debussy javanische Gamelanmusik und lernt das vietnamesische Musiktheater kennen. Diese Musikkulturen beeindrucken den jungen Komponisten nachhaltig und verstärken seine gegen Wagner gerichtete Tendenz zur Reduktion der musikalischen Mittel, zur klanglichen Nuance und zur Spannungslosigkeit, obwohl er ihren Ursprung mißversteht: *„Leur conservatoire c'est: le rythme éternel de la mer, le vent dans les feuilles, et mille petits bruits qu'ils écoutèrent avec soin, sans jamais regarder dans d'arbitraires traités."* Der ewige Rhythmus des Meeres, der Wind in den Blättern ...: die Natur als Lehrmeister, die Abkehr von willkürlichen Traktaten kennzeichnen die Grundtendenz der Musik Debussys und des Impressionismus, nicht aber die der Musik Indonesiens und Vietnams, die an jahrhundertealte Traditionen und strenge Gesetze gebunden ist.

Fernöstliche Einflüsse auf das abendländische Tonsystem

Einwirkungen der Gamelanmusik lassen sich in den Tonbeziehungen, im Klangbild und in der formalen Anlage impressionistischer Musikstücke nachweisen. Der Vergleich von drei Gamelanstücken mit dem Prélude „Voiles" von Debussy soll zeigen, daß in einer Atmosphäre der Skepsis gegenüber der eigenen Zivilisation und Kunst der Kulturaustausch mit Völkern des Fernen Ostens eine befruchtende Wirkung hatte.
Das Tonsystem der Gamelanmusik zeigt sich in den verschiedenen Melodiemodellen (Patet), die sich zwei Tonleitern, Sléndro und Pélog, zuordnen lassen. Sléndro wird vor allem zur Begleitung javanischer Schattenspiele verwendet, die mit kunstvoll gearbeiteten transparenten, flachen Lederpuppen ausgeführt werden. Pélog begleitet Puppenspiele, die mit flachen hölzernen Puppen einen anderen Sagenkreis darstellen.
Da die Puppenspiele oft die ganze Nacht hindurch andauern, hat die Musik den Charakter des Endlosen, in sich Ruhenden: Die Zeitdimension scheint in dieser Musik zu fehlen.

Indonesische Schattenspielszene

Zur Ermittlung der beiden Tonleitern der Gamelanmusik sollen die Beispiele „Tjarabalen-“ und „Martapura-Gamelan“ dienen. Beim „Tjarabalen-Gamelan“ wird die Kernmelodie von horizontal liegenden Gongs, den Kenongs, ausgeführt und von dem Gongspiel Bonang umspielt und koloriert.

28 18 Hören Sie das Klangbeispiel „Tjarabalen“, suchen Sie die Töne der Kenongs und des Bonangs durch Zupfen auf einer Geige, und markieren Sie die Tonhöhen auf einem unter die Geigensaiten geschobenen Papierstreifen.

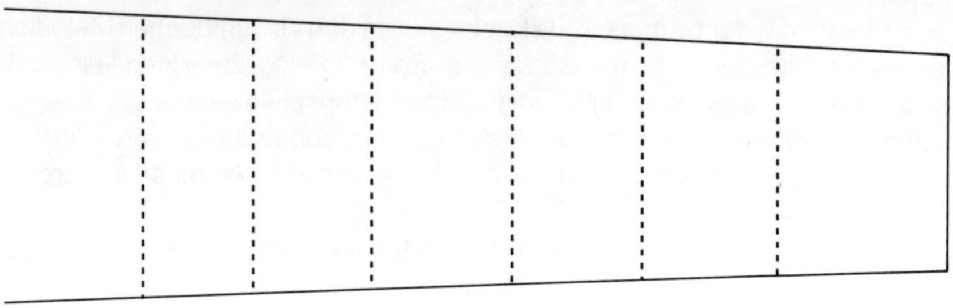

Vergleichen Sie die gefundenen Töne mit den auf der Skala markierten Halbtonschritten unseres chromatisch aufgefüllten diatonischen Tonsystems.

Die Kenongs spielen im ♩ ♩ 𝅗𝅥 -Rhythmus die ungefähren Tonhöhen H Dis E, das Bonang im 𝅘𝅥𝅯𝅘𝅥𝅯𝅘𝅥𝅯𝅘𝅥𝅯 -Rhythmus E A H Dis.

Daraus ergibt sich die als weiblich und traurig geltende Pélog-Tonart, die theoretisch durch eine siebenstufige Skala dargestellt wird. Ihre Varianten aber benutzen daraus nur jeweils fünf Töne, in diesem Fall sogar nur vier:

Gis – (A) – (H) – D – (Dis) – (E) – F – Gis

Die Notennamen unserer Tonordnung bezeichnen die Tonhöhen der Gamelaninstrumente nur annähernd. Bestimmt man deren Intervalle durch genaue Frequenzwerte, ergeben sich sehr komplizierte und schwer zu vergleichende Frequenzverhältnisse. Die Musikethnologie benutzt daher zur Darstellung der Intervallverhältnisse die Cent-Werte[1]: In dieser Maßeinheit beträgt der temperierte Halbtonschritt 100 Cents, der Ganztonschritt demnach 200 Cents, die kleine Terz 300 Cents usw.

Die Cent-Werte sind Logarithmen der Frequenzzahlen. Das entspricht der „logarithmischen Dimension“ unseres „Tonhöhengefühls“, das im psychologischen Gesetz von Weber und Fechner beschrieben wird. Alle unsere subjektive Wahrnehmung quantitativ unterschiedlicher Sinnesreize – „Intervalle“ – verläuft auf einer logarithmischen Kurve (vgl. S. 57).[2]

[1] lat. centum = hundert

[2] Das Cent-System läßt sich folgendermaßen erklären: Man teilt die Oktave in 1200 gleich große Intervalle, für die die Größe 1 Cent festgelegt ist. Will man das Verhältnis der Schwingungszahlen für ein derartiges Mikrointervall bestimmen, so hat man die Gleichung $x^{1200} = 2$ zu lösen: $X = \sqrt[1200]{2} \approx 1{,}000578$. Ist umgekehrt ein Intervall durch das Verhältnis von Schwingungszahlen a : b gegeben, so ist sein Cent-Wert y der Logarithmus von $\frac{a}{b}$ zur Basis $\sqrt[1200]{2}$, da $(\sqrt[1200]{2})^y = \frac{a}{b}$ gilt.

Bei der Untersuchung der Gamelaninstrumente erhält man folgende Intervalle der Pélog-Skala in Cent-Werten:

Gis	–	A	–	H	–	D	–	Dis	–	E	–	F	–	Gis		
	120		150		270		130		115		165		250		Cents	

Die fünftönigen Pélog-Skalen der Gamelanmusik weisen als charakteristisches Merkmal das als kleine bzw. große Terz „zurechtgehörte" Intervall auf (z. B. h – dis = 400 Cents). In ihrer Spannungslosigkeit ähneln diese Skalen in gewisser Weise der aus Kinderliedern, Spirituals und afrikanischer Musik bekannten halbtonlosen Pentatonik.

Die Sléndro-Skala gilt als männlich, kraftvoll und glänzend. Sie liefert das Tonmaterial des folgenden „Martapura-Gamelan". Die Kernmelodie wird von einem mit Metallstäben angeschlagenen Metallophon, Saron, gespielt und wie im vorigen Beispiel vom Bonang umspielt. Im Hintergrund schlägt eine Trommel durch das ganze Stück einen einzigen tiefen Ton H.

19 Hören Sie den Martapura-Gamelan. Vervollständigen Sie die Sléndro-Skala nach Gehör mit Hilfe der präparierten Geige (oder eines Xylophons): 29

Ungefähre Tonhöhen	h	–	d	–	?	–	?	–	a	– h
Intervalle in Cents		251		233		232		236		248
Intervalle in Halbtonschritten		2,5		2,3		2,3		2,3		2,4

Bei der Sléndro-Skala der Gamelanmusik ergibt sich eine Tonleiter mit etwa gleichen Tonabständen, die im Bereich zwischen Ganztonschritt und kleiner Terz liegen; sie ähnelt der von Debussy gern verwendeten Ganztonleiter.

Im Gegensatz zum Tjarabalen- und Martapura-Gamelan, die der traditionellen javanischen Kunstmusik entnommen sind, ist der Pferdetanz „Kuda Lumping" ein Beispiel aus der Folklore. Die Tänzer geraten dabei mit zunehmender Erregung in Trance, wobei sich eine vollkommene Identifikation mit dem dargestellten Objekt vollzieht.

20 Hören Sie den Pferdetanz, und versuchen Sie festzustellen, wie sich der Übergang in den Trancezustand musikalisch darstellt. 30

Das Instrumentarium unterscheidet sich deutlich vom Gamelan. Zweierlei Instrumente treten besonders hervor: Das Angklung-Orchester besteht aus mehreren Spielern, von denen jeder einen bestimmten Melodieton spielt. Angklung ist ein Schüttel-Idiophon. Der Ton wird durch drei in Oktaven gestimmte Bambusröhren, die in einem Bambusrahmen hängen, erzeugt. Die ungefähren Tonhöhen sind hier:
c – des – es – ges – as (ein Hilfsmodus des Pélog).
Die sudanesische Oboe, die im zweiten Teil des Stückes in den Vordergrund tritt, spielt im Sléndro-Modus die ungefähren Tonhöhen:
f – as – c – dis – f.

Prélude

Modéré (♪ = 88)
(Dans un rythme sans rigueur et caressant.)
p très doux
p
più p
5
pp expressif
pp
toujours pp
très doux
10
14
pp
pp

18
22
pp très souple
25
Cédez
a Tempo
29
32
Cédez
dim.

Serrez
Cédez
dim. molto
En animant
Emporté
Cédez
(rapide)
cresc.
molto
molto
Très retenu
più p
più pp
au Mouvt
(comme un très léger glissando)

Claude Debussy (1862–1918)

(... Voiles)

30, 31 21 Hören Sie nun das Prélude „Voiles“ von *Claude Debussy* im Vergleich zu dem Tanz „Kuda Lumping“. In beiden Stücken kennzeichnet der Wechsel des Tonsystems bzw. des Modus formale Abschnittbildungen.
Stellen Sie die beiden Skalen zusammen, durch welche die von Debussy verwendeten Tonsysteme dargestellt werden (z. B. Takt 15 f. bzw. Takt 48 f. im Gegensatz zu Takt 42 f.). Um welche Tonsysteme handelt es sich? Vergleichen Sie diese mit den im Pferdetanz verwendeten Modi Pélog und Sléndro.
Welche Rolle spielt bei der Adaption fremder Tonsysteme die Fähigkeit des „Zurechthörens“?

22 Der Tanz „Kuda Lumping“ ist durch harmonische Spannungslosigkeit und Gleichschwebigkeit gekennzeichnet. Mit welchen Mitteln erreicht Debussy diese Eigenschaften in seinem Prélude?

29, 31 23 Hören Sie noch einmal den Anfang des Martapura-Gamelan und den des Prélude „Voiles“.
In beiden Stücken lassen sich drei Stimmebenen in drei Bewegungsformen erkennen.
Beschreiben Sie deren Merkmale, und zeigen Sie, inwieweit sich die für die Gamelanmusik typische Art der Mehrstimmigkeit (Heterophonie) in Debussys Komposition niederschlägt.
Welche Funktion haben die ostinatoartig pulsierenden Rhythmen in bezug auf die statisch wirkende Klangfläche in beiden Stücken?

Debussy verwendet europäische Instrumente, hier nur das Klavier. Die exotischen Klänge dienen ihm nicht als bloßes Dekor, sondern er integriert sie seinem eigenen Klangbewußtsein. Er gab diesem zarten, scheinbar formlosen Klanggebilde die Unterschrift „Voiles“: Das kann sowohl „Schleier“ (maskuline Form) als auch „Segel“ (feminine Form) bedeuten. Diese Bezeichnung läßt sich malerisch und zugleich symbolisch deuten. Das Klangbild löst in Verbindung mit den Bemerkungen im Notentext zu Tempo und Ausdruck die Assoziation „Schiff mit schlaff hängenden Segeln“ aus; andererseits fängt es in seiner harmonischen wie dynamischen „Verschleierung“ die von Auflösungstendenzen geprägte Stimmung seiner Zeit ein.

Einfluß des Blues

Der medienbedingte weltweite „Kulturaustausch“ in unserem Jahrhundert gibt zahlreiche neue Impulse. Östliche Philosophien schlagen sich z. B. in der Kompositionstechnik avantgardistischer Musik nieder, Elemente der Musik der amerikanischen Neger sind aus der populären Musik nicht mehr wegzudenken.
In den zwanziger Jahren dieses Jahrhunderts kam der Jazz nach Europa. Eine seiner Wurzeln sind die Bluesgesänge der Neger in Nordamerika. Sie vereinigen Musizierformen aus afrikanischen und europäischen Kulturräumen. Dementsprechend greifen verschiedene Tonsysteme ineinander. Diese Diskrepanzen trugen dem Jazz in Europa zunächst das abwehrende Schlagwort „schräge Musik“ ein.

Poor man's Blues

Mr. Rich Man, Rich Man,
Open up your heart and mind.
Mr. Rich Man, Rich Man,
Open up your heart and mind.
Give a poor man a chance,
Yes Sir, these hard, hard times.

While you living in your mansion,
You don't know what hard times mean.
While you live in your mansion,
You don't know what hard times mean.
Poor working man's wife is sobbin',
Your wife is livin' like a queen.

Please, listen to my pleadin',
'Cause I can't stand these hard times long.
Listen to my pleadin',
'Cause I can't stand these hard times long.
They'll make an honest man
Do things that you know is wrong.
Poor man fought all the battles,
Poor man would fight today.
Poor man fought all the battles,
Poor man would fight today.
He would do anything you ask him
In the name of USA.

As the war is over,
Poor man must live same as you.
War is over,
Poor man must live same as you.
If it wasn't for the poor man,
Mr. Rich Man, what would you do?

Bessie Smith (1898–1937)

24 Singen Sie den „Poor man's Blues" nach dem gegebenen Notentext, und hören Sie im Vergleich dazu den Gesang der Bessie Smith.

32

„Dissonante“ Überschneidungen zwischen Melodie und Begleitung geben dieser Musik das klagend-aggressive Gepräge: Der Sänger intoniert die 3. und 7. Stufe tiefer im Unterschied zu den Durakkorden der Begleitung. Dadurch entstehen die „Blue notes“. Der Singstil steht außerhalb europäischer Traditionen; die Tonhöhen entsprechen nur annähernd der Dur-Moll-Skala.[1] Vielfach werden die Blue notes schleifend intoniert. Auch andere Töne werden gedrückt („dirty“) vorgetragen. Im unmittelbaren naturalistischen Ausbruch von Erregung und Hingabe entstehen Melodien, die sich einer Darstellung in europäischer Notenschrift entziehen.

Der Durchbruch der Chromatik im Zwölftonsystem

Die Zwölftonmusik der „Wiener Schule“ läßt sich als äußerste Konsequenz der Zersetzung diatonischer Strukturen durch chromatische Alterationen verstehen. Alle 12 chromatischen Tonstufen der Oktave werden gleichberechtigt behandelt; dadurch schließt man die Bildung von tonalen Zentren bzw. von Grundtönen aus. Der Komponist negiert die Tonalität, was zur Begriffsbildung „atonale Musik“ führte. *Anton Webern* knüpft an das Zwölftonsystem Arnold Schönbergs an; diesem hat er auch das Konzert für Kammerensemble op. 24 (1934) gewidmet.

Konzert für Kammerensemble op. 24, 2. Satz

[1] A. M. Dauer erklärt die „Blue notes“, indem er von einem äquidistanten Tonsystem afrikanischer Melodik ausgeht. Europäische Diatonik (als Tonsystem der Harmonik) und afrikanische gleichmäßige Siebenteilung einer Oktave (bei der Melodiebildung) entsprechen sich nur beim Quintton, dem Ausgangston des 2. diatonischen Tetrachords. Besonders stark weicht der afrikanische Terzton vom Terzton unserer Tetrachorde ab; er befindet sich „neutral“ zwischen unserer kleinen und großen Terz.

9
calando - - - tempo
Fl.
Ob.
Kl.
Pos.
Gge
Br.
Klav.
immer mit Dmpf.
mp
pp
p
mp
pp
p
mp
p
pp
mp

19
calando - - - tempo
calando
Fl.
Ob.
Kl.
Trp.
Pos.
Gge
Klav.
f
p
f
mp
p
mp
p
mp
p
f
mp
p
pp

sehr getragen
tempo
calando
wieder sehr getragen
tempo
calando - - tempo
29
Ob.
Kl.
mit Dmpf.
ohne Dmpf.
Hr.
Trp.
Pos.
Gge
Klav.
40
calando
sehr getragen
tempo
Fl.
Ob.
mit Dmpf.
Hr.
Trp.
Gge
ohne Dmpf.
Br.
Klav.

50
calando - - - sehr getragen
tempo
Fl.
Ob.
Kl.
Trp.
Pos.
ohne Dmpf.
Gge
Klav.
60
calando - - - - - sehr getragen
tempo
calando
Fl.
Ob.
(mit Dmpf.)
Hr.
mit Dmpf.
Br.
Klav.
sehr getragen
tempo
69
sehr getragen
morendo
Kl.
Trp.
Pos.
mit Dmpf.
Gge
Klav.

33 25 Hören Sie den 2. Satz des Konzerts.
Stellen Sie anhand des Notenbeispiels das Tonmaterial der ersten dreieinhalb Takte zusammen. Vergleichen Sie es mit dem Tonmaterial der folgenden dreieinhalb Takte. Warum handelt es sich hier nicht um chromatisch durchdrungene Diatonik, sondern um ein System, in dem der Unterschied zwischen diatonischen und chromatischen Stufen aufgehoben ist, in dem eigentlich der Begriff Chromatik (= Umfärbung) seinen Sinn verloren hat?

Weberns Kompositionsstil kann in diesem Rahmen nur andeutungsweise erläutert werden. Grundlage der Zwölftonmusik ist eine Tonfolge, in der jede der 12 Tonstufen nur einmal erscheint. Diese Reihe wiederholt sich in ständiger Variation (z. B. Krebs, Spiegelung, Transposition, Akkordbildung). Weberns Reihen zeigen eine besondere Organisation auf. Im vorliegenden Satz beschränkt sich der Komponist auf nur zwei Intervalle innerhalb von vier ähnlichen Dreitongruppen:

Dieses Prinzip überträgt Webern auch auf weitere Parameter (Tondauer, Dynamik, Artikulation, Klangfarbe) und öffnet damit den Weg für die serielle Musik (vgl. S. 174).

Auflösung der Tonsysteme in der Gegenwart

26 Hören Sie, möglichst mit Hilfe der Partitur, die Komposition „Fluorescences“ von *Krzysztof Penderecki* (1962).

Wie damals die Zeitgenossen der Tristan-Musik Richard Wagners sehen wir uns heute an einem Punkt angekommen, von dem aus es kein Vor und kein Zurück mehr zu geben scheint. Klanglich sind die äußersten Möglichkeiten der Verfremdung traditioneller Instrumente genutzt (z. B. Glissandi, extreme Tonlagen, Reiben der Klaviersaiten, Klappern mit den Ventilen der Blasinstrumente, Herunterstimmen der Saiten bis an die Grenze der Schwingungsfähigkeit). „Ungewöhnliche Instrumente“ wie Säge, Schreibmaschine oder Flexaton und zahlreiche exotische Instrumente werden in die Komposition einbezogen.

Dem Südwestfunk-Orchester gewidmet

FLUORESCENCES

34

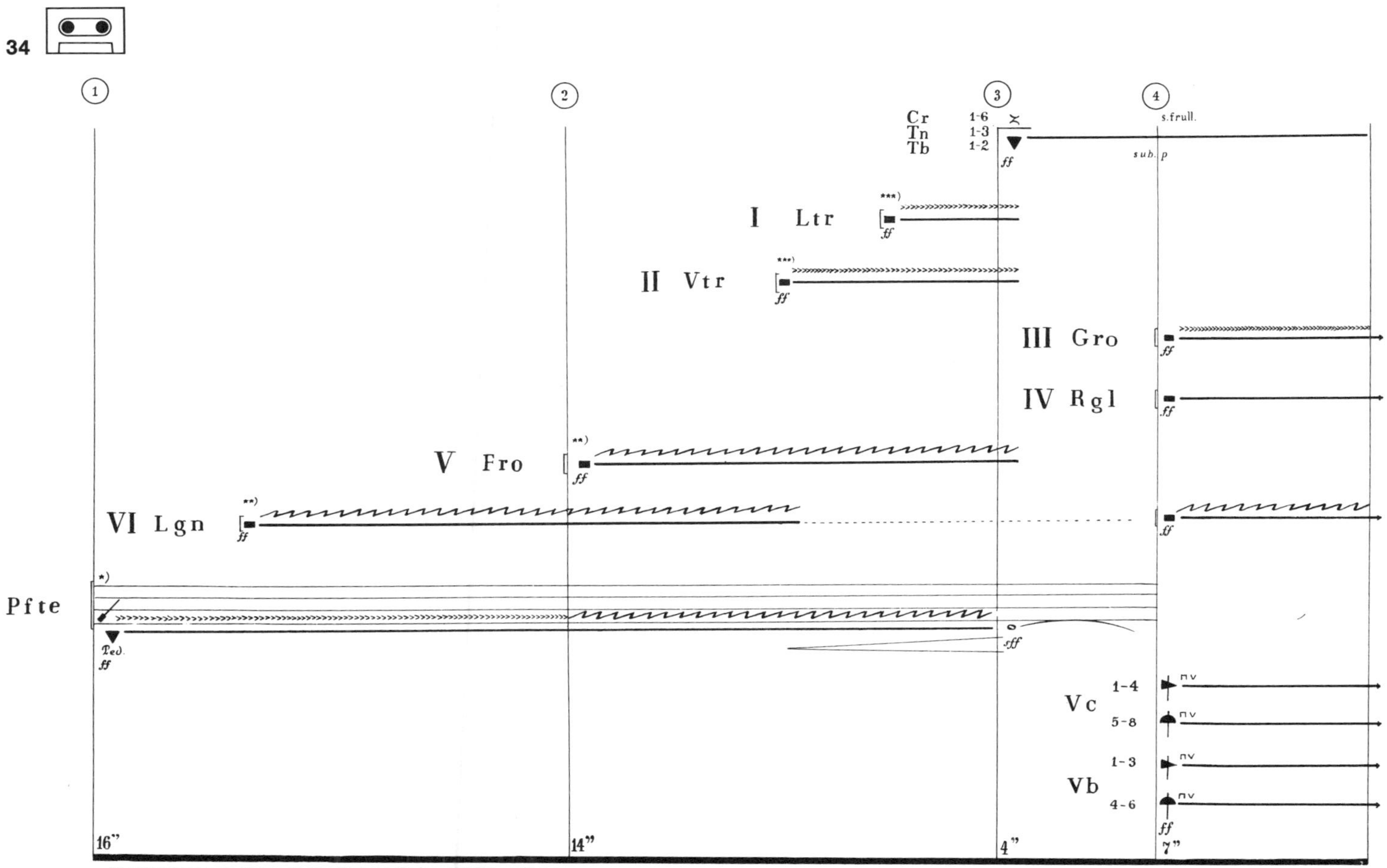

*) Mit Triangelschlegel die tiefste Saite kräftig reiben
**) Ein Stück Holz (Eisen) mit der Handsäge sägen
***) Mit einer Feile kräftig reiben

Abkürzungen und Symbole

a) allgemein

- + = Erhöhung um 1/4 Ton
- ‡ = Erhöhung um 3/4 Ton
- ▲ = höchster Ton des Instruments (unbestimmte Tonhöhe)
- ▼ = tiefster Ton desgleichen
- ~~~~ = molto vibrato
- ∿∿ = sehr langsames Vibrato mit 1/4 Ton Frequenzdifferenz
- ⌅ = sehr schnelles, nicht rhythmisiertes Tremolo
- ········· = Tonrepetition so schnell wie möglich
- -·-·-· = die notierte Tongruppierung so schnell wie möglich wiederholen
- ⩘⩘⩘ = sägen
- »»»»»» = reiben

b) Blasinstrumente

- ǃ = nur auf Doppelrohrblatt oder Mundstück blasen
- + = nur die Klappen anschlagen
- ⌅ = frullato

c) Schlaginstrumente

- = mit Triangelschlegel
- = mit Trommelschlegel
- = mit Paukenschlegel (für Vbf mit weichem Kopf
- = mit Holzhammer
- = mit Jazzbesen
- = Schlag auf die Mitte eines auf die Schlagfläche gelegten Schlegels mit einem zweiten
- = Schlagfläche und Rand des Instruments mit demselben Schlegel gleichzeitig anschlagen
- = Schlag auf den Rand des Instruments

d) Streichinstrumente

- s. t. = sul tasto
- s. p. = sul ponticello
- c. l. = col legno
- l. batt. = legno battuto
- ord. = ordinario
- ⊓ V = mehrere unregelmäßige Bogenwechsel nacheinander
- = zwischen Steg und Saitenhalter spielen (eine Saite)
- = dasselbe (zwei Saiten)
- = dasselbe (arpeggio über vier Saiten)
- = mit dem Bogen über den Saitenhalter streichen (rechtwinklig zu dessen Längsachse)
- = Bogenstrich über das Holz des Steges senkrecht zu dessen rechter Kante
- = mit der flachen Hand oder mit den Fingern auf die Saiten schlagen
- = mit dem Frosch oder der Fingerspitze auf die Decke klopfen
- = mit dem Bogen auf das Pult klopfen

Die Tonskala ist in Vierteltöne aufgespalten, z. B. die Violinen 1–24 bei Ziffer 13:

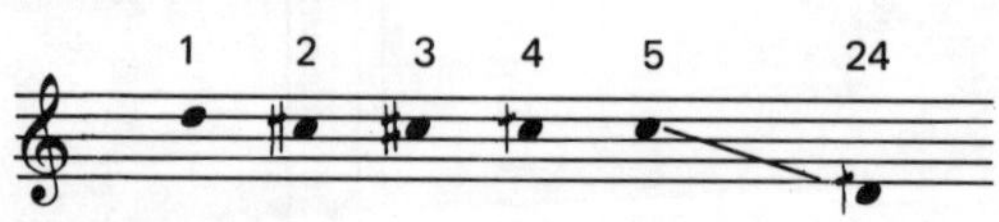

Das Tonsystem löst sich in freie Tonhöhen auf (z. B. Glissandi oder ein „möglichst hoher Ton"). Die Tonhöhe selbst wird Element der Klangfarbe, ihre melodische Funktion ist aufgehoben.

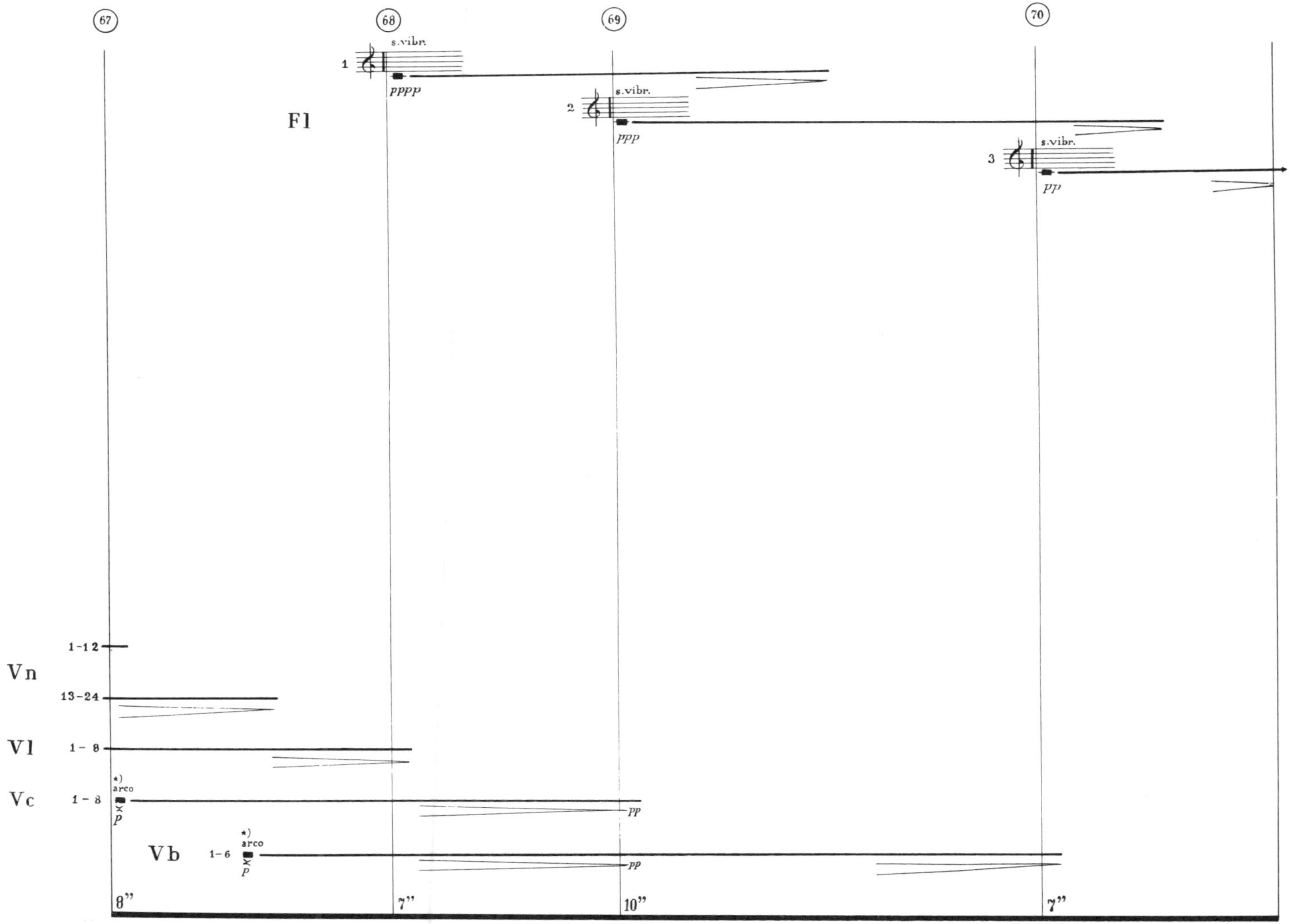

*) Bogenstrich über Decken- bzw. Zargenrand

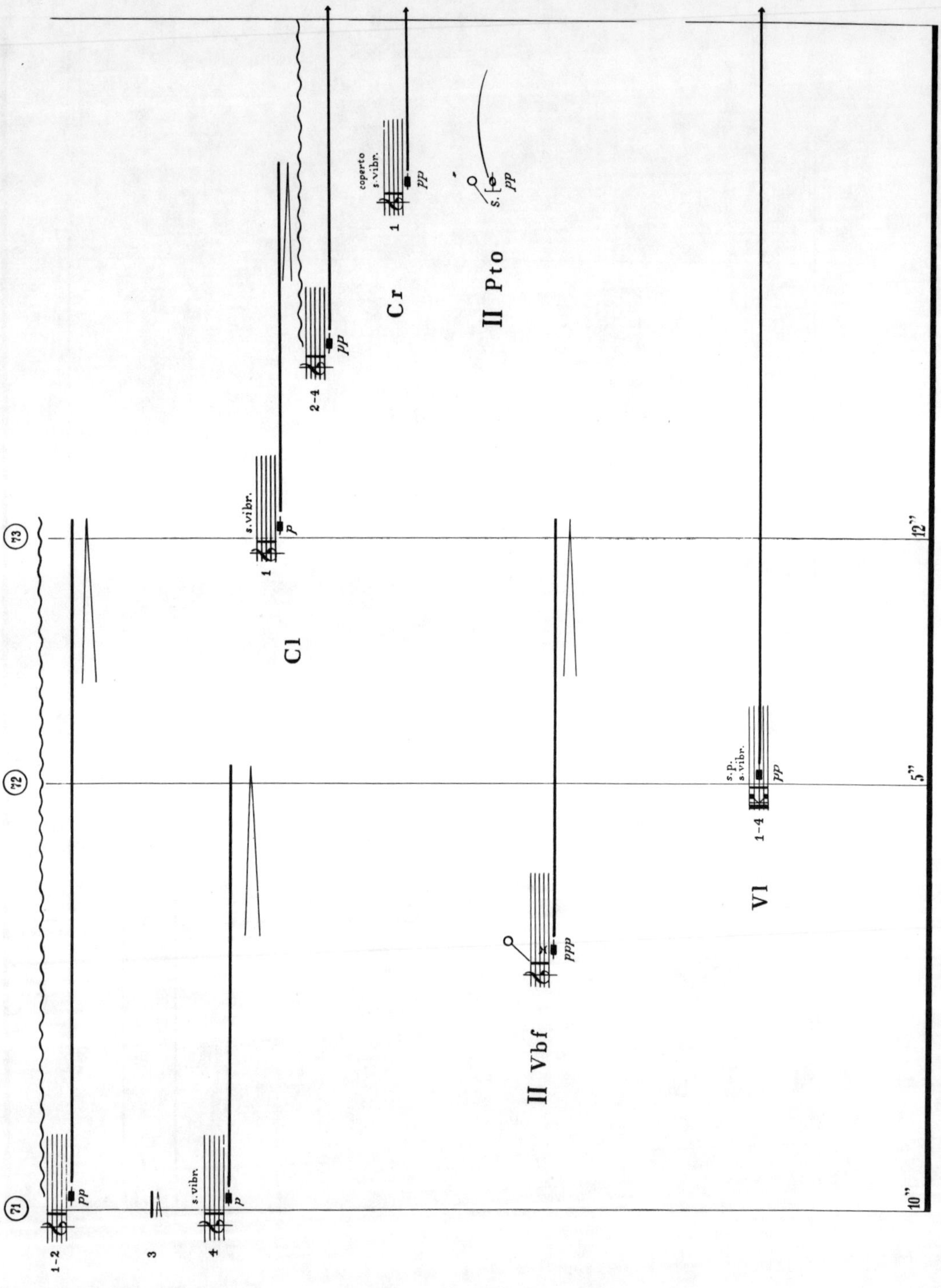
Fl
1-2
3
4
s.vibr.
pp
p
71
72
73
Cl
1
s.vibr.
p
2-4
pp
Cr
1
coperto
s.vibr.
pp
II Pto
s.
pp
II Vbf
ppp
Vl
1-4
s.p.
s.vibr.
pp
10"
5"
12"

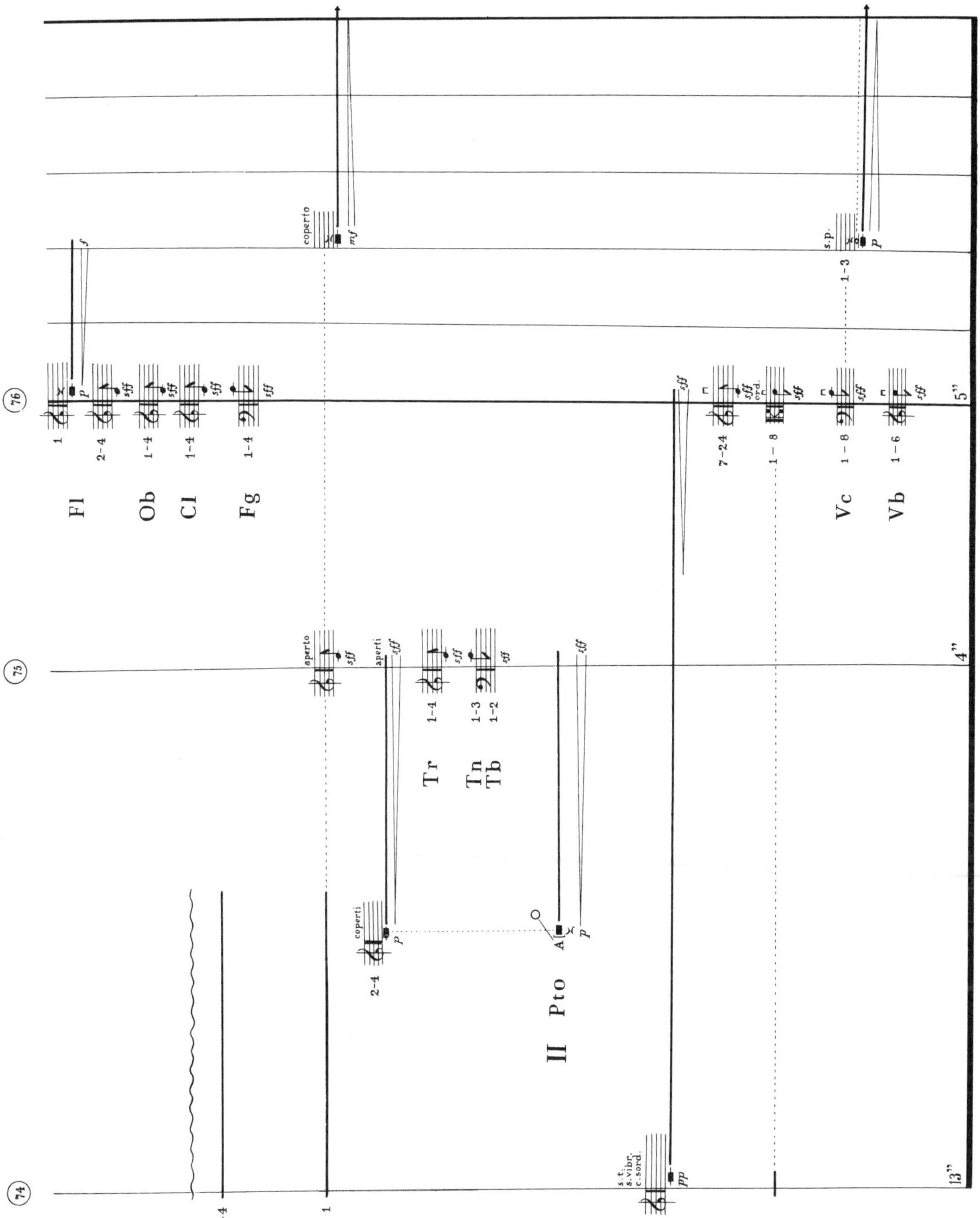

74
75
76
Cl
Cr
Vn
Vl
II Pto
Tr
Tn
Tb
Fl
Ob
Cl
Fg
Vc
Vb
coperto
aperto
coperti
aperti
s.t.
s.vibr.
c.sord.
ord.
s.p.
13"
4"
5"

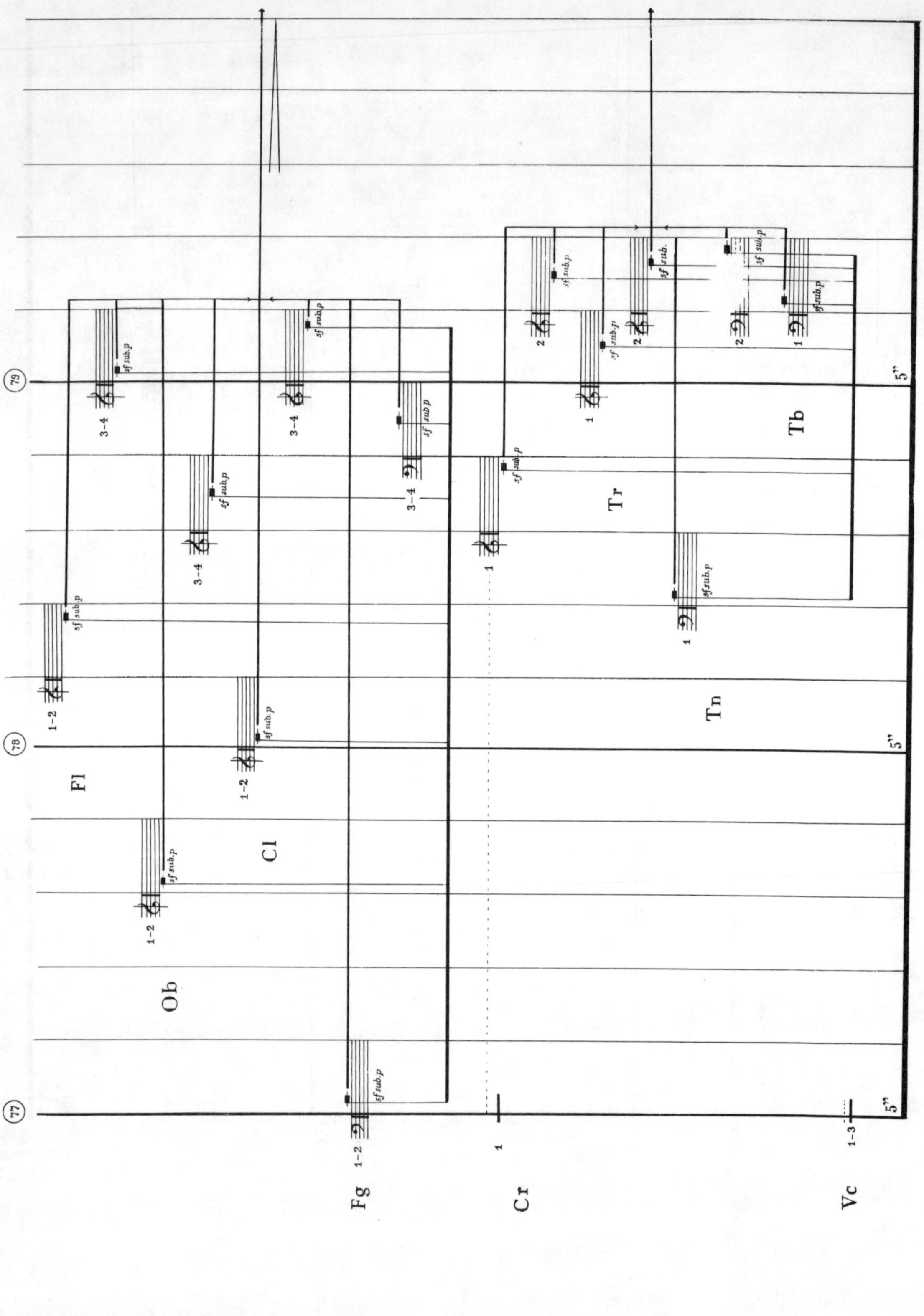

77
78
79
Fl
Ob
Cl
Fg
Cr
Tr
Tn
Tb
Vc
1–2
3–4
1–3
sf sub.p
sf sub.
5"

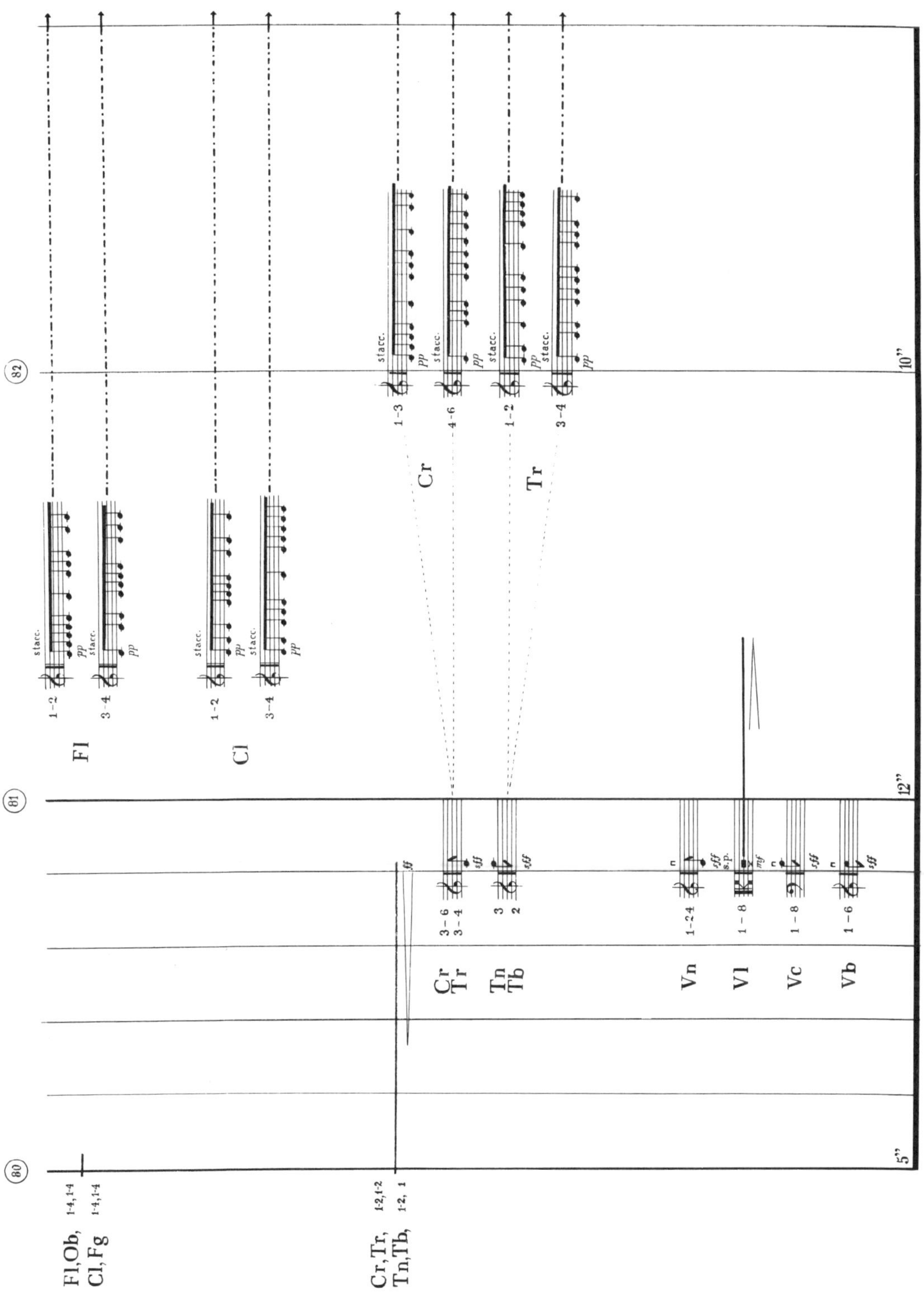
80
81
82
Fl,Ob, Cl,Fg
Cr,Tr, Tn,Tb,
Fl
Cl
Cr
Tr
Cr Tr
Tn Tb
Vn
Vl
Vc
Vb
stacc.
pp
sff
ff
s.p.
mf
5"
12"
10"

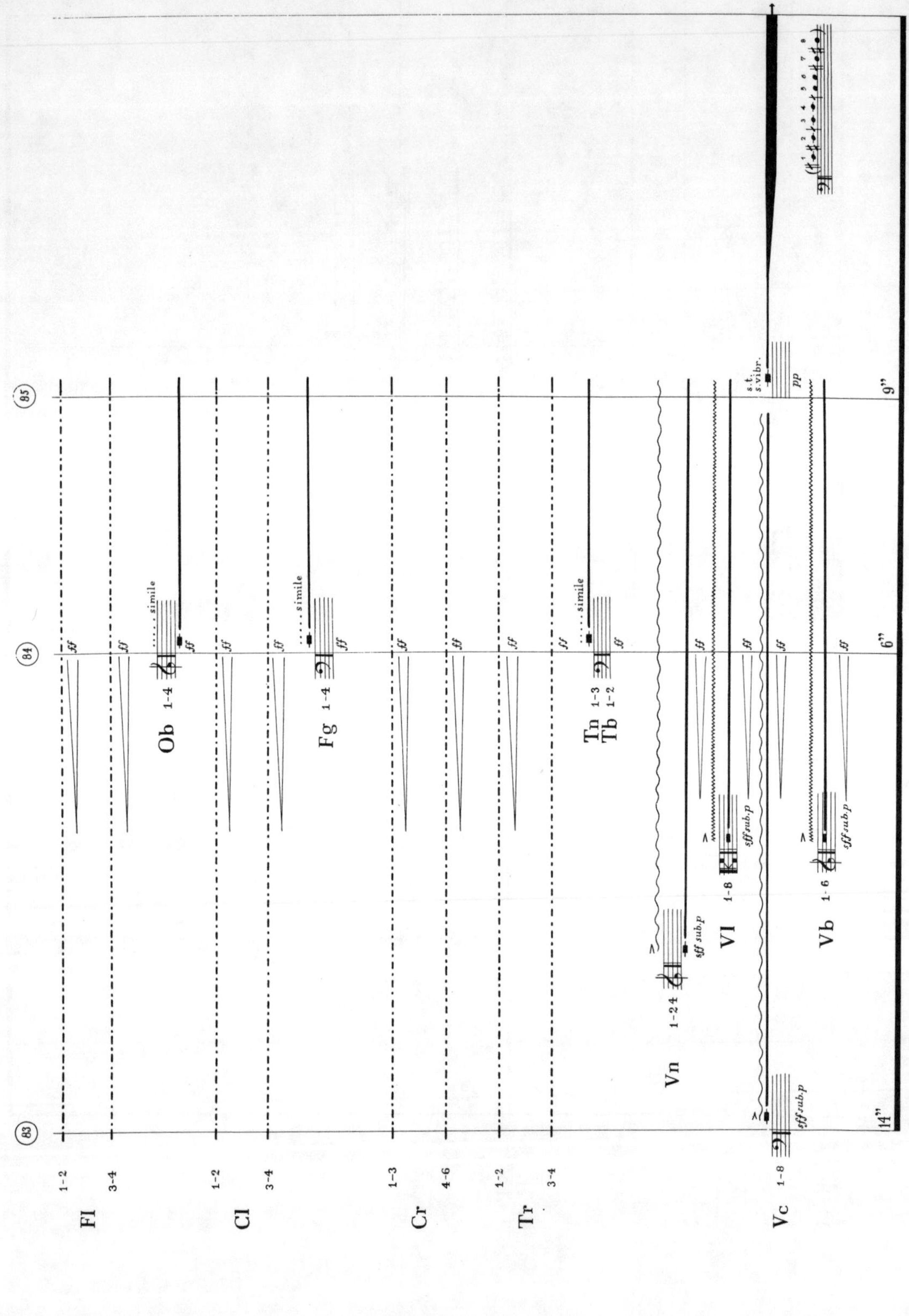
83
84
85
Fl 1-2 3-4
Ob 1-4
Cl 1-2 3-4
Fg 1-4
Cr 1-3 4-6
Tr 1-2 3-4
Tn 1-3
Tb 1-2
Vn 1-24
Vl 1-8
Vc 1-8
Vb 1-6
simile
ff
sff sub.p
s.t.
s.vibr.
pp
14"
6"
9"

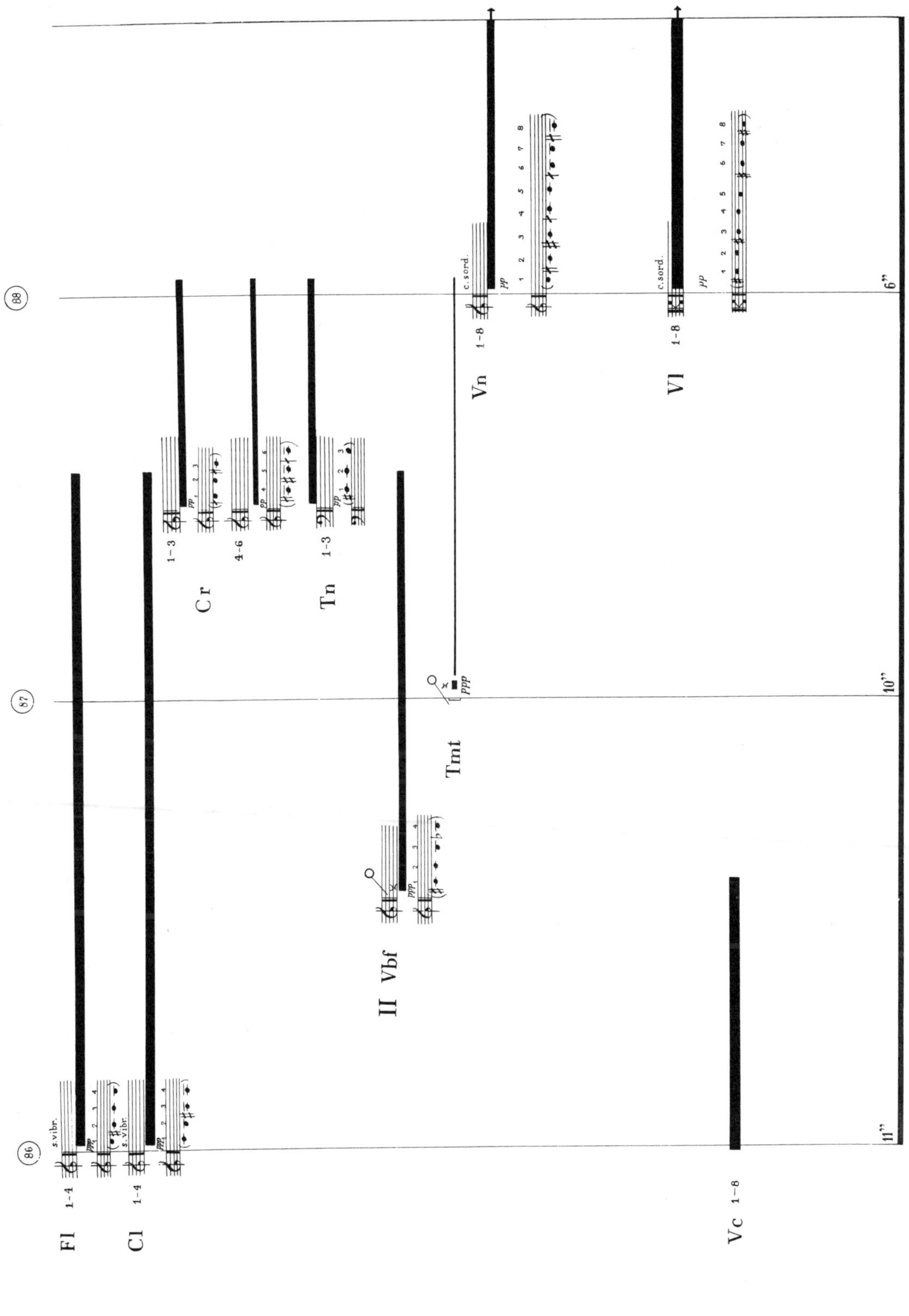
86
87
88
Fl 1-4
s.vibr.
ppp
Cl 1-4
s.vibr.
ppp
Cr 1-3
pp
4-6
pp
Tn 1-3
pp
II Vbf
ppp
Tmt
ppp
Vn 1-8
c.sord.
pp
Vl 1-8
c.sord.
pp
Vc 1-8
11"
10"
6"

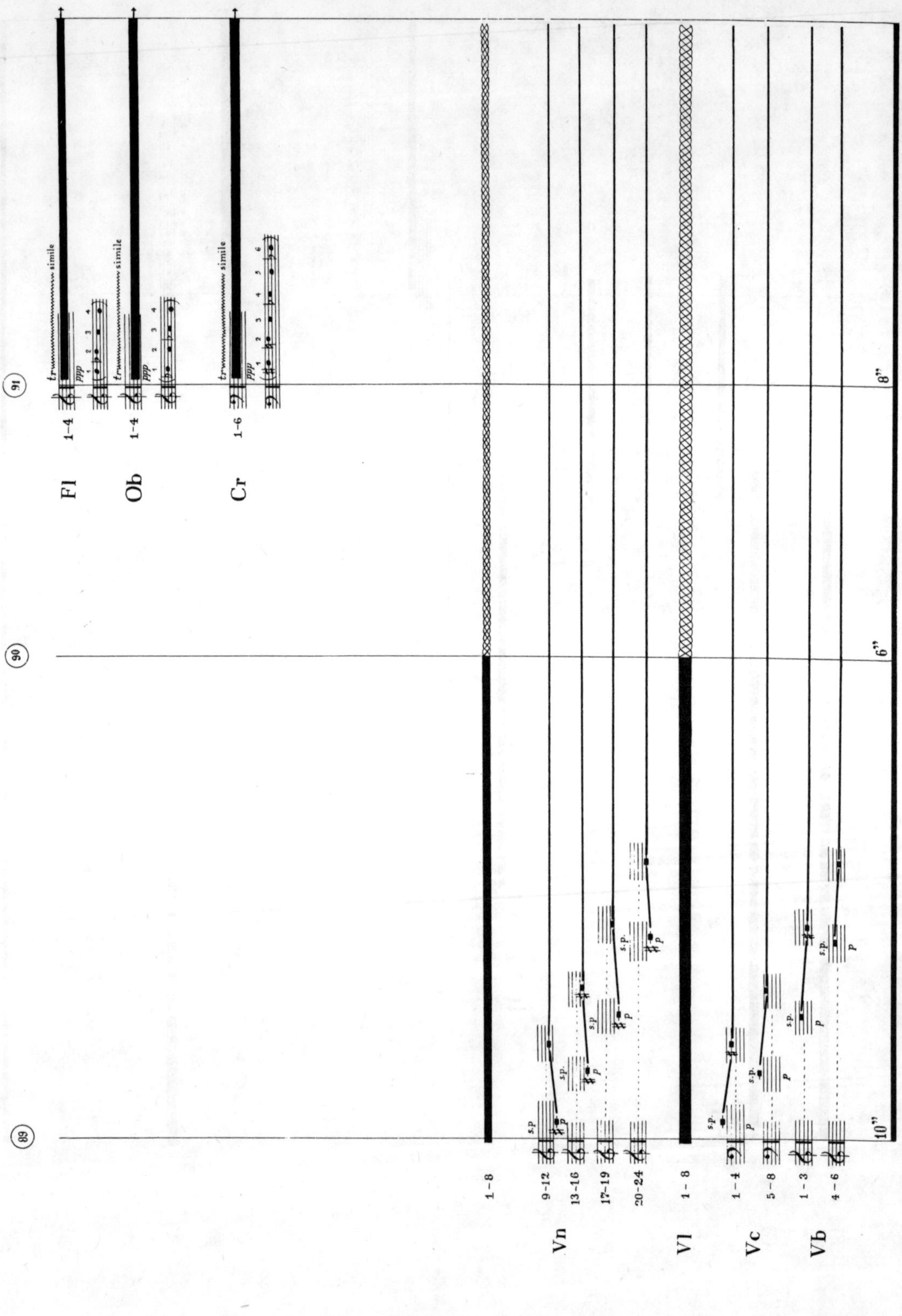
89
90
91
Fl 1–4
Ob 1–4
Cr 1–6
ppp
simile
Vn 1–8
9–12
13–16
17–19
20–24
Vl 1–8
Vc 1–4
5–8
Vb 1–3
4–6
s.p.
p
10"
6"
8"

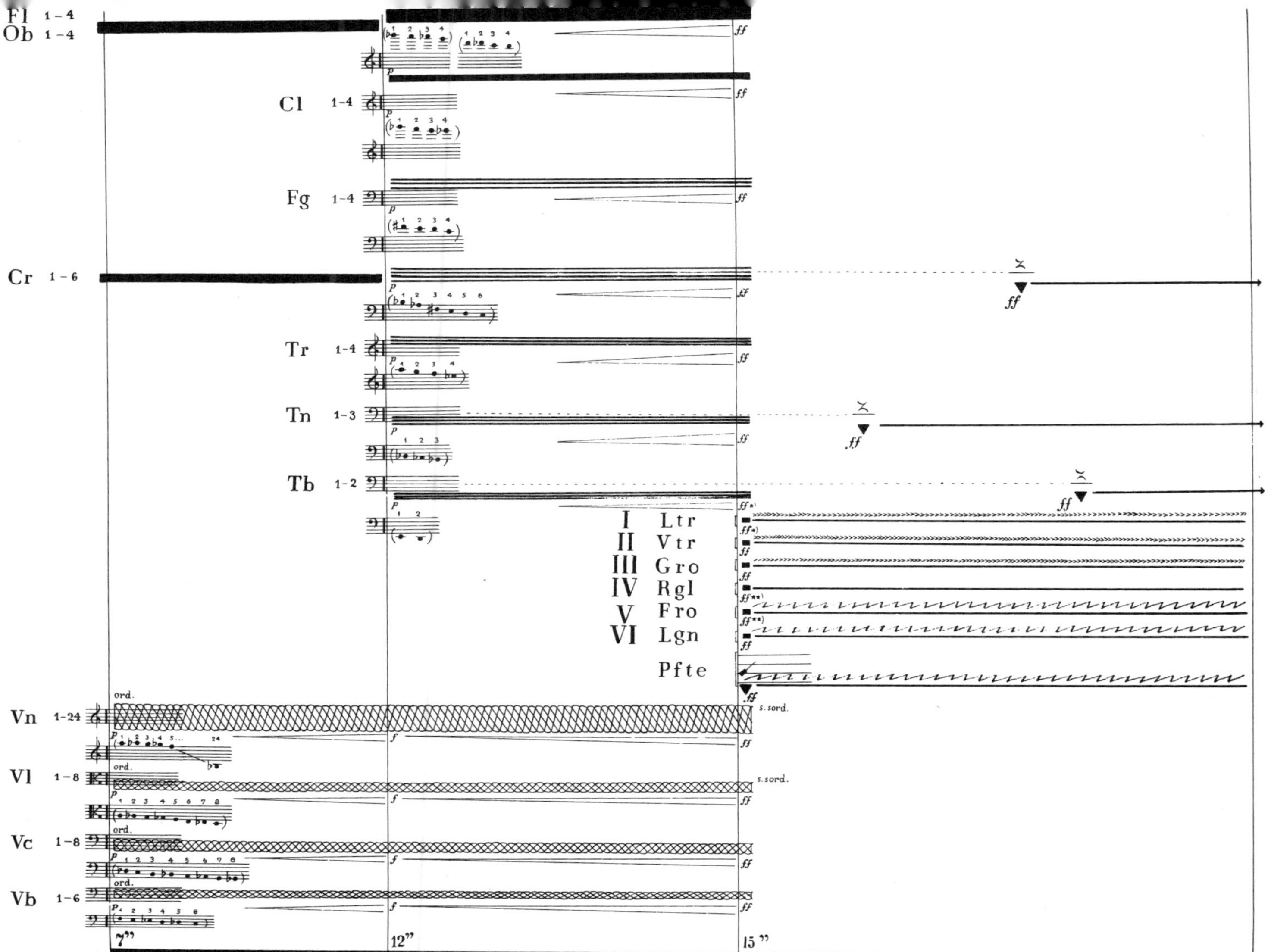

*) Mit einer Feile kräftig reiben

**) Ein Stück Holz (Eisen) mit der Handsäge sägen

Ein tonales Zentrum C wird im 2. Teil der Komposition wahrnehmbar: Es wird bei Ziffer 68 von den Flöten im vierfachen Piano angestimmt und durch Vibrato zum Schwingen gebracht; es leuchtet in ständig wechselnden Farben auf, und ab Ziffer 83 weitet es sich zu einem Klangband (Cluster) aus. Dieses beginnt bei Ziffer 90 in sich zu flimmern und zu „fluoreszieren", bevor es im Fortissimo plötzlich abreißt.

35 27 Hören Sie den zuletzt abgedruckten Ausschnitt aus dem Schlußteil von „Fluorescences", und verfolgen Sie dabei die vorstehende Beschreibung.

Die Zeit ist nicht mehr durch rhythmische Verläufe gegliedert, sie kreist spiralenförmig in sich (besonders im 2. Teil des Werks).
Penderecki hat in „Fluorescences" mit klanglichen Mitteln einen visuellen Eindruck eingefangen. In dieser Hinsicht enthält die Komposition, wie ein abstraktes Bild, eine persönliche Aussage und vermag den aufgeschlossenen Hörer, vielleicht auf einer anderen Ebene als herkömmliche Musik, anzusprechen.

Analyse und Interpretation

Josef Navrátil (1798–1865): Der Dorflehrer (Nationalgalerie, Prag)

Subjektive Musikbetrachtung

Es ist üblich, Musik mehr oder weniger subjektiv zu hören.

- Sie wirkt emotional, ruft gefühlsmäßige Reaktionen hervor, will erlebt werden.
- Jeder Hörer hat bestimmte Hörgewohnheiten und -erwartungen, Klangideale und Vorlieben; er bewertet Musik nach seinem Geschmack.
- Erklingende Musik vollzieht sich im flüchtigen zeitlichen Ablauf, entzieht sich durch rasch wechselnde Eindrücke vollständiger exakter Prüfung, wirkt als komplexer Prozeß, der sich zunächst nur ungefähr beschreiben läßt.

Arnold Schönbergs Klavierstücke op. 19 (1913) wirken in ihrer atonal expressionistischen Stimmungscharakteristik wie Psychogramme.

36 1 a) Hören Sie drei Stücke aus dem Zyklus, und versuchen Sie den jeweiligen Ausdrucksgehalt nachzuempfinden, ähnlich wie man vielleicht die Gemütslage eines in einer fremden Sprache Sprechenden aus ihrem Klangverlauf erschließen kann.

b) Hören Sie eines der Stücke mehrmals, und halten Sie Ihren Eindruck fest, indem Sie im Arbeitsheft einen Punkt zwischen jedem der folgenden Begriffspaare („Polaritäten") markieren (jeweils näher an der einen oder anderen Charakteristik liegend).

erregend	. . . .	beruhigend
heiter	. . . .	ernst
friedlich	. . . .	aggressiv
gehemmt	. . . .	gelöst
gefühlsbetont	. . . .	verstandesbetont
aktiv	. . . .	passiv

Verbinden Sie die Markierungen von oben nach unten zu einem Kurvenschaubild („Profil"), und vergleichen Sie Ihr Ergebnis mit dem Eindrucksprofil anderer Musikhörer (Diskussion).

Subjektive Einschätzungen bzw. Deutungen (Interpretationen) von Musik sind nie „falsch", auch wenn sie von Empfindungen anderer Personen abweichen. Freilich erhebt sich die Frage, ob sie vom Urheber der Musik in diesem weiten Spielraum beabsichtigt sind. Ist Musik so wenig eindeutig?

Objektive Musikbetrachtung

In der musikalischen Analyse geht es um die möglichst sachgerechte, alle Hörer überzeugende sprachliche Beschreibung eines Musikverlaufs. Der Betrachter sollte sich um Objektivität bemühen und persönliche Deutungen vermeiden. Er sollte sich nur auf allgemein wahrnehmbare, nachprüfbare Gegebenheiten in Klang- und Notenbild beziehen und eindeutig definierte Begriffe verwenden.

Anhand des Klangeindrucks allein kann die musikalische Analyse auch bei großer Übung nur unvollkommen durchgeführt werden, weil sich Musik nach ihrem Verklingen nur ungenügend im Gedächtnis festhalten läßt. Die musikalische Analyse bedarf daher des Notentextes.
Ein solcher Ansatz der Musikbetrachtung beruht auf wissenschaftlicher Denkweise. Dabei gewinnt aber der Hörer Einblick in so vielfältige Strukturen und Zusammenhänge, daß sein Gehör für Feinheiten und Klangbeziehungen des Verlaufs sensibilisiert wird.
Es gibt unterschiedliche Untersuchungsansätze und Methoden der musikalischen Analyse, die hier nicht systematisch aufgezeigt und geübt werden sollen. Musikalische Analysen beziehen sich auf
- Melodik (Tonsystem, Tonart, prägende Intervalle)
- Harmonik (Zusammenklänge)
- Rhythmik und Metrik (Takt und Akzentverhältnisse, charakteristische Kombinationen von Tondauern)
- Dynamik (Lautstärke), Agogik (Tempogestaltung), Klang (Klangfarbe).

Je nach Anlage des Musikstücks sind dabei die Schwerpunkte verschieden zu setzen. Die formale Gliederung des Ablaufs wird in jedem Fall zur Übersicht und zur Abgrenzung verschiedenartiger Abschnitte verhelfen. Orientierungshilfen sind
- Einschnitte (Pausen, Verzögerungen, dynamische Gegensätze, Phrasierungsbögen)
- neue musikalische Gedanken
- Wiederholung bzw. variierte Wiederholung ganzer Abschnitte.

Die musikalische Analyse deckt einerseits die Grundstrukturen auf, die das Musikstück einem bestimmten Typus zuordnen (Epochen- und Gattungsstil), andererseits wird das Besondere, Originelle angesprochen, das dem jeweiligen Stück Einmaligkeit und Unverwechselbarkeit verleiht (Personalstil).
Schließlich kann die musikalische Analyse als Grundlage für das Spielen ungewohnter, noch nicht vertrauter Kompositionen dienen.

Musik von *Béla Bartók* ist für die musikalische Analyse besonders aufschlußreich. Bartóks Kompositionen zeichnen sich durch genaue, beziehungsreiche Planung aus, in die die Ergebnisse seiner wissenschaftlichen Tätigkeit als Sammler von Volksmusik eingeflossen sind. Zugleich setzt diese Integration der Bauernmusik aus den Balkanländern elementare musikalische Kräfte frei.
Das Duo „Dudelsack" für zwei Violinen von Béla Bartók ist Gegenstand der folgenden Analyse. Das Stück entstammt einer Sammlung von 44 Duos (1931), über die der Komponist schrieb:
„... die Schüler sollen in den ersten Jahren ihres Studiums Vortragswerke kennenlernen, welche die ungekünstelte Einfachheit der Volksmusik mit deren melodischen und rhythmischen Eigenheiten vereinen."

Dudelsack

Allegro molto. ♩= 152-156
f
7
13
(la 2ª volta p)
(la 2ª volta p)
20
meno f, cresc.
(la 2ª volta più p, cresc.
ff
ff)
meno f, cresc.
(la 2ª volta più p, cresc.
ff
ff)
28
f
f
sf
sf
36
meno f, cresc.
ff
meno f, cresc.
ff

2 Das Duo besteht aus drei größeren Teilen (Doppelstriche!). Hören Sie das ganze Stück, und beurteilen Sie, ob der Höreindruck der Gliederung des Notenbilds entspricht. Mit welchen Mitteln werden die Einschnitte gestaltet? 37

3 Die Melodie ist periodisch gegliedert (5 Perioden). Untersuchen Sie die Proportionen innerhalb der Perioden: 37

a) Singen oder spielen Sie die Melodie des 1. Teils (ohne Vorschläge). Welche regelmäßige Feingliederung finden Sie vor?
b) Im 2. Teil sind die Teilabschnitte miteinander verklammert (4. und 8. Takt). Bestimmen Sie nach Gehör, wie das zustande kommt. Welche Auswirkung hat dies auf die Länge einer Periode (metrische Gliederung)?
c) Untersuchen Sie auch die metrische Gliederung des 3. Teils. Welche Bedeutung kommt der Viertelpause im vorletzten Takt zu?

Beim Hören zeigt sich ein mehrmaliger Wechsel zwischen den Bezugstönen g und a:

- 1. Teil: g
- 2. Teil: a
- 3. Teil: 1. Periode a, 2. Periode g mit Schlußwendung nach a.

4 Um die Tonarten der einzelnen Abschnitte festzustellen, ist es sinnvoll, die Materialreihen (Tonleitern) aus Melodie und Begleitung zusammenzustellen:

G lydisch

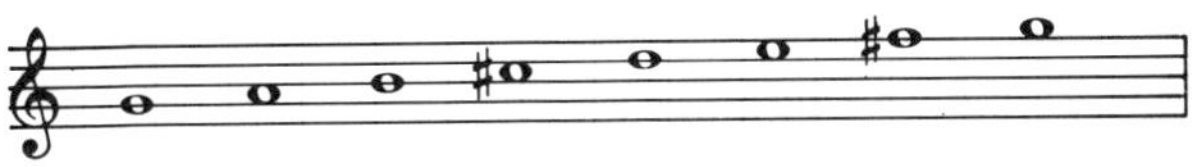

G mixolydisch

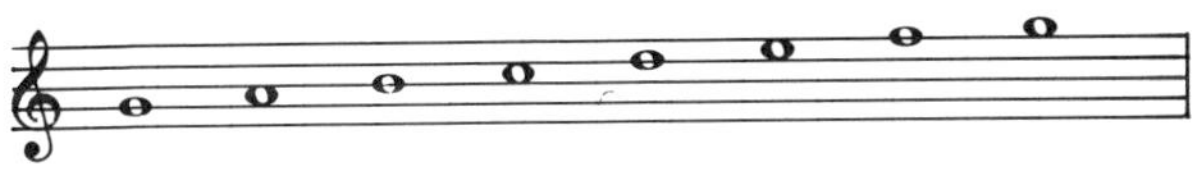

A mixolydisch

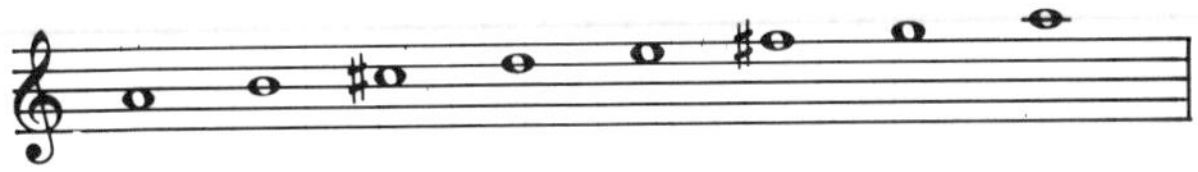

A-Dur

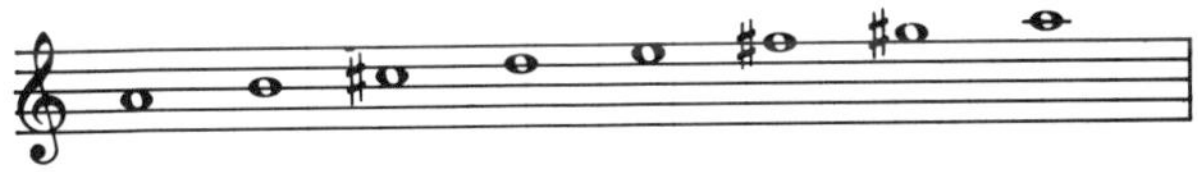

Ordnen Sie diese Tonarten den einzelnen Perioden zu. In der 2., 3. und 5. Periode überlagern sich jeweils 2 Tonarten.

5 Tritonus (d–gis, g–cis) und übermäßige Oktave (g–gis) sind charakteristische Zusammenklänge des Satzes. Sie dienen zur Steigerung der harmonischen Spannung. In welcher Periode tritt die höchste harmonische Spannung auf? Decken sich harmonischer, dynamischer und melodischer Spannungsverlauf? 37

6 Führen Sie in drei Gruppen, gegebenenfalls mit verschiedenen Schlaginstrumenten, die sich überlagernden Rhythmen der 1. Periode aus.

Bartók verarbeitet in diesem Duo eine Melodie, die der Bauernmusik seiner Heimat in Motivik, Rhythmik, Periodik und Tonalität nachempfunden ist; auch das Klangbild orientiert sich am volkstümlichen Instrument Dudelsack. Jedoch handelt es sich nicht um Nachahmung. Bartók stilisiert das Vorbild, z. B. durch Verkürzung, Verlängerung und Verklammerung der Perioden, durch Überlagerung verschiedener Tonarten und verschiedenartiger rhythmischer Verläufe (vgl. auch S. 180 ff.).
Die Betrachtung des Duos von Bartók zeigt, daß es bei der musikalischen Analyse (= Auflösung in Einzelbestandteile, „Dekomposition") nicht darum gehen kann, möglichst viele Klangbildungen „statistisch" zu erfassen. Sie muß je nach individueller Anlage einer Musik das grundlegende Prinzip aufrollen. Dieses Prinzip stellt die Einzelelemente einer Komposition in gegenseitige Beziehungen und zeigt die Funktion jeder Klanggestalt im Rahmen des Ganzen auf.

Das Konzert für Violine und Orchester Nr. 2 (1937/38) zeigt Bartóks Verwurzelung einerseits in der europäischen Tradition:

- konzertanter Stil
- formale und thematische Arbeit
- polyphone Satztechnik
- kunstvolle Entwicklungs- und Variationstechniken
- nuancierte Klangfarben
- chromatische Ausweitung des Tonmaterials
- geistige Klarheit und Strenge,

andererseits in der Bauernmusik seiner Heimat:

- rhapsodisch freie Gestaltung
- charakteristische rhythmische Strukturen
- elementare Ausdruckskraft
- modale Diatonik.

7 Ordnen Sie das den beiden Themen zugrunde liegende Tonmaterial (Solovioline) als aufsteigende Reihen, und charakterisieren Sie den wesentlichen Unterschied in bezug auf die Tonalität.
(Notenbeispiel S. 107 ff.)

38 8 Vergleichen Sie diese Themen hinsichtlich des Klangbilds und der rhythmischen Struktur.

1. Thema

Allegro non troppo, ♩ = 100
Flts. I, II
Obs. I, II
Clts. I, II in A
Bsns. I, II
I, III
Hrns. in F
II, IV
pp
Trpts. I, II in C
Trbs. I, II, III
Timp.
Perc.
Cel.
Harp.
p
Allegro non troppo, ♩ = 100
S. Vln.
Vlns. I
Vlns. II
Vls.
pizz.
p
Vcs.
pizz.
p
D. Bs.
pizz.
p

11
Clts. I, II in A
p
p
Bsn. I
p
Hn. I in F
Timp.
p
Harp.
11
S. Vln.
f
3
Vlns. I
p
Vlns. II
p
arco div.
unis.
unis.
Vls.
arco
Vcs.
p
arco
D. Bs.
p

2. Thema

56
Risoluto, ♩=120
Fl. I
Cl. I in A
B. Cl. in A
Bsn. I
con sord.
Hn. I in F
Timp.
Harp.
gliss.
S. Vln.
f marc.
Vlns. I
Vlns. II
Vls.
pizz.
Vcs.
D. Bs.

Flts. I, II
I
Clts. in A
II
Bsns. I, II
Hns. I, II in F
Harp.
S. Vln.
Vlns. I
Vlns. II
Vls.
Vcs.
con sord.
(con sord.)
62
pizz.
arco
Fl. I
Hn. I in F

Das erste Thema, ein Mikrokosmos in ständiger Entwicklung und Wandlung, wird zum wichtigsten Gestaltungsprinzip der Form:

Exposition 1. Thema

39 **9** Verfolgen Sie die Evolution des 1. Themas anhand der auf Seite 111 wiedergegebenen Klang- und Notenbeispiele. Beschreiben Sie die Veränderungen mit Hilfe der Begriffe „Umkehrung", „Intervallschärfung", „Zerschlagen des Themas", „rhythmische Glättung", „charakteristische Begleitung".

Bartóks Violinkonzert ist dem Geiger Zoltan Székely gewidmet, der es auch zur Uraufführung gebracht hat. Obwohl dem Komponisten ein großangelegtes Variationswerk für Violine mit Orchesterbegleitung vorschwebte, bestand Székely auf der klassischen, dreisätzigen Konzertform. Bartók behielt zwar den traditionellen Rahmen bei, verwirklichte aber gleichzeitig die Idee einer freien, dem Variationsprinzip verpflichteten rhapsodischen Form, bei der der dritte Satz eine freie Variation des ersten ist.[1]

10 Hören Sie den ganzen ersten Satz des Violinkonzerts von Bartók, und orientieren Sie sich dabei an der folgenden Formskizze.

Formskizze

1 Allegro non troppo ♩ = 100	56 Risoluto ♩ = 120	92 Vivace–molto tranquillo ♩ = 132 – 94	160 Vivace ♩ = 150	194	213 Tempo I.	248 Risoluto –Calmo ♩=120-86	280 Vivace ♩=152	302 T. I. 𝄐	354 Tempo I. Vivace ♩ = 110 – 140
A Exposition		B Durchführung			A' Reprise				
Hauptsatz	Seitensatz				Haupts.	Seitensatz		Kadenz	Koda
f *p*	*f* *pp*	*f* *p* *pp*	*ff* *p*	*ff*	*pp ff* *p*	*f* *ppp*	*ff*	*ffff* dim.	*f p* *f*

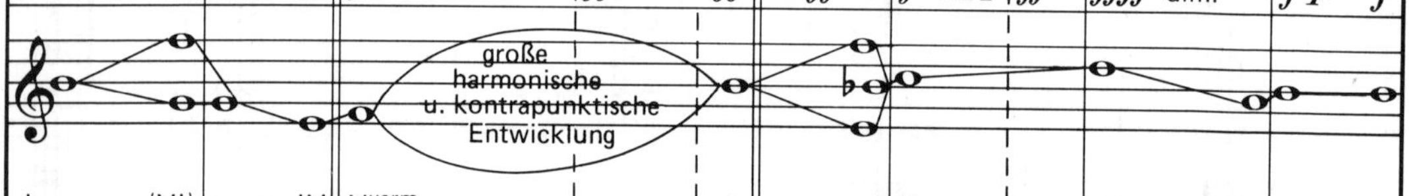

I (VI)	IV	V$^{verm.}$		I	(	II		III VII)	I
Tonika Ruhe	Subdom. Abstoßung	*Dominate* Spannung	Tonika Ruhe			(Linie	)		Tonika Ruhe
		(Tritonus)							

Von der Analyse zur Interpretation

Die Analyse von Musik stößt in der Regel auf Probleme, die die Grenzen der objektiven Musikbetrachtung überschreiten. An manchen Stellen einer Untersuchung stellen sich Fragen, die man verschieden beantworten kann, je nach Gewichtung einzelner Aspekte. Der Analysierende muß häufig Entscheidungen treffen, die in den Bereich der subjektiven Deutung übergreifen. Er wird damit zum Interpreten.

[1] Vgl. L. Lesznai: Béla Bartóks Leben. In: Melos 1949, S. 146–149

Der Begriff Interpretation[1] beinhaltet einerseits die sprachliche Auslegung eines Werks, andererseits die „Übersetzung“ eines geschriebenen Notentextes ins Klangliche. Jegliches Musizieren spiegelt eine ganz bestimmte persönliche Auffassung des Werks.
Diese Problematik läßt sich zum Beispiel anhand des 1. Satzes der Klaviersonate op. 31, Nr. 2 in d-Moll von *Ludwig van Beethoven* beleuchten.

11 Hören Sie den Sonatensatz, lesen Sie im Notentext mit, und versuchen Sie die großformale Anlage mit Hilfe der folgenden Formskizze zu erkennen. Diese Skizze stellt das Modell des klassischen Sonatensatzes dar und ordnet den Tonartenverlauf der Beethovenschen Komposition zu. Stellen Sie fest, inwieweit Beethoven hier von dem Modell abweicht.

Sonate für Klavier op. 31, Nr. 2

1. Satz

1 lat. interpretari = erklären, auslegen, deuten; übersetzen; verstehen; sich entscheiden

cresc.

decresc.
p cresc.
Largo

Allegro
95
pp
pp
ff
100
p
104
p
f
108
sf
sf
112
sf
sf
116
sf
sf
sf
120
sf
sf
sf

124
sf
129
dim.
137
p
sf dim.
Largo
con espressione e semplice
146
Allegro
cresc.
152 Adagio
sf p
Largo
pp
con espressione e semplice
159 Allegro
pp
cresc.
sf
165
sf

170
175
cresc.
180
185
dim.
193
200
cresc.
205

Hinzufügungen des Herausgebers sind durch kleineren Druck gekennzeichnet.

Formskizze

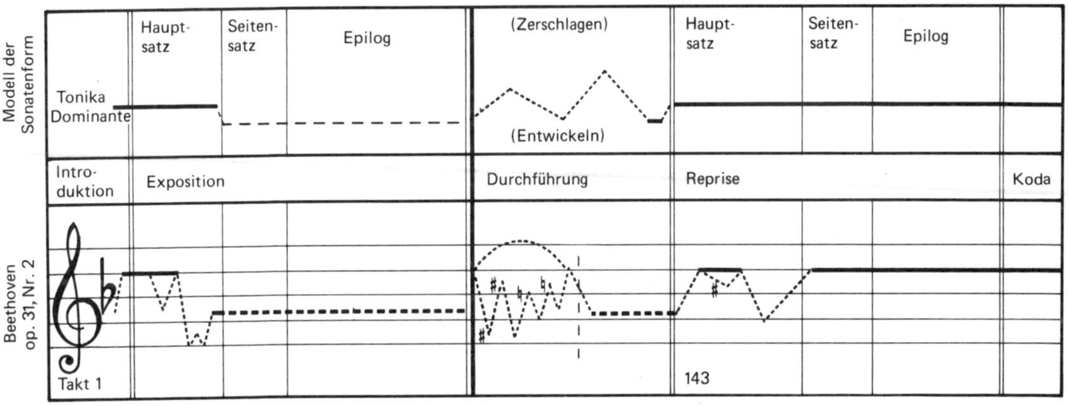

Die offensichtlichen Unterschiede zwischen der Modellvorstellung und Beethovens Werk befremdeten bereits die Zeitgenossen des Komponisten. Bevor Beethoven im Jahr 1803 die d-Moll-Sonate veröffentlichte, hatte er geäußert: *„Ich bin mit meinen bisherigen Arbeiten nicht zufrieden, von nun an will ich einen anderen Weg beschreiten.“* Beethovens Gehilfe und Schüler Anton Schindler berichtet, Beethoven habe auf die Frage nach der Bedeutung der Sonate op. 31, Nr. 2 geantwortet: *„Lesen Sie Shakespeares Sturm.“*

John Gilbert (1817–1897): Holzschnittillustration zu Shakespeares „Sturm" (1859/60)

Shakespeares Schauspiel „Der Sturm" erwächst aus dem Dualismus von Machtgebrauch und Machtmißbrauch:

Prospero, der rechtmäßige Herzog von Mailand, wird als Opfer von Machtintrigen mit seiner dreijährigen Tochter Miranda auf einem seeuntüchtigen Boot dem Meer überantwortet. Sie können sich auf eine kleine Insel retten. Prospero, der einen Zaubermantel besitzt, befreit durch dessen Kraft den Luftgeist Ariel, der von einer Hexe in den Spalt einer Fichte verbannt worden war, und macht ihn zu seinem Sklaven. Als sich nach zwölf Jahren seine Feinde, unter ihnen auch der König von Neapel und dessen Sohn Ferdinand, in die Nähe der Insel verirren, befiehlt Prospero Ariel, einen Sturm zu entfesseln, der scheinbar das Schiff und seine Mannschaft vernichtet. Miranda fleht um Gnade für die an Bord befindlichen Geschöpfe und erfährt von ihrem Vater den Grund für den befohlenen Sturm. Prospero verzichtet auf Rache und hofft um seiner Tochter willen auf Versöhnung mit seinen Feinden und eine glückliche Heimkehr in das Herzogtum Mailand, dessen rechtmäßige Erbin Miranda ist. Zum Dank für das gelungene Werk schenkt er Ariel die Freiheit und bittet den Luftgeist, nun auch ihn zu befreien von „dieses öden Eilands Fluch" durch günstigen Wind für die Rückkehr.

12 Versuchen Sie, bestimmte Personen bzw. Ereignisse des Schauspiels auf die Musik Beethovens zu beziehen, indem Sie vom Ausdrucksgehalt der Musik ausgehen (z. B. das antithetisch geschlossene Hauptthema Takt 21–24, das „gestaltlos" offene Thema des Seitensatzes Takt 41 ff., die Largo-Einschübe Takt 143 ff., der Schlußabschnitt ab Takt 199).

Der Interpretationsansatz, Sonatensatzthemen mit Charakteren eines Dramas zu vergleichen und die musikalischen Entwicklungen wie Schicksale und Konflikte des Bühnengeschehens zu verstehen, ist in vielen Fällen hilfreich. Er erscheint gerechtfertigt im Hinblick auf Beethovens dramatische Ouvertüren (Egmont, Coriolan, Leonore), die als freie Sonatensätze komponiert sind.
In der vorliegenden Sonate stellt sich das Problem der persönlichen Entscheidung bereits bei der Interpretation der ersten Takte.

13 Vergleichen Sie die Takte 1–6 der Introduktion mit den beiden Themen (Takt 21 ff. und Takt 41 ff.). Stellen Sie motivische Beziehungen fest.

Die ersten 6 Takte des Satzes lassen sich als Entstehungsprozeß der beiden Themen deuten.

14 Im ersten Thema spielt nicht nur der aufsteigende d-Moll-Dreiklang („These"), sondern auch die den Ton a umspielende chromatische Figur („Antithese") eine Rolle. Man könnte sie in Takt 6 vorgeprägt sehen.
Erörtern Sie die Frage, welche Auswirkung eine solche Deutung auf den musikalischen Vortrag der Introduktion hat.

15 Die Einzelakzente in der Oberstimme ab Takt 30 werden in der Praxis verschieden aufgefaßt:
- als Fortführung des aufsteigenden Baßdreiklangs
- als Antithese zur Baßfigur (Verdichtung der Antithese des ersten Themas).
Welche der beiden Auffassungen halten Sie für die angemessenere?

16 Hören Sie zwei Einspielungen der Takte 1–41, und beurteilen Sie anhand der beiden vorstehenden Aufgabenstellungen, welche Deutung dem jeweiligen Vortrag zugrunde liegt. **40**

Noch eindringlicher erscheint die Interpretationsfrage beim Beginn der Reprise. Dieser Abschnitt gab Anlaß zu zahlreichen Deutungen und Spekulationen namhafter Autoren.

Der Musikwissenschaftler Joachim Kaiser (1975) schreibt:
„*... Entscheidend wird dabei das Verhältnis von stillstehender und dramatisch bewegter Zeit. Nur wenige Interpreten wagen es, die Largo-Einschübe wirklich beschwörend langsam zu nehmen ... Die Rezitative in der Mitte der Durchführung, obzwar nur wenige Takte lang ..., gewinnen ihr magisches Gewicht gegenüber dem Allegro-Verlauf ja auch dadurch, daß sie zusammen anderthalb Minuten oder noch länger dauern dürfen ... Damit der Kontrast atemberaubend wird, genügt ein Gegenüber von sehr laut und sehr leise nicht. Mindestens so wichtig ist der Gegensatz zwischen handgreiflich direkter Nähe und fast unbewegter Rätsel-Ferne ... Bereits in Opus 31 Nr. 2 emanzipierte sich das bei Beethoven von Anfang an hörbare, sprechende, musiksprachliche Element zur direkten, unaufhebbaren, sprechenden Gebärde ... Um vorzuführen, wie fremd, wie exterritorial, wie jenseits allen guten*

Geschmacks und aller vermeintlichen Gegebenheiten des schönen Klavier-Stils und Klavier-Spiels die Stelle ist, hüllt Beethoven sie radikal – von der Wurzel bis zur letzten Verästelung – ins Pedal. Ganz langsam klingen die fremdesten Töne zusammen. Sie erscheinen erkennbar, nämlich vereinzelt, nacheinander, und doch tief verschleiert. Ein Pianist, der hier Beethovens Pedalvorschriften ignoriert aufgrund des plausiblen Schlusses, die Pedal-Effekte des modernen Konzertflügels gingen allzuweit hinaus über das von Beethoven Imaginierte – ein solcher Pianist erliegt einem verharmlosenden Trugschluß ... Beethovens extreme Pedalisierung dürfte auf den Wiener Flügeln von 1802 ... für damalige Ohren mindestens so ‚kühn' gewirkt haben, wie sie heute auf einem Konzertflügel wirkt ... äußerste Langsamkeit, völlige Durchpedalisierung lassen aus der Rezitativ-Stelle ein Mysterium werden ... daß alles wie hinter einem Vorhang stattfindet ... Die pp-Akkorde im Allegro ... können als ein unheimliches, langsam sich beschleunigendes Aufleben nach der Erstarrung verstanden werden ... nach den tiefen Erschreckensschatten, die das Rezitativ über den Satz hat fallen lassen ... Nicht allein in den wilden Ausbrüchen steckt die Gewalt dieser Komposition, sondern in ihrem großen tragischen Parameter[1], der aus erregtem, dialogisch sich zuspitzendem Forte/Piano-Hauptthema, Reduktion, Rezitativ-Beschwörung und ungetröstetem Verstummen besteht."

Der Musikwissenschaftler Arnold Schering (1936) deutet die Beziehung des 1. Satzes der Klaviersonate von Beethoven zu Shakespeares Drama „Der Sturm"[2] wie folgt:

„Ferdinand hört den Lockruf des unsichtbaren Ariel und lauscht in Ergriffenheit dessen Ballade vom ertrunkenen Vater."

Ariels Gesang lautet in der Dichtung u. a.:

„Tief fünf Klafter liegt dein Vater,
in Korallen aufgelöst,
Perlen sind nun seine Augen ...
Wassernymphen hört man stets
ihm die Trauerglocke läuten ..."

Im einzelnen:

- Das Largo-Motiv: *„das wie Harfenmusik klingende Lockzeichen Ariels"*
- das Allegro der Einleitung: *„das suchende Hin und Her des nach allen Richtungen spähenden Jünglings, auf einer Frage-Formel endigend"*
- das triolenbegleitete Hauptthema: *„die Erzählung Ariels vom Tod des Vaters"*
- das Seitenthema Takt 41 ff.: *„offenes Schluchzen Ferdinands"*
- die Largo-Einleitung der Durchführung: *„Andeutung des Trauergeläuts der Nymphen"*
- die Rezitative: *„... jetzt beginnt der Jüngling, mutig geworden, selbst zu sprechen, schwärmerisch, fragend, ein wenig überrascht ..."*

---

[1] Der Begriff „Parameter" wird hier nicht im Sinne der elektronischen Musik verwendet (vgl. S. 42).
[2] Überwiegend „hermeneutische" Deutung (Hermeneutik = Lehre von der Auslegung); siehe Scherings Lehre vom Symbol in der Musik und seine Forschungen über das poetische Programm der Instrumentalwerke Beethovens.

Schering versucht, seine Zuordnung im einzelnen aus allen Nuancen der Satzentwicklung zu erspüren, ja in den Rezitativen den entsprechenden mutmaßlichen Shakespeare-Text wörtlich zu unterlegen:

Der eingeklammerte Text wurde von Schering selbst ergänzt.
Als Konsequenz seiner Interpretation empfiehlt Schering dem ausführenden Musiker:

„... wie denn allgemein die Sonate als ein von Anfang bis Ende dämonisch sein sollendes Nachtstück mit gewaltigem Klavierdonner aufgefaßt zu werden pflegt ... Doch darf dabei der Lichtseiten ... nicht vergessen werden. Es scheint mir möglich, eine Vortragsart zu finden, die – abweichend von der bisherigen – sich genau an die von der Dichtung hergenommene Auffassung Beethovens anschließt. Vor allem dürften die dynamischen Gegensätze nicht übertrieben werden. Wie die Szene bei Shakespeare keine eigentliche Tragik enthält, sondern bei aller inneren Spannung in das Zwielicht der Märchenstimmung getaucht ist, so wäre auch musikalisch statt eines übertriebenen Pathos die Rückkehr zu einem milderen, ausgeglicheneren Vortrag am Platze."

17 Beurteilen Sie den unterschiedlichen Stil der zitierten Texte, und diskutieren Sie die Einstellung der Autoren zum Problem der Interpretation anhand des Hörbeispiels (Takt 143 ff.). 41
In welchen Aussagen kommen sich die beiden Auffassungen sehr nahe? Wo widersprechen sie einander am meisten?

Der Text von Kaiser berührt auch die Frage der historisch getreuen Wiedergabe im Blick auf das Beethoven zur Verfügung stehende Instrument. Beethovens Spielanweisung, das Pedal während des gesamten Rezitativs niederzudrücken, gibt Anlaß zu der Überlegung, wie diese Spieltechnik auf dem damaligen Hammerflügel geklungen haben mag. Das Klavier des frühen 19. Jahrhunderts hat einen deutlich anderen Klang als der heutige Konzertflügel. Es besitzt statt eines Metallrahmens einen Holzrahmen und daher eine wesentlich geringere Saitenspannung. Die Anschlagsmechanik ist einfacher und unpräziser. Die Holzhämmerchen sind mit Leder überzogen.

18 Hören Sie die Rezitativstelle, auf einem Hammerflügel gespielt. Nehmen Sie aus dieser Sicht noch einmal Stellung zur Interpretation dieses Abschnitts. 42
Welche Probleme bringt die Darstellung alter Musik auf historischen Instrumenten in unserer Zeit?

Musikerlebnis und Musikverständnis

Ziel des Musikhörens und der Musikbetrachtung wird in der Regel das Musikerlebnis sein. Besonders die Musik der Romantik will den emotionalen Bereich ansprechen. Als Beispiel für die folgenden Überlegungen wird das untenstehende Prélude in B-Dur für Klavier von *Frédéric Chopin* gewählt.

Prélude op. 28, Nr. 21

19
Ped.
24
pp
29
cresc.
Ped.
34
Ped.
39
ff
dim.
43

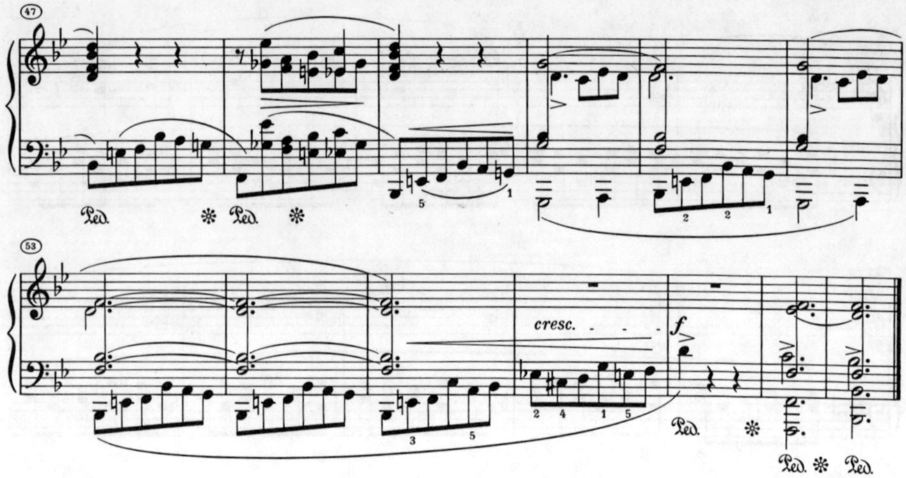

Höreindrücke können mit Begriffen wie „Steigerung“, „Höhepunkt“, „Überraschung“, „Beruhigung“ beschrieben werden. Dabei beziehen sich „Steigerung“ und „Beruhigung“ auf musikalische Abläufe von gewisser Dauer, während „Überraschung“ und „Höhepunkt“ bestimmte Zeitpunkte des Ablaufs ansprechen. Durch die gefühlsmäßige Reaktion des Hörers können jedoch auch ganze Abschnitte von diesen Effekten charakterisiert sein, zumal hier mehr das Hörerlebnis, nicht die musikalische Anlage beschrieben werden soll.

43 19

a) Ordnen Sie aufgrund Ihres subjektiven Hörerlebnisses die genannten Begriffe den 7 Abschnitten des Musikstücks zu (siehe die folgende Tabelle).
b) Besprechen Sie die Ergebnisse, und versuchen Sie Ihre Eindrücke mit Hilfe des Notentextes zu begründen (musikalische Gestaltungsprinzipien).
c) Tragen Sie die Ergebnisse in die (vorher ins Arbeitsheft übernommene) Tabelle ein, entsprechend dem Beispiel von Abschnitt 5:

Abschnitt	Takte	Steigerung, Höhepunkt, Überraschung, Beruhigung	Musikalische Gestaltungsprinzipien
①	1– 8	?	?
②	9–16	?	?
③	17–24	?	?
④	25–32	?	?
⑤	33–38	?	Verkürzung der Periode (8 T. – 6 T.), aufsteigende Sequenz (Oberstimme: fallende Terz, z.T. mit Auftakt bzw. verkürzt), Dynamik: crescendo, Orgelpunkt auf Dominante
⑥	39–44	?	?
⑦	45–59	?	?

Höreindrücke lassen sich objektiv begründen.

In den Bereich der Hörempfindung gehört auch der Nachvollzug musikalischer Spannungsverläufe („Energetik"). Das Gefühl der Spannung entsteht durch bestimmte Hörerwartungen (z.B. Leitton, Generalpause, Crescendo) oder durch innere Erregung der Musik in Form von gedrängten, vielfältigen Klangereignissen (z.B. Harmoniewechsel, Bewegung).

20 Versuchen Sie den Spannungsverlauf des Stückes während des Hörens in Form einer Kurve zu skizzieren. **43**

21 Vergleichen Sie individuelle Lösungen im Hinblick auf Hörbeispiel und Notentext. Erstellen Sie dann aufgrund der Ergebnisse nach dem untenstehenden Muster eine Verlaufsgrafik, die möglichst genau den Eindrücken der Hörer entspricht (Diskussion): **43**

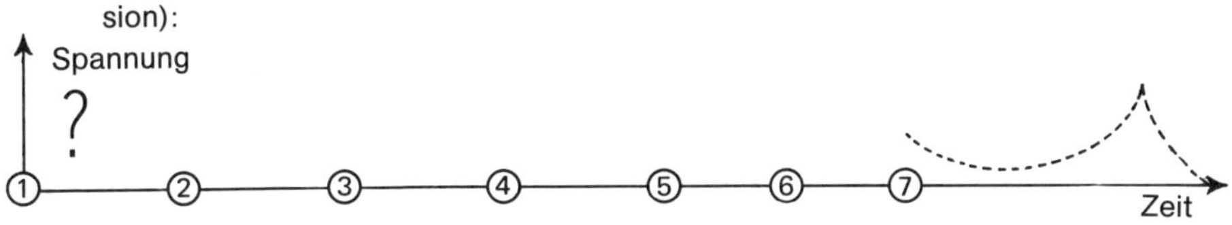

Musik als dynamisches Geschehen („Kräftespiel") teilt sich dem Hörer auf der Ebene des Unbewußten zunächst wenig differenziert mit. Auch hier kann die Analyse zu einem gesteigerten Erlebnis führen.
Höreindrücke beziehen sich auch auf wechselnde Stimmungen der Musik, die man mit Ausdrücken wie „traurig", „aggressiv", „festlich" umschreibt. Chopin selbst hat sich in seinen Briefen mehrfach über den Stimmungsgehalt seiner Musik geäußert, z.B.

„kraftvoll"
„schmerzvoll"
„melancholisch"
„dahinschwebend"
„ruhig".

22 a) Ordnen Sie aufgrund Ihres Höreindrucks jedem der vorgegebenen Begriffe einen oder mehrere Abschnitte des Musikstücks zu. Begründen Sie Ihre Entscheidung anhand des Notentextes. **43**

b) Suchen Sie treffende Formulierungen, wo sich für Sie Schwierigkeiten bei der Zuordnung ergeben.

Der „Ausdruck" musikalischer Verläufe (ihre „Physiognomie") mutet jeden Hörer in individueller Weise an. Die Vielfalt der Höreindrücke hängt nicht allein von der Beschäftigung mit dem Notentext, sondern auch von der speziellen künstlerischen Gestaltungsweise des jeweiligen Interpreten ab. Aus diesem Grund erscheint es sinnvoll, zwei verschiedene Interpretationen des Prélude Nr. 21 von Chopin zu vergleichen. Das Musikerlebnis des Konzertbesuchers umfaßt auch die Wirkung, die von der Bewältigung technischer Schwierigkeiten der Komposition ausgeht.

23 a) Vergleichen Sie zwei Interpretationen des Stücks, und stellen Sie fest, welche Darbietung Ihnen spontan mehr zusagt. **43, 44**

b) Versuchen Sie, den Unterschied in der Werkauffassung zu beschreiben, indem Sie einzelne Ausschnitte der beiden Interpretationen im Hinblick auf Tempo, Dynamik, Klanggestaltung, Agogik und Ausdruck einander gegenüberstellen.

24 Überlegen Sie anhand der folgenden Texte: Welche Informationen sind als Voraussetzungen für eine Bewertung verschiedener Interpretationen notwendig?

André Gide (Aufzeichnungen über Chopin):

„Im allgemeinen ... nimmt der Ausführende in der Musik Chopins ein zu schnelles Zeitmaß ... Warum? Vielleicht, weil Chopins Musik an sich nicht genug technische Schwierigkeiten bereitet und der Pianist Wert darauf legt, sich zur Geltung zu bringen ... Der Ausführende, der es schließlich zum ersten Male wagen würde ..., die Musik Chopins in dem Zeitmaß zu spielen, das ihr angemessen ist, das heißt, viel langsamer, als man es gewohnt ist, würde sie zum ersten Mal wahrhaft verständlich machen und könnte ein Publikum in jene ekstatische Ergriffenheit versetzen, die zu erreichen Chopin verdient ...

... Geheimnis des Erstaunens ... Das ist auch der Grund, warum ich möchte, daß die Musik Chopins fast immer halblaut dargeboten werde, fast leise, ohne jedes Aufsehen ... So hat Chopin selbst gespielt, erzählen uns die, die ihn noch gehört haben ... Und wir erfassen seine Ideenwelt um so besser, je zurückhaltender sie sich mitteilt ...“

Frédéric Chopin (zitiert von F. Liszt nach einem Gespräch):

„Ich besitze nicht die Eignung, Konzerte zu geben, weil ich vor dem Publikum befangen bin, weil mir der Atem aller dieser Münder die Luft benimmt, weil mich die tausend neugierigen Augen lähmen und ich vor ihren fremden Gesichtern verstumme.“

„Allgemeine musikalische Zeitung“, 1829 (Besprechung eines Chopin-Konzerts):

„Herr Chopin führte sich als Meister ersten Ranges ein. Die ausgezeichnete Zartheit seines Anschlags, eine unbeschreibliche mechanische Fertigkeit, sein vollendetes, der tiefen Empfindung abgelauschtes Nuancieren, Tragen und Schwellen der Töne, des Vortrags so seltene Klarheit ... geben den von der Natur so freigebig bedachten selbstkräftigen Virtuosen zu erkennen.“

Der vorurteilsfreie Musikhörer sollte den Weg von der emotionalen Wertung einer Interpretation zu einem angemessenen Urteil finden, das sich objektiv auf den Notentext und auf stilistische Gesichtspunkte bezieht.

Der Interpret seinerseits muß gleichfalls eine vorurteilsfreie, möglichst sachgerechte Darstellung der Komposition anstreben. Folgende Gesichtspunkte sollte er beachten:

- genaues Studium und Analyse des Notentextes
- Kenntnis des historischen Umfelds (Aussagen des Komponisten und der Zeitgenossen, Anlaß und Funktion der Komposition, Aufführungspraxis, kultur- und geistesgeschichtlicher Hintergrund)
- spieltechnische und klangliche Möglichkeiten des historischen und des heutigen Instrumentariums
- Wirkungsgeschichte des Werks (z. B. nachträglich gegebener Titel, populäre Deutungen und gewandelte Funktionen).

Der Interpret muß versuchen, diese werkbezogenen Aspekte mit der Hörerwartung des Publikums in Einklang zu bringen. Ist die Diskrepanz zwischen Werk und Publikumsanspruch zu groß, müßte der Hörer durch Erläuterungen vorbereitet werden.

Die Interpretation eines Charakterstücks

Durch differenzierte Vortragsbezeichnungen hinsichtlich Tempo, Lautstärke und Spieltechniken versuchten Komponisten von jeher, Instrumentalstücke zu charakterisieren (z. B. „Allegro con fuoco", „Andante grazioso"). Die Abkehr von gängigen italienischen Begriffen verhalf in der Regel zu noch nuancierterer individueller Aussage (z. B. „Mit gutem Humor", „Langsam und schmachtend").
Solche Gestaltungsvorschriften können wie Überschriften hervortreten, die auch dem Hörer den Gehalt der jeweiligen Instrumentalmusik erschließen. Ähnlich sind Titel gedacht wie z. B. „Klage", „Battaglia"[1], „Die Übermütige". Diese vielfältige Kleinkunst – Genrestücke des 18. Jahrhunderts, Charakterstücke des 19. Jahrhunderts – wurde oft zu Sammlungen und Zyklen zusammengefaßt. Manche verallgemeinernde Titel bezeichnen häufig wiederkehrende Typen des Charakterstücks wie z. B. „Nocturne", „Ballade", „Intermezzo", „Capriccio".
Robert Schumanns Klavierwerk, typisch für Musik der Romantik, ist ungewöhnlich reich an „poetischen" Überschriften. Diese Vorliebe für sprachliche Charakterisierungen entsprang gewiß dem innigen Verhältnis des Komponisten zur Dichtkunst seiner Zeit. Dabei bezeugte Schumann selbst, daß er zu manchem Klavierstück den Titel erst nach der Komposition gefunden habe: als eine Hilfe zu Verständnis und Gestaltung der Musik.

25
a) Welche Hörerwartungen weckt der Titel „Vogel als Prophet" Ihrer Meinung nach?
b) In welchen Bereich der Auslegung rückt der Begriff „Prophet" die Interpretation?
c) Hören Sie das Klavierstück „Vogel als Prophet" aus *Schumanns* „Waldszenen" op. 82. Müßte der Titel ergänzt werden? **45**

26
Beziehen Sie charakteristische Einzelstrukturen des folgenden Notenbeispiels (der Beginn des Stücks) auf die Begriffe des Titels „Vogel" bzw. „Prophet".

[1] ital. = Schlacht

45 27 Welcher Inhalt der „Prophezeiung“ wird durch die Musik des folgenden Ausschnitts suggeriert?

45 28 Beurteilen Sie die Gesamtanlage des Stücks im Blick auf die Frage, wie der Komponist die außermusikalische Vorlage sieht: gleichsam als Momentaufnahme oder als Schilderung einer fortlaufenden Handlung.

Hilft schon der sprachliche Hinweis eines Werktitels beim Deuten und Verstehen eines Musikstücks (vgl. auch S. 82), so um so mehr ein durchgehender Text, z. B. bei Lied und Arie. Bei der barocken und klassischen Arie mit ihren vielen Textwiederholungen und instrumental erscheinenden Figurationen der Singstimme läßt sich der Text wie ein fortgesetzt hörbarer Titel des Gesangsstücks auffassen (vgl. S. 30, auch S. 268). Im Lied, speziell im Kunstlied, orientiert sich die Interpretation an den jeweils zu singenden, wechselnden Textaussagen; im Idealfall ist die Musik am Text „entlangkomponiert“ oder faßt seine Aussagen zusammen. Andererseits interpretiert die Musik selbst einen Singtext im Sinne des Komponisten (vgl. S. 291).

Die Interpretation von Programmusik

Im Zusammenhang mit dem Charakterstück liegt der Versuch nahe, unter Verzicht auf einen gesungenen Text allein mit der Sprache der Musik eine fortlaufende „Geschichte zu erzählen“. Genre- und Charakterstück beleuchten eine außermusikalische Gegebenheit wie eine Momentaufnahme; „programmatische“ Musik stellt außermusikalisches Geschehen dar.
Ihre Vieldeutigkeit verlangt klärende Hinweise (Titel und „Programm“), an denen sich die Interpretation orientiert. Man spricht von „Programm-Musik“ – im Unterschied zur absoluten Musik, die sich nur innerhalb musikalischer Gesetze bewegt.

Die reiche Klangpalette eines Orchesters bietet viele Möglichkeiten, Musik als sprachähnlichen Informationsträger einzusetzen: die Komposition wird zur Erzählung oder zum Gedicht.
In der Epoche der späten Romantik entwickelte sich die musikalische Gattung der „sinfonischen Dichtung“ zu einem Höhepunkt („neudeutsche Schule“, ausgehend von Franz Liszt). Die sinfonischen Werke von *Richard Strauss* (1864–1949) können als beispielhaft gelten, z. B. „Till Eulenspiegels lustige Streiche nach alter Schelmenweise in Rondoform für großes Orchester“ op. 28 (1895).
Till Eulenspiegel ist der Held eines alten niederdeutschen Volksbuchs („Ulenspegel“, 1510). Es erzählt von den Streichen eines „närrischen Taugenichts“, der wohl nie wirklich gelebt hat. Wie eine mythische Gestalt soll er seiner Umwelt den Spiegel ihrer Lebensformen und Moral vorhalten, indem er die Normalität der Zeitgenossen „auf den Kopf stellt“, ins Törichte umkehrt.
R. Strauss schrieb zunächst an den Dirigenten der Uraufführung, Franz Wüllner:

„Es ist mir unmöglich, ein Programm des Eulenspiegels zu geben: in Worte gekleidet, was ich mir bei den einzelnen Teilen gedacht habe, würde sich oft verflucht komisch ausnehmen und viel Anstoß erregen. – Wollen wir diesmal die Leutchen selber die Nüsse aufknacken lassen, die der Schalk ihnen verabreicht.“

Später gab Strauss genauere Hinweise zu den einzelnen Episoden. Es geht um folgende Programmpunkte, denen hier jeweilige Themen und Motive zugeordnet sind:

„Es war einmal ein Schalksnarr“

ⓐ 

„Namens Till Eulenspiegel“

ⓑ 

„Der war ein arger Kobold“

ⓒ 

„Auf zu neuen Streichen“ (T. 71)

„Wartet nur, ihr Duckmäuser“

ⓓ 

„Hop! zu Pferde mitten durch die Marktweiber" (T. 137)

„Mit Siebenmeilenstiefeln kneift er aus" (T. 149)

„In einem Mauseloch versteckt" (T. 155)

„Als Pastor verkleidet trieft er von Salbung und Moral"

(e)

„Doch aus der großen Zehe guckt der Schelm hervor"

(f)

„Faßt ihn ob des Spottes mit der Religion doch ein heimliches Grauen vor dem Ende" (T. 196)

„Till als Kavalier zarte Höflichkeiten mit schönen Mädchen tauschend"

(g)

„Er wirbt um sie"

(h)

„Ein feiner Korb ist auch ein Korb" (T. 253)

„Schwört Rache zu nehmen an der ganzen Menschheit"

(i)

„Nachdem er den Philistern ein paar ungeheuerliche Thesen aufgestellt hat, überläßt er die Verblüfften ihrem Schicksal"

(k)

„Grimasse von weitem" (T. 345), siehe auch c

„Tills Gassenhauer"

(l)

„Offene Herausforderung, treibt's bis zum Überdruß"

(m)

„Verlacht und verhöhnt"

(n)

„Das Gericht"

(o)

„Er pfeift gleichgültig vor sich hin" (T. 582)

„Das Todesurteil"

(p)

„Hinauf auf die Leiter: Da baumelt er, die Luft geht ihm aus, eine letzte Zuckung. Tills Sterbliches hat geendet"

(q)

29 Überlegen Sie, welche der folgenden Darstellungsmöglichkeiten bei den einzelnen Szenen in Frage kommen:
- Imitation akustischer Vorgänge (Lautmalerei)
- Übertragung nichtakustischer Sinneseindrücke in Klangverläufe (Analogien)
- Widerspiegelung von Gefühlszuständen (Stimmungsausdruck)
- Verwendung bekannter musikalischer Strukturen mit geläufigem Bedeutungsgehalt (Symbolik).

30 Die Melodien von Beispiel a und b kehren im Verlauf des Stücks ständig variiert wieder. Ordnen Sie die übrigen Notenbeispiele im Hinblick auf diese Themen. **46a–q**

31 Beschreiben Sie den Charakter des Eulenspiegel-Themas (Beispiel b). Inwieweit kann man den sich nicht in das 6/8-Takt-Schema fügenden Rhythmus symbolisch deuten? **46b**

32 Erklären Sie, warum sich Beispiel c als „schelmisches Lachen" und „lange Nase" interpretieren läßt. **46c**

46e

33 Beispiel e erinnert an das bekannte Volkslied „Üb immer Treu und Redlichkeit“:

Warum wählt der Komponist diese Anspielung?

46h

34 In Tills „Liebesabenteuer“ (Beispiel h) gibt Strauss folgende Spielanweisungen: „drängend“ – „liebeglühend“ – „immer lebhafter“ – „marcato“ – „ruhiger“ – „steigern“ – „wütend“.
Ordnen Sie deren Reihenfolge entsprechend dem musikalischen Verlauf der Episode.

46o–q

35 Hören Sie den Abschnitt „Till vorm Tribunal“. Verfolgen Sie die nachstehende Verlaufsgrafik, und beschreiben Sie die Abschnitte hinsichtlich Besetzung, Dynamik und Ausdruck:

36 Die einleitenden Takte „Es war einmal ein Schalksnarr“ kehren im Epilog nochmals wieder. Was kann das im Zusammenhang mit Tills kläglichem Ende besagen?

37 Der Komponist spricht im Werktitel von Rondoform. Welchen Aufbau hat ein Rondo? Welche Notenbeispiele könnten zu den Zwischenteilen des Rondos gehören?

38 Hören Sie das ganze Werk im Blick auf Programm und Notenbeispiele.
Halten Sie es für möglich, daß auch ohne Kenntnis des Programms eine sinfonische Dichtung zum Musikerlebnis werden kann?
Bedenken Sie, daß Richard Strauss in dieser Komposition Gestaltungsprinzipien der Programmusik denen der absoluten Musik unterordnet (Variation, Rondoform).

Richard Strauss schreibt in einem Brief an Romain Rolland (5. Juli 1905): *„Für mich ist das poetische Programm auch nichts weiter als der formenbildende Anlaß zum Ausdruck und zur rein musikalischen Entwicklung meiner Empfindungen.“*

Stil und Stilwandel

Tristan und Isolde, im Tod vereint
Wandgemälde von August Spieß aus dem Jahr 1881 im Schlafzimmer König Ludwigs II. in Neuschwanstein

Zwischen zwei großen Epochen: Carl Philipp Emanuel Bach

Carl Philipp Emanuel Bach, einer der vier berühmten Söhne Johann Sebastian Bachs, schrieb im Jahr 1773 in Hamburg sechs Sinfonien für Streichorchester und Continuo. Sie wurden auf Bestellung des damaligen kaiserlichen Gesandten am preußischen Hof, Baron van Swieten, komponiert.

Sinfonia III

1. Satz

13
6
6
2
17
6
4♯
6
4♯
21
tr
tr
p
p
p
6
5♭
9 4
♯7 5
6 4 – 5 3

f
7 unis.
28
unis.
33
tr
39
6
6 4
5
unis.

45
49
54
p
p
p
2
6

61
unis.
67
unis.
73

80
84
89
tr
p

f
97
unis.
unis.
103
unis.
tr
108

116
unis.
22
Adagio
ff
p
pp
Adagio
29
tasto

47 1 Hören Sie anhand der Partitur den 1. Satz aus der Sinfonia III von C. Ph. E. Bach, und achten Sie auf besondere musikalische Formungen.

Bevor die Sinfonien an van Swieten abgeschickt wurden, fand im Rahmen eines Hauskonzerts eine Probe statt, über die der Geiger Reichardt berichtet:

"Reichardt führte sie mit seiner Violine dem besorgten Componisten zu Dank an. Wenn sie auch nicht ganz deutlich wurden, so hörte man doch mit Entzücken den originellen, kühnen Gang der Ideen und die große Mannigfaltigkeit und Neuheit in den Formen und Ausweichungen. Schwerlich ist je eine musikalische Composition von höherm, keckerm, humoristischerm Charakter einer genialen Seele entströmt ..."

C. Ph. E. Bach steht zwischen den großen Epochen des Barock und der Wiener Klassik, zwischen J. S. Bach und W. A. Mozart.

2 Versuchen Sie sich in die Zeit des Barockmusikers zu versetzen und anhand des Notentextes zu zeigen, was mit dem „originellen, kühnen Gang der Ideen“ sowie der „großen Mannigfaltigkeit und Neuheit in den Formen und Ausweichungen“ gemeint ist.

Der Tradition der Barockmusik verpflichtet ist das Eröffnungsmotiv (Takt 1 und 2), das noch die Funktion der rhythmischen und melodischen Keimzelle des Satzes erfüllt. Es moduliert in einem Orchester-Unisono über einen abrupt wirkenden Trugschluß und einen verminderten Terzsprung (as – fis) von C- nach G-Dur.

3 Ab Takt 12 wird ein neuer Gedanke eingeführt. Vergleichen Sie diesen im Hinblick auf Melodik, Rhythmik und Satztechnik mit dem Eröffnungsmotiv.

4 C. Ph. E. Bach hat in diesem Abschnitt seinen Namenszug einkomponiert, so wie es sein Vater mehrfach auch getan hat (z. B. 2. Brandenburgisches Konzert, 1. Satz, Takt 109–112). Welche Stelle ist hier gemeint?

47 5 Hören Sie den 1. Satz noch einmal, und suchen Sie die Parallelstelle zu dem B-A-C-H-Zitat auf. In welcher Transposition erscheint es hier?

6 Vergleichen Sie den 1. Teil des Satzes (Takt 1–43) mit dem Abschnitt Takt 69–112. Mit welchem Fachwort könnte man den Satzteil ab Takt 69 bezeichnen?

47 7 Nach einer Überleitung (Takt 43 ff.) beginnt in Takt 51 der 2. Teil des Satzes, auf den Reichardt mit der „Neuheit in den Formen“ angespielt haben mag. Beschreiben Sie die kompositorische Verarbeitung des Eröffnungsmotivs, den Satzstil und die harmonische Entwicklung in den Takten 51–68.

8 Welche für die Wiener Klassik typische Form ist in diesem Satz bereits deutlich vorgeprägt?

Diese persönliche Handhabung des musikalischen Materials, bei der sich, wie Reichardt schreibt, *„Bach ..., nach Swietens Wunsch, ganz gehen ließ, ohne auf die Schwierigkeiten Rücksicht zu nehmen, die daraus für die Ausübung notwendig entstehen mußten“*, wurde wegweisend für den Stil einer ganzen Epoche: Der Personalstil einiger weniger Komponisten bereitet einen neuen Epochenstil vor.

Der Stilbegriff

Der Begriff „Stil" wird in ganz verschiedenen Bedeutungen verwendet, zumal außerhalb der Musik, im täglichen Sprachgebrauch.

9 Versuchen Sie eine eigene Definition des Stilbegriffs zu formulieren.

Es läßt sich feststellen, daß dieses so oft gebrauchte Wort begrifflich kaum faßbar ist. Erste Versuche, das Wort „Stil" begrifflich zu fixieren, findet man in musiktheoretischen Schriften des 16. Jahrhunderts, in denen die Normen z. B. der Harmonie- und Formenlehre aufgestellt werden.

C. Ph. E. Bachs theoretische Schrift „Versuch über die wahre Art das Clavier zu spielen" (1753), ist ein großartiges Beispiel für eine Stillehre. Das Kapitel über die „Manieren" (d. h. Verzierungen) ist von unschätzbarem Wert für eine stilgerechte Interpretation der Musik dieser Zeit (vgl. S. 146).

Igor Strawinsky definiert den Stilbegriff in seiner „Musikalischen Poetik" (1942) folgendermaßen:

„Stil ist eine besondere Art, in der ein Komponist seine Konzeptionen ordnet und die Sprache seines Handwerks spricht. Die Sprache ist das gemeinsame Element der Komponisten einer Schule oder einer abgeschlossenen Epoche … Unnötig zu sagen, daß das, was man den Stil einer Epoche nennt, aus der Kombination der besonderen Stile entsteht, in denen die Schreibweise jener Autoren dominiert, die einen entscheidenden Einfluß auf ihre Zeit hatten."

Der Dirigent und Mathematiker Ernest Ansermet (1961) faßt den Stilbegriff in seiner Mehrschichtigkeit noch etwas deutlicher als sein Freund Strawinsky:

„Die verschiedenen Stilmodalitäten sind individuelle Schöpfungen. Einmal geschaffen und wiederholt, wird der Stil als Strukturtyp zu einer kollektiven Errungenschaft … Daraus folgt, daß jedes musikalische Werk nur insoweit Zeugnis des Menschen und Ausdrucksakt des Urhebers ist, als sein Stil und seine Form individuelles Gepräge tragen: Jedes Werk schafft seine eigene Form. Hier klärt sich uns die Mehrdeutigkeit des Wortes Stil: In objektiver Bedeutung bezeichnet es einen bestimmten Typus der Tonstruktur, der Allgemeinbesitz ist; in subjektiver Bedeutung bezeichnet es die individuelle Handhabung eines erworbenen Stils, in der sich die Persönlichkeit des Urhebers spiegelt, und zwar durch ihre Determinationsfreiheit."

10 Fassen Sie die Aussagen von Strawinsky und Ansermet zu einer eigenen, kurzen Definition des Stilbegriffs zusammen.
Vergleichen Sie diese mit der Definition verschiedener Musik- bzw. Konversationslexika.

(o)

Zweytes Hauptstück.

Von den Manieren.

Erste Abtheilung.

Von den Manieren überhaupt.

§. 1.

Es hat wohl niemand an der Nothwendigkeit der Manieren gezweifselt. Man kan es daher mercken, weil man sie überall in reichlicher Menge antrifft. Indessen sind sie allerdings unentbehrlich, wenn man ihren Nutzen betrachtet. Sie hängen die Noten zusammen; sie beleben sie; sie geben ihnen, wenn es nöthig ist, einen besondern Nachdruck und Gewicht; sie machen sie gefällig und erwecken folglich eine besondere Aufmercksamkeit; sie helffen ihren Inhalt erklären; es mag dieser traurig oder frölich oder sonst beschaffen seyn wie er will, so tragen sie allezeit das ihrige darzu bey; sie geben einen ansehnlichen Theil der Gelegenheit und Materie zum wahren Vortrage; einer mäßigen Composition kan durch sie aufgeholfen werden, da hingegen der beste Gesang ohne sie leer und einfältig, und der kläreste Inhalt davon allezeit undeutlich erscheinen muß.

§. 4.

Auch hierinnen muß man den Frantzosen Gerechtigkeit wiederfahren lassen, daß sie in der Bezeichnung ihrer Stücke besonders sorgfältig sind. Die grösten Meister unsers Instruments in Deutschland haben dasselbe, wie wohl nicht mit solchem Ueberfluß, gethan, und wer weiß, ob sie nicht durch diese vernünftige Wahl und Anzahl der Manieren Gelegenheit gegeben haben, daß die Frantzosen anjetzo nicht mehr, wie vordem, fast jede Note mit einem solchen Zierath beschweren, und dadurch die nöthige Deutlichkeit und edle Einfalt des Gesanges verstecken.

§. 25.

Da man bey unserm heutigen Geschmacke, wozu die italiänische gute Sing-Art ein ansehnliches mit beygetragen hat, nicht mit den französischen Manieren allein auskommen kan; so habe ich die Manieren von mehr als einer Nation zusammen tragen müssen. Ich habe ihnen einige neue beygefügt: Ich glaube auch, daß bey dem Claviere so wohl als andern Instrumenten die Spiel-Art die beste sey, welche auf eine geschickte Art das Propre und Brillante des französischen Geschmacks mit dem Schmeichelhaften der welschen Sing-Art zu vereinigen weiß. Die Deutschen sind hierzu besonders aufgelegt, so lange als sie von Vorurtheilen befreyet bleiben.

Drei Abschnitte aus Carl Philipp Emanuel Bachs „Versuch über die wahre Art das Clavier zu spielen“ (Berlin, 1753)

Daniel Nikolaus Chodowiecki (1726–1801): Kammermusik im Gartensalon
Radierung (Kunstsammlungen der Veste Coburg)

Eine differenzierte Betrachtungsweise des Stilbegriffs führt zu weiteren Unterscheidungen, die sich freilich in der Praxis häufig überschneiden.

Beispiele:

Der Materialstil entsteht durch die besonderen materialbedingten Gestaltungsgesetze. Sie setzen der Komposition Grenzen, nachdem sich der Komponist für eine Realisierungsmöglichkeit seiner Ideen entschieden hat (z. B. Vokalstil, Instrumentalstil; Cembalo-, Klavierstil).
Der Gattungsstil ist durch überlieferte Normen geprägt, welche die musikalische Form im Rahmen einer gesellschaftlichen Funktion der Musik bestimmen.
Der Landschaftsstil (bzw. Nationalstil) spiegelt eine regionale Eigenart der musikalischen Sprache wider.
Der Personalstil ist die für einen Komponisten typische Gestaltungsweise des musikalischen Materials. Noch genauer lassen sich oft Jugend- und Spätstil des Künstlers unterscheiden.

11 Musizieren Sie das folgende Stück mit geeigneten Instrumenten im Rahmen Ihrer Möglichkeiten.
Welcher Teil ist Ihrer Meinung nach mehr im Stil einer Region und Epoche komponiert, und wo zeigt sich der Personalstil des Komponisten?
Das Stück ist im Original für Klavier geschrieben. Hören Sie die Originalfassung, vergleichen Sie diese mit Ihrer Instrumentierung, und beurteilen Sie, ob der vom Klavier bestimmte Materialstil eine andere Instrumentierung überhaupt zuläßt. **48**

Nr. 15 aus „Letzte Walzer“ op. 127

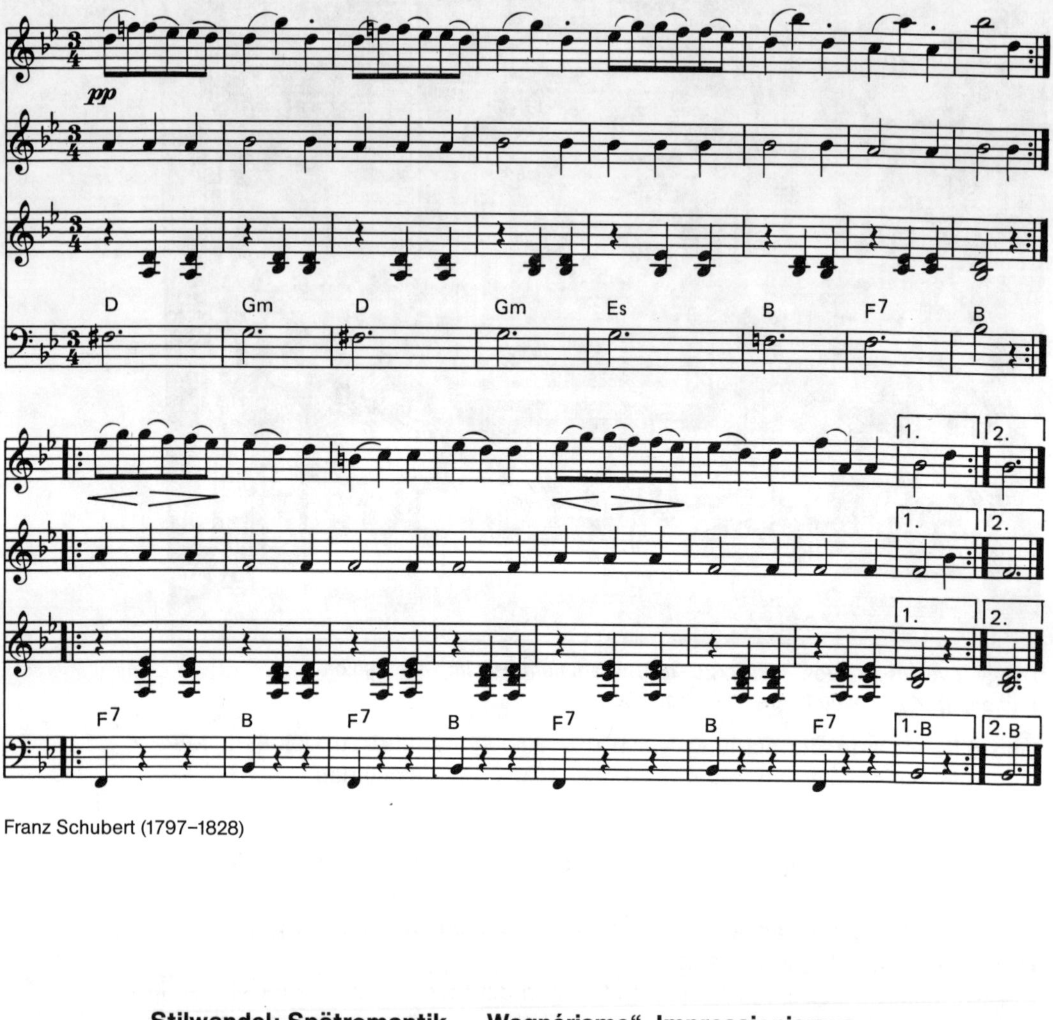

Franz Schubert (1797–1828)

Stilwandel: Spätromantik – „Wagnérisme“, Impressionismus, Expressionismus

Im folgenden werden drei bekannte Orchesterwerke miteinander verglichen. Zwischen der Entstehung des ersten (1859) und des zweiten (1892) liegen etwa 30 Jahre, zwischen der Komposition des zweiten und des dritten (1913) etwa 20 Jahre. Gemessen an den Zeiträumen, die zu musikalischen Epochen zusammengefaßt werden, stehen die drei Werke relativ nahe beieinander:

Richard Wagner: Vorspiel zu „Tristan und Isolde“
Claude Debussy: Prélude à l’après-midi d’un faune
Igor Strawinsky: Le sacre du printemps (Introduction und Danses des adolescentes)

12 Hören Sie Ausschnitte aus den genannten drei Werken.
Versuchen Sie die Klangbeispiele aufgrund der charakteristischen musikalischen Formung bestimmten Epochen- bzw. Personalstilen zuzuordnen.
Zweifellos repräsentieren diese drei Werke einen Stilwandel. Würden Sie diesen eher als abrupt (revolutionär) oder als allmählich (evolutionär) kennzeichnen?

49–51

Ein Ausgangspunkt für den Stilwandel um die Jahrhundertwende ist die Persönlichkeit Richard Wagners. Das musikalische Konzept des Impressionismus und der „Groupe des Six" war weitgehend Reaktion auf sein Werk.
Debussys Kritik entzündet sich einerseits am Klangbild des Wagner-Orchesters, *„einer Art bunter, beinahe gleichmäßig verteilter Farbmasse, in der man ... den Klang einer Violine von dem einer Posaune nicht mehr unterscheiden"* könne, andererseits an dem Geist der Musik, an Wagner als Dichter und Schöpfer einer „Kunst-Religion", aus der in seinen Augen aber eine Art „Luxus-Religion" geworden ist.
Am gleichen Punkt setzt auch Strawinskys zum Teil bissige und ironische Kritik an: Was ihn an dem Bayreuther Unternehmen *„befremdet, ist der Geist, aus dem es geschaffen ist; ich habe meine Bedenken, wenn man eine Theateraufführung auf die gleiche Ebene stellt mit der heiligen symbolischen Handlung des Gottesdienstes"*. An einer anderen Stelle spricht er von Wagners Dramen, *„in denen die Musik, willkürlich lahmgelegt durch einen ihren Gesetzen fremden Zwang, selbst das aufmerksamste Publikum nur langweilen konnte – trotz des großen Talents, das Wagner daran verschwendete"*.

13 Erläutern und begründen Sie Ihre in Aufgabe 12 gemachte Zuordnung anhand der folgenden drei Abschnitte, in denen wichtige Stilmerkmale der zutreffenden Kleinepochen dargestellt werden.

Spätromantik – „Wagnérisme"

„Romantik ist kein definierbarer Stil, sondern eine geistige Haltung" (F. Blume). Unruhe und Sehnsucht gelten als ihre Triebkräfte. Die Musik ist die Kunst des Irrealen und Scheinhaften, die sich einer vielfach variierten Symbolik bedient. Zwangsläufig ordnen sich die Formkräfte, im Gegensatz zur Klassik, den Inhaltskräften unter. Die Romantik strebt die Verbindung aller Künste an: Die Konkretisierung aller synästhetischen[1] Bestrebungen dieser Epoche ist das Gesamtkunstwerk Wagners, an dem sich mit aller Deutlichkeit zeigt, *„wie tief sich die Musikanschauung zwischen traditionsgesättigtem Klassizismus und umstürzlerischer ‚Zukunftsmusik' zerspalten hatte"* (F. Blume).

1 Synästhesie: Verschmelzung der Eindrücke verschiedener Sinne (vgl. S. 221)

TRISTAN UND ISOLDE.

ERSTER AUFZUG.

Einleitung.

Langsam und schmachtend.

Richard Wagner.

poco rall.
(auf dem G)
riten.
a tempo.
Vl.
(auf dem G)
Br.
Bog.
Vc.
Hr. (in E)
3 Fg.
Bcl.
Bog.
Cb.
cresc.
dim.
zart.
più
ten.
Hb.
Cl.
EH.
(F)
4 Hr.
(E)
3 Fg.
Bcl.
Vl.
Br.
Vc.
Cb.
10000

Impressionismus

„Impressionismus" ist ein aus der Malerei übernommener Stilbegriff. Ursprünglich war die Bezeichnung „Impressionisten" ein Schimpfwort für eine Gruppe von französischen Malern, deren Ausstellung im Jahr 1874 einen Skandal hervorgerufen hatte. Der Anlaß hierfür war das Gemälde von Monet „Impression. Soleil levant" (Tafel I). Charakteristisch für diese Malergruppe ist die neue Sehweise, die, aus der unmittelbaren Anschauung der Natur, zu ganz bestimmten Stilmerkmalen führt. Diese lassen sich weitgehend auf die Musik übertragen: Die Steigerung der Leuchtkraft der Farben durch den Komplementärkontrast (z. B. orange – blau) entspricht dem Hörbarmachen kontrastierender Klangkomponenten, das flimmernde Spiel der Farben der statischen, in sich bewegten Klangfarbenfläche, bei der die Formelemente nicht scharf abgegrenzt sind.
Debussy, der einzige Vertreter des musikalischen Impressionismus, legt seine Kunstauffassung einem fingierten Gesprächspartner, Monsieur Croche (Herrn Achtelnote), in den Mund:
„‚... ich versuche, die Musik zu vergessen, weil sie mich daran hindert, die zu hören, die ich noch nicht kenne... Mir geht es mehr um echte und aufrichtig empfundene Eindrücke... Also halten Sie sich bitte an das Wort ‚Eindruck'[1]*, an das ich mich halte, damit ich die Freiheit habe, meine Gefühle vor jeder schmarotzerhaften Ästhetik zu bewahren... Die Musiker hören nur die Musik, die von geschickten Händen geschrieben wurde, niemals aber die, welche der Natur innewohnt. Den Anbruch des Tages zu erleben ist nützlicher, als die Pastoralsinfonie zu hören...'*
Ich wagte ihm zu entgegnen, daß es Männer gäbe, die versucht hätten, die einen in der Dichtung, die anderen in der Malerei (es fiel mir schwer, auch ein paar Musiker hinzuzufügen), den alten Staub der Tradition abzuschütteln, und das habe kein anderes Ergebnis gehabt, als daß man sie Symbolisten oder Impressionisten nannte; bequeme Ausdrücke, um seinesgleichen verächtlich zu machen... ‚Das sind Journalisten, Leute vom Fach, die sie so nennen', fuhr Monsieur Croche unbeirrt fort, ‚das will nichts besagen ... Man darf nicht auf irgend jemandes Ratschläge hören, außer auf den Wind, der vorüberweht und uns die Geschichte der Welt erzählt.'"
Der folgende Text, aus der Sicht eines dem Expressionismus nahestehenden Malers zeigt, daß die Zuordnung eines Künstlers zu einem gängigen Stilbegriff problematisch ist und oftmals subjektive Züge trägt.
„Die modernsten Musiker, wie Debussy, bringen geistige Impressionen, die sie oft aus der Natur entnehmen und in rein musikalischer Form in geistige Bilder verwandeln. Gerade Debussy wird deswegen oft mit den Impressionisten-Malern verglichen, indem man behauptet, daß er diesen Malern gleich in großen persönlichen Zügen die Naturerscheinungen zum Zweck seiner Stücke macht.. Trotz dem Berührungspunkt mit den Impressionisten ist der Drang dieses Musikers zum inneren Inhalt dermaßen stark, daß man in seinen Werken sofort die gesprungen klingende Seele des Gegenwärtigen erkennt mit allen peinigenden Leiden und erschütterten Nerven." (Kandinsky)

[1] Impression

Prélude
à
l'après-midi d'un faune.

1892

d'après une églogue
de Stéphane MALLARMÉ (1876)

CLAUDE DEBUSSY

HAUTB.
CL.
1°
CORS
3°
1re HARPE
glissando
2e HARPE
(sourdine)
Div.
(sourdine)
Div.
(sourdine)
Div.
(sourdine)

1
1re FL.
SOLO
HAUTB.
expressif
CL.
Bons
1o
CORS
3o
1
Div.
(sur la touche)
(sur la touche)
(sur la touche)
à 2

Expressionismus

Über die Entstehung seines Bildes „Der Schrei" (Tafel II) schreibt der norwegische Maler Edvard Munch:

„Ich ging mit zwei Freunden die Straße hinab. Die Sonne ging unter – der Himmel wurde blutrot, und ich empfand einen Hauch von Wehmut. Ich stand still, todmüde – über dem blauschwarzen Fjord und der Stadt lagen Blut und Feuerzungen. Meine Freunde gingen weiter – ich blieb zurück – zitternd vor Angst – ich fühlte den großen Schrei in der Natur... Ich malte dieses Bild – malte die Wolken wie wirkliches Blut – die Farben schrien."

„Expressionismus" bezeichnet, ähnlich wie „Romantik", keine historisch einmalige Strömung, sondern eine Erlebnisart, die sich besonders in Deutschland in Zeiten sozialer Krisen und geistigen Umbruchs äußert (z. B. Matthias Grünewald, † 1528). Er ist um 1905 entstanden, wie der Impressionismus als Reaktion auf den Naturalismus des 19. Jahrhunderts, gleichzeitig aber auch als Reaktion auf den Impressionismus. Der innere Ausdruck (Expression) ersetzt nun den äußeren Eindruck (Impression). Der äußeren Realität wird das „Universum des Innern" als die übergeordnete Wirklichkeit entgegengestellt. Der Expressionismus erscheint subjektiv geprägt, allerdings in ganz anderer Weise als die Romantik: *„Musik ist ihrem Wesen nach unfähig, irgend etwas ‚auszudrücken', was es auch sein möge: ein Gefühl, eine Haltung, einen psychologischen Zustand, ein Naturphänomen oder was sonst."* (I. Strawinsky). Trotzdem erstrebt die expressionistische Kunst, auf einer anderen Ebene, eine Ausdruckssteigerung, die sich in eigenwilligen Farbakzenten, prägnanter, fast karikaturenhafter Zeichnung und in rigorosen Deformationen zeigt. Die Form wird zur Trägerin der Expression. Ihr Ausgangspunkt ist nicht mehr der Gegenstand, sondern die Funktion der farbigen Spannungen und der geistige Gestaltwert der Farben. Die Konzentration auf größere, spannungstragende Farbflächen bewirkt eine Verarmung an Details.
Expressionistische Kunst will unmittelbar ansprechen und beeindrucken: *„Während ich den ‚Sacre' komponierte, sah ich das Schauspiel vor mir als eine Folge ganz einfacher rhythmischer Bewegungen, die von blockartig aufgebauten Gruppen ausgeführt werden, so daß ein unmittelbarer Eindruck entsteht. Alle überflüssigen Einzelheiten, alle Verwicklungen, die den großen Eindruck hätten abschwächen können, sollten verbannt sein."* (I. Strawinsky).

Le sacre du printemps, 1. Teil: L'adoration de la terre (Ausschnitt)

THE AUGURS OF SPRING
DANCES OF THE YOUNG GIRLS
LES AUGURES PRINTANIERS
DANSES DES ADOLESCENTES

Igor Strawinsky (1882–1971)

Wenn wir die Stilmerkmale von Spätromantik, Impressionismus und Expressionismus auf ihre Gemeinsamkeiten hin untersuchen, so wird die Fragwürdigkeit des Begriffs „abrupter Stilwandel" deutlich. In allen drei Stilen spielen im Gegensatz zur Klassik die Formkräfte eine untergeordnete Rolle. Die Chromatik bestimmt, wenn auch unter scheinbar entgegengesetzten Aspekten, das melodische und harmonische Geschehen. Die Harmonik selbst wird immer sensibler und raffinierter und gelangt an die Grenze der Tonalität. Das Melos befreit sich aus seiner seit etwa 300 Jahren andauernden harmonischen Bindung, was die Emanzipation der Dissonanz nach sich zieht. Die Klangfarbe wird aufgrund der verfeinerten Instrumentationstechnik als eigene Komponente wirksam. Der Rhythmus verläuft unabhängig von metrischen Bindungen und tonalen Beziehungen.

1. Wagner

2. Debussy

3. Strawinsky

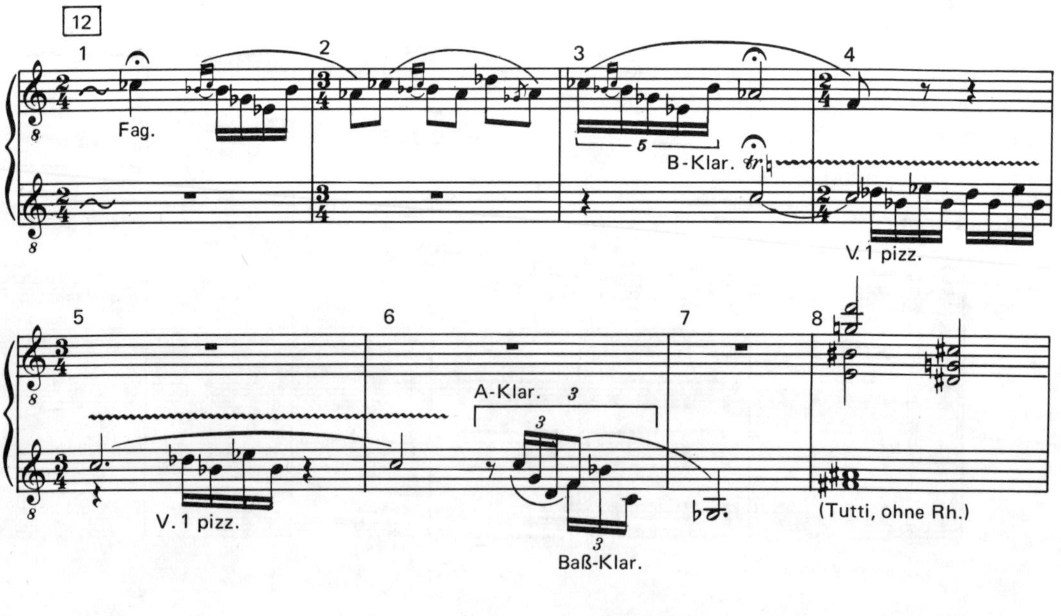

Wahrscheinlich werden sich auch diese drei in ihrer persönlichen Ausprägung so gegensätzlich erscheinenden Stile aus der Perspektive späterer Generationen einem großen, einheitlichen Epochenstil einfügen, so wie es z.B. bei den vielfältigen Stilen der Barockmusik der Fall war.
Anhand der Hörbeispiele und Partiturausschnitte lassen sich einige Aspekte der unterschiedlichen Ausprägung der musikalischen Sprache bei Wagner, Debussy und Strawinsky darstellen.

14 Das Melos der Beispiele 1 und 2 ist chromatisch durchdrungen; die diatonische Melodie des 3. Beispiels erinnert an ein litauisches Volkslied.
Beschreiben Sie die gegensätzliche Wirkung der Chromatik in den beiden ersten Beispielen. Wodurch erhält das dritte (Takt 1–4) trotz des Verzichts auf Chromatik ein dissonantes „Chroma" und eine auf Entladung drängende Spannung? **50, 49a, 51**

15 Vergleichen Sie die drei Hörbeispiele auf ihren Bewegungsverlauf hin:
Welche Rolle spielt die rhythmische Komponente im jeweiligen Stück? Wo wird das Klangbild von rhythmischen Ostinatofiguren bestimmt, und in welchem Beispiel erzeugen sie eine vorwärtstreibende, diskontinuierliche und aufreizende Bewegung, in welchem einen in sich kreisenden Quasistillstand?
In welchem Beispiel wird am deutlichsten das Regelmetrum durchbrochen, und mit welchen Mitteln wird das erreicht? **49–51**

16 Alle drei Melodien münden in einen dissonanten Klang.
Dabei ergeben sich folgende Harmonien: **50, 49a, 51**

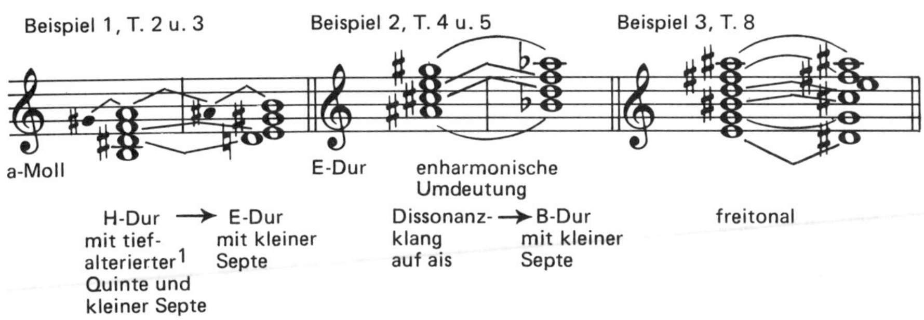

(In Beispiel 1 sind die Vorhaltstöne gis und ais als kleine Notenköpfe notiert; in allen 3 Beispielen sind gleichklingende Töne mit ⌒, chromatische Fortschreitungen mit ∧ gekennzeichnet.) Beurteilen Sie nach Gehör: Wodurch wird in den einzelnen Beispielen Spannung erzeugt, und auf welche Weise löst sie sich im weiteren Verlauf?

Zu Beispiel 1:

Die Entwicklungsgeschichte der alterierten Harmonik des 19. Jahrhunderts gipfelt im „Tristan"-Vorspiel. Die hier komponierten Akkordformen und -folgen lassen sich nur schwer deuten im Sinne der seit ca. 300 Jahren geltenden funktionalen Kadenzharmonik. Der berühmte

[1] lat. alteratio = Änderung: Einzelne Töne einer Harmonie werden durch Versetzungszeichen erhöht oder erniedrigt.

„Tristan-Akkord" ist eine harmonische Kühnheit, die zahlreiche, sich zum Teil widersprechende Deutungsversuche provozierte. Der heute gebräuchlichste ist folgender:

Takt 2: $D\!\!\!D \begin{smallmatrix}6<7\\5>-\end{smallmatrix}$

Takt 3: $D \begin{smallmatrix}7 & -\\4< & 5\end{smallmatrix}$

Das bedeutet:[1] Die Tonalität a(-Moll) ist nur noch latent vorhanden. Deshalb wird eine Deutung des Taktes 2 als Dominante zur Dominante E-Dur fragwürdig, zumal der Dominantseptakkord des 3. Taktes in einem so dissonanten Zusammenhang schon fast die Wirkung einer Tonika erhält. Der „Tristan-Akkord" und sein „Auflösungsakkord" sind Vorhaltsakkorde: Das Gis in Takt 2 und das Ais in Takt 3 fungieren als hochalterierte „Leittöne". Im ersten Akkord wird außerdem die Quinte des Doppeldominantakkords H-Dur (der Dominantdreiklang ist auch in der Molltonart im allgemeinen ein Durdreiklang) tiefalteriert zu F, was die harmonische Funktion dieses Akkords zusätzlich verwischt.

Zu Beispiel 2:

Die Harmonie des 4. Taktes bei Debussy „ais – cis – e – gis" ähnelt in gewisser Weise dem „Tristan-Akkord". Die Tonalität E(-Dur) ist auch hier nur latent vorhanden. Die zur ersten Harmonie hinführende, in sich zwingende Flötenmelodie wirkt in Takt 1 und 2 spannungs- und grundtonlos. In Takt 3 stellt sich E-Dur als Tonalität ein, sie verschwimmt aber schon im folgenden Takt als Dissonanzklang ais – cis – e – gis. Dieser läßt sich deuten als verkürzter Dominantseptnonenakkord (d.h. ohne Grundton fis) zur Dominante H-Dur ($D\!\!\!D \begin{smallmatrix}9\\7\end{smallmatrix}$), also als Doppeldominante wie der „Tristan-Akkord". Der Verzicht auf Vorhaltschromatik und die Art der „Spannungslösung" zeigen aber deutlich die verschiedenen Standpunkte der beiden Komponisten:

Debussy deutet die Außentöne ais und gis enharmonisch um zu b und as, führt die Mitteltöne cis und e chromatisch nach d und f und erhält als „Lösung" den völlig unerwarteten B-Dur-Septakkord, der in diesem Zusammenhang eine schwebende Wirkung hat. Das Gefühl der Schwerelosigkeit wird durch die Wiederholung der Takte 4 und 5 nach einer Generalpause noch verstärkt. Die chromatische Stimmführung verschleiert Debussy dadurch, daß er dem zweiten Akkord durch die mit Dämpfern gespielten Streichinstrumente eine andere Klangnuance verleiht.

Zu Beispiel 3:

Die erste „Harmonie", die sich in der Überleitung (Ziffer 12) zu den „Danses des adolescentes" einstellt, ist ein dissonanter Schichtklang e – g – his – d – fis – ais. Seine chromatische Weiterführung in den Mittelstimmen zu e – g – cis – dis – fis – ais erinnert an Debussy. Allerdings entzieht sich diese Klangfolge jeglicher Deutung im Sinn der Harmonielehre des 19. Jahrhunderts. Die Dissonanzen haben hier ausschließlich Farb- und Ausdruckswert (vgl. auch das Bild von E. Munch, Tafel II). Aber auch die dem seelischen Ausdruck nachempfundenen Harmonien des „Tristan" lassen sich zum Teil schon als Farbdissonanzen deuten, und bei Debussy überlagert dieser Aspekt deutlich den harmonischen.

Das „Tristan"-Vorspiel ist eine sinfonische Dichtung, die zum Spiegelbild des seelischen Ausdrucks der Liebenden Tristan und Isolde wird. Die zahlreichen Leitmotive weisen auf bestimmte Inhalte, Zusammenhänge und Ideen hin.

Die Musik des „Prélude à l'après-midi d'un faune", in gewissem Sinn auch eine sinfonische Dichtung, ist nach Debussy *„eine ganz freie Illustration des schönen Gedichts von Stéphane Mallarmé. Sie zielt keineswegs auf eine Synthese mit dem Gedicht; Gegenstand sind vielmehr die aufeinanderfolgenden Bilder, die die*

[1] 6 < = hochalterierte Sexte   5 > = tiefalterierte Quinte   4 < = hochalterierte Quarte

Arnold Böcklin (1827–1901): Faun, einer Amsel zupfeifend, 1864/65
Ölgemälde (Niedersächsische Landesgalerie, Hannover)

Wünsche und Träume des Fauns in der Hitze dieses Nachmittags durchstreifen. Müde, der Flucht der ängstlichen Nymphen und Naiaden nachzugehen, überläßt er sich dann einem berauschenden Schlummer, der erfüllt ist von der endlichen Verwirklichung der Träume, vom allumfassenden Besitz im Reiche der Natur."
In Strawinskys „Sacre" wird eine Vision ins Musikalische übersetzt: In ihrem Mittelpunkt steht das Opfer eines jungen Mädchens, das sich in einem sakralen Tanz zu Tode tanzt, um den Frühlingsgott zu versöhnen. Die übrigen Tänze stellen die Anbetung der Erde und die das Opfer vorbereitenden Riten dar. Strawinsky hatte diesem Thema ursprünglich eine sinfonische Gestalt geben wollen. Der Choreograph des russischen Balletts in Paris, Diaghilew, überzeugte ihn aber davon, daß diese Tanzvision für eine Ballettmusik geradezu prädestiniert sei.

17 Hören Sie abschließend das „Tristan"-Vorspiel, das „Prélude à l'après-midi d'un faune" sowie „Introduction" und „Danses des adolescentes" aus „Le sacre du printemps."
Beachten Sie die Verschiedenartigkeit der musikalischen Ansprache der drei Stücke, d. h. ihre individuelle und persönlichkeitsbedingte Wirkung, und versuchen Sie diese zu beschreiben. Dadurch können Sie unter Umständen zu einer eigenen Charakteristik und Bewertung der verschiedenen musikalischen Stile gelangen.

Strömungen der Musik im 20. Jahrhundert

Franz von Stuck (1863-1928): Dissonanz, 1910 (Museum in der Stuck-Villa, München)

Das Verhältnis des Komponisten zur Tradition

Die Einstellung zu Vergangenheit, Gegenwart und Zukunft, zu Tradition, Aktualität und Fortschritt bestimmt als wesentlicher Faktor unsere Kunsteinschätzung. Die Entscheidung für oder gegen die Tradition spielt, wie auch in früheren Epochen, eine Rolle bei der Entstehung verschiedenartiger musikalischer Strömungen.

1 Hören Sie Ausschnitte aus Werken des 20. Jahrhunderts, und stellen Sie fest, in welchem Maße sie der Tradition verpflichtet sind. **52**

2 Welche unterschiedlichen Einstellungen zur Tradition kommen in den folgenden Aussagen zur Musik des 20. Jahrhunderts zum Ausdruck?

Edgar Varèse:

„Sehr früh hatte ich musikalische Vorstellungen, die nur schwer oder unmöglich mit den verfügbaren Mitteln auszudrücken sein würden; und mein Denken kreiste von Anfang an um die Idee der Befreiung der Musik vom temperierten System, von der Begrenzung der musikalischen Instrumente und von den schlechten Gewohnheiten, die irrigerweise Tradition genannt werden."

Sergei Prokofjew:

„Es schien mir, daß Haydn, wenn er jetzt noch lebte, seine eigene Art der Komposition beibehalten und gleichzeitig etwas von dem Neuen übernommen hätte. Solch eine Symphonie nun wollte ich schreiben: eine Symphonie im klassischen Stil."

Paul Hindemith:

„Sollten aber... die unentwegt Modernen nicht manchmal zur Erkenntnis kommen, daß nichts langweiliger und öder ist als die antiquierteste aller Süchte, nämlich die: modern zu sein? Es gibt freilich Zeiten in der Musikgeschichte, in denen eine Ars nova eine altgewordene Kunstrichtung ablösen muß, um überhaupt das Weitergehen gesunder Entwicklungen zu ermöglichen. Nun haben wir aber seit Beethovens Tode eine ununterbrochene Ars nova erlebt. Eine Ars nova allerdings, die im Suchen nach Äußerlichkeiten ihre Befriedigung fand ... Dieses ‚Neue' ist nach tausenderlei Varianten schal geworden, aber das uralte Streben nach geistiger Vertiefung der Musik ist noch immer so neu wie je."

In „Signale", Berlin 1910:

„Arnold Schönberg ist heute der radikalste Moderne von Wien ... methodische Negation bisher geltender Musikelemente, Negation jeder Syntax, des Begriffes der Tonalität, des geltenden Tonsystems. Man vernimmt ein tönendes Nacheinander, Folgen und Klänge, die ohne Zusammengehörigkeit nicht zusammenfaßbar sind. Schönberg tötet das tonale Empfinden; seine Klänge sind nicht mehr ableitbar... Seine Folgen stellen sich als anarchistisches Herumschweifen im Chroma dar... sind das Resultat eines mit geistreicher Konsequenz verfolgten Irrtums."

Arnold Schönberg:

„Ich lege nicht so sehr Gewicht darauf, ein musikalischer Bauernschreck zu sein, als vielmehr ein natürlicher Fortsetzer richtig verstandener, guter, alter Tradition!"

Luigi Russolo:

„Wir Futuristen haben die Musik der großen Meister alle sehr geliebt ... Aber jetzt haben wir von ihnen genug. Uns wird viel größerer Genuß aus der idealen Kombination der Geräusche von Straßenbahnen, Verbrennungsmotoren, Automobilen und geschäftigen Massen als aus dem Wiederhören beispielsweise der Eroica oder Pastorale."

Olivier Messiaen und die Gruppe „La Jeune France":

„Da die Lebensbedingungen immer härter und unpersönlicher werden, muß die Musik allen, die sie lieben, unablässig ihre geistige Gewalt und ihre mutigen Reaktionen vermitteln. Indem sie einen von Berlioz geschaffenen Titel wieder annimmt, folgt La Jeune France dem Weg, den einst der Meister so unerschrocken eingeschlagen hat ... Sie wünscht die Verbreitung von Werken, die jugendlich, frei und von revolutionären Parolen so entfernt sind wie von akademischen."

Unsere persönliche Einstellung zur Musik läßt sich durch Erfahrungen verändern, in vielen Fällen eine Bereicherung für den einzelnen. Allerdings müssen diese Erfahrungen auch gemacht werden, und dies kann nur geschehen, wenn Bereitschaft und Aufgeschlossenheit vorhanden sind: Bereitschaft zu emotionalem und intellektuellem Hören, Aufgeschlossenheit gegenüber Ungewohntem und Ungenormtem.

Oftmals zeigt sich dann, daß Stücke, die als „revolutionär" empfunden oder abgestempelt werden, nur eine andere Spielart von Traditionsverbundenheit darstellen: Beständigkeit im Wandel, Evolution der Künste, nicht Revolution. Man sollte nicht übersehen, daß der Begriff „Revolution" im ursprünglichen Sinn „Rückkehr zum Ausgangspunkt" bedeutet und daß er erst später die Sinngebung des plötzlichen und gewaltsamen Umsturzes eines bestehenden Systems erhielt.

Im folgenden soll versucht werden, auf rationalem Weg den emotionalen Zugang zu zwei Werken zu finden, die gegensätzlichen musikalischen Strömungen unseres Jahrhunderts zugeordnet werden: Die „Sinfonischen Metamorphosen nach Themen von Carl Maria von Weber für großes Orchester" (1943) sind in *Hindemiths* neoklassizistischer Schaffensperiode entstanden, *Messiaens* „Mode de valeurs et d'intensités" für Klavier (1949) gelten als Schlüsselwerk serieller Musik, die die Avantgarde der fünfziger Jahre kennzeichnet.

Paul Hindemith: Turandot, Scherzo

3
a) Welche traditionelle Form und welche charakteristische Taktart läßt die Bezeichnung „Scherzo" in einem sinfonischen Werk erwarten?
b) Hören Sie den ganzen Satz. Stimmt die großformale Anlage mit der traditionellen Scherzoform überein?
c) Bestimmen Sie die vorherrschende Taktart nach Gehör, und erklären Sie die Abweichung von der „klassischen" Taktart anhand des folgenden Notenbeispiels.

Als Vorlage zu Hindemiths Scherzo diente Webers Ouvertüre zu „Turandot" (1809), eine Folge von Variationen über das zweiteilige Thema:

„Air chinois“

4 Ergänzen Sie (im Arbeitsheft) den ersten Teil von Hindemiths Umgestaltung des Weberschen Themas nach Gehör. (Gehen Sie dabei von den nicht veränderten Tönen aus. Rhythmisch sind beide Abschnitte unverändert übernommen.)

Im Mittelteil des Scherzos erfährt der 1. Teil des Themas eine tiefgreifende rhythmische, melodische und klangliche Wandlung, die es in die Nähe des Jazz rückt:

5 Klatschen und singen Sie zum durchgehenden Grundschlag dieses Thema.

Eine bis zum äußersten vereinfachte Gestalt des Themas, eine Art Urmotiv, spielen im späteren Verlauf des Satzes die Glocken und die Pauken. Mit diesem Motiv verklingt die Koda.

6 Versuchen Sie anhand eines Vergleichs der drei Themengestalten den Titel des ganzen Werkes „Sinfonische Metamorphosen“ zu erklären. Warum kann man nicht einfach von „Sinfonischen Variationen“ sprechen?

Das Scherzo ist dem klassischen Vorbild entsprechend in drei Teile gegliedert: Einleitung, A_1, Überleitung, B, Rückleitung, A_2, Koda. In der Gestaltung dieses Satzes spielen die Formkräfte, ganz im klassischen Sinn als Träger seelischer Empfindungen, eine hervorragende Rolle. Hindemith verbindet die klassische Liedform mit der barocken Ostinato-Variation (einer statisch reihenden Form) und mit der Fuge (einer dynamisch wachsenden Imitationsform). Gleichzeitig findet eine Klangsynthese von klassisch-romantischem Klangideal (Mischklang) und barockem Gruppenmusizieren (Spaltklang) statt.

7 Bearbeiten Sie arbeitsteilig in Gruppen anhand des Hörbeispiels und Notentextes (nur der Anfang ist wiedergegeben) folgende Aufgabe zu Teil A_1 des Scherzos (Takt 28–147):

a) Erstellen Sie eine Formanalyse mit Hilfe von Buchstaben (1. Teil des Themas: a, 2. Teil: b).

b) Halten Sie die Instrumentation stichwortartig fest. Konzentrieren Sie sich dabei auf die drei Klanggruppen Holzbläser, Blechbläser, Streicher (wechselnde Kopplung jeder Gruppe mit ostinaten Rhythmen:
1. Rhythmus des Themas: ♩ ♫ ♩ ♩ etc.
2. langgehaltene Notenwerte, meist als Triller
3. Viertelnoten, die später in eine Achteltriolenbewegung übergehen).

Eine Arbeitsgruppe verfolgt die Streicher und notiert deren Bewegungsformen, so wie sie im Verlauf des Satzteils Verwendung finden, eine andere Gruppe entsprechend die Holzbläser, eine dritte die Blechbläser.

c) Versuchen Sie anschließend Ihre Ergebnisse in einer schematisierten Skizze nach dem unten angedeuteten Modell zusammenzufassen:

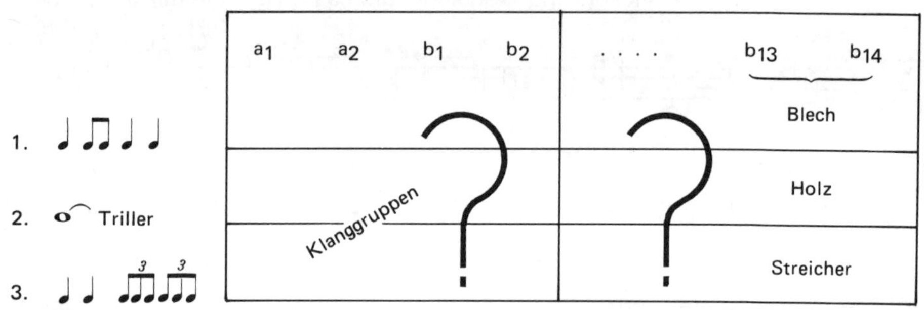

d) Um welchen barocken Formtyp handelt es sich in diesem Teil? Beschreiben Sie die Wirkung dieser Kompositionsweise.

Moderato (𝅗𝅥 = 132)
A
rit.
a tempo
kl. Fl
gr. Fl
Klar 1
Schl
Glocken
Viol I
Sechs Spieler
Br
Kb
B
accel.
Triangel
Tom-Tom
kl. Tr.
Holzblock
kl. Becken
kl. Gong

Lebhaft (𝅗𝅥 = 96)
gr. Fl
Ob
Klar
Baßkl
Pk
Schl
Viol. I
Br
Vcl
Kb
C

kl. Fl
gr. Fl 1
Ob
Klar
Baßkl
Fag
Pk
Viol. I
Br
Vcl
Kb
D
tutti
pizz.
gr. Fl 1
Ob
Klar
Baßkl
Fag 1
Viol
Br
Vcl
Kb
E
pizz.

Kl. Fl
gr. Fl
Ob
E. H.
Klar
Baßkl
Fag
Hr
Tr
Viol
Br
Vcl
Kb
mf
p
tr
8

8 Hören Sie im Vergleich zu Teil A_1 nun den 3. Teil des Scherzos. Rechtfertigen Sie die Kennzeichnung dieses Teils mit A_2 (Zeitausmaß, Klangbild, thematisches Material, metrische Besonderheit).

Der Mittelteil B ist eine Fuge, die sich vereinfacht in einer Grafik darstellen läßt. (Kontrapunkte bleiben hier unberücksichtigt. Als tonalitätsbestimmender Ton des Themas – Zentralton – wird der Anfangston angenommen, der den nicht modulierenden Teil des Themas beherrscht.)

1. Durchführung (Exposition) des Fugenthemas

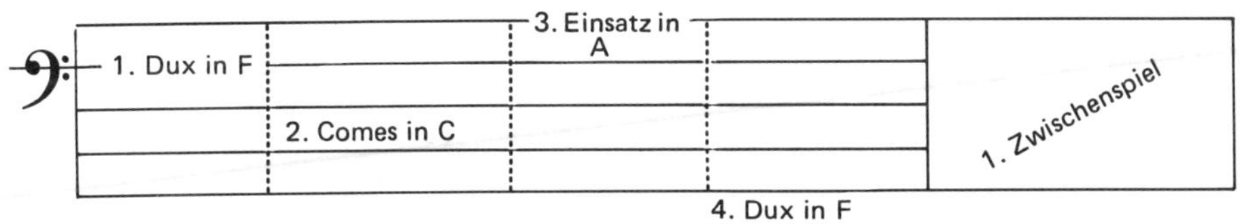

Takt: 160 Ⓠ | 163 | 167 | 170 | 173 Ⓡ
Instr.: Posaunen | Hörner | Trompeten | Tuba

2. Durchführung

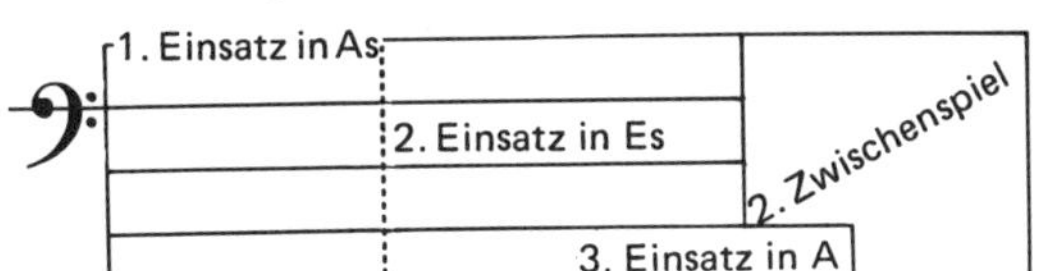

Takt: 178 | 181 | 183 | 185
Instr.: 4. Horn, 2. Posaune | 1. Horn, 2. Tromp. | 4. Horn, 1. Pos. | 1. Trompete

3. Durchführung

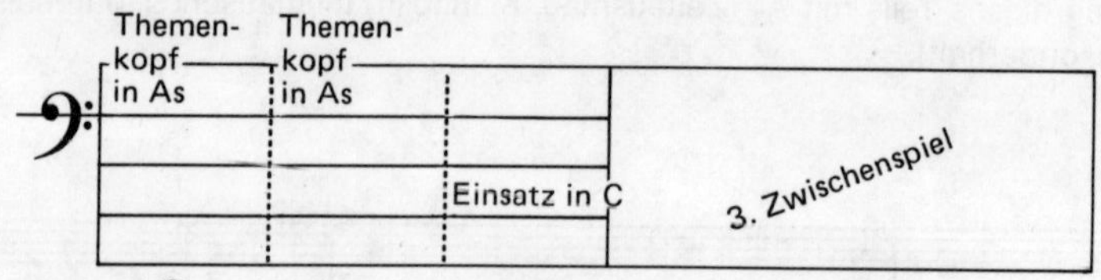

Takt: 188 Ⓢ 190 192
Instr.: 1. Pos. 2. Pos. Posaunen, Tuba, Pauke

Die 4. Durchführung bringt eine allmähliche Verdichtung der Themeneinsätze, die eine Schlußsteigerung herbeiführt.

53 9 Verfolgen Sie beim Anhören der Fuge die Formskizze.

Klanglich bilden Einleitung, Rückleitung und Koda eine Einheit. Sie tauchen den Satz in eine märchenhaft exotische Atmosphäre, die im Titel angedeutet ist. Die Legende erzählt von der chinesischen Prinzessin Turandot. Sie ist so schön wie hochmütig und grausam. Nur jenen Freier will sie erhören, der drei von ihr gestellte Rätsel lösen kann. Viele Bewerber, die die Prüfung nicht bestehen, werden ermordet. Einem aber gelingt es, die Lösung zu finden, Turandots Haß zu brechen und ihre Liebe zu gewinnen.
Becken, Gong, Glocken, Triangel, Tamburin, verschiedene Trommeln und Pauken geben dem „Turandot"-Scherzo chinesisches Kolorit. Ob die Musik weitere inhaltliche Entsprechungen zur Legende enthält, ob sie vielleicht als Parabel dient, mit welcher der 1938 in die USA emigrierte Komponist den politischen Mord in seiner Heimat anprangert, ist eine Frage der persönlichen Deutung.

10 Hören Sie den ganzen Satz, auch im Hinblick auf die Bedeutung der zugrunde gelegten Legende.

Olivier Messiaen: Mode de valeurs et d'intensités

54 11 Lassen sich beim Hören des Stücks verschiedene Klangschichten und Bewegungsverläufe feststellen?

Messiaens Kompositionsweise hebt sich hier insofern entschieden von traditionellen Auffassungen ab, als die Klangqualitäten Lautstärke und Klangfarbe nicht mehr an Melodieverlauf und Rhythmus gebunden sind, sondern selbständig geordnet werden. Damit steht das Musikstück „Mode de valeurs et d'intensités" am Beginn serieller Kompositionspraxis; es ist jedoch selbst noch keine Reihenkomposition. Zwar liegen dem Werk Materialreihen (Modi) zugrunde, sie werden aber nicht schematisch eingesetzt, d. h. in immer der gleichen Aufeinanderfolge angewandt, wie es das strenge serielle Prinzip verlangt.

„Der Modus Tonhöhe kennt 36 Tonhöhen, bestehend aus drei 12-Tonfolgen, der nächste Modus kennt 12 Anschlagsarten, der Modus Intensitäten (= Lautstärken) benutzt 7 Nuancen, der folgende Modus verzeichnet 24 Dauern, die aus der Multi-

plikation kleinster Werte gewonnen wurden: 12 Dauern aus der Multiplikation eines 𝅘𝅥𝅰 , je weitere 12 aus der Multiplikation eines 𝅘𝅥𝅯 und eines ♪ . Aus den gewonnenen 36 Werten wurden die Doppelbenennungen nur einmal übernommen, daher ist die effektive Zahl der Tondauern nur 24.
... Die ‚Divisions' I, II und III werden in die Klavierpartitur auf die entsprechenden Tonsysteme I, II und III übertragen. Die drei ‚Reihen' gehen je über mehrere Oktaven und kreuzen sich auch gegenseitig. Jeder einzelnen Tonhöhe werden nun die Modi für Anschlagsarten, Intensität und Tondauern für das ganze Stück fest zugeordnet ... Mit diesem Material geht Messiaen frei um, es gilt die Entscheidung des Komponisten. Innerhalb eines festen 2/4-Taktes greifen die drei Divisionen des komplexen Modus ineinander ... Die Reihenfolge der Tonhöhen bestimmt der Komponist frei, ob er nun dem Materialplan in Tongruppen folgt, einiges wiederholt oder Töne überspringt; die zugeordneten Teilmodi bleiben dann aber streng fixiert."

(W. Gieseler)

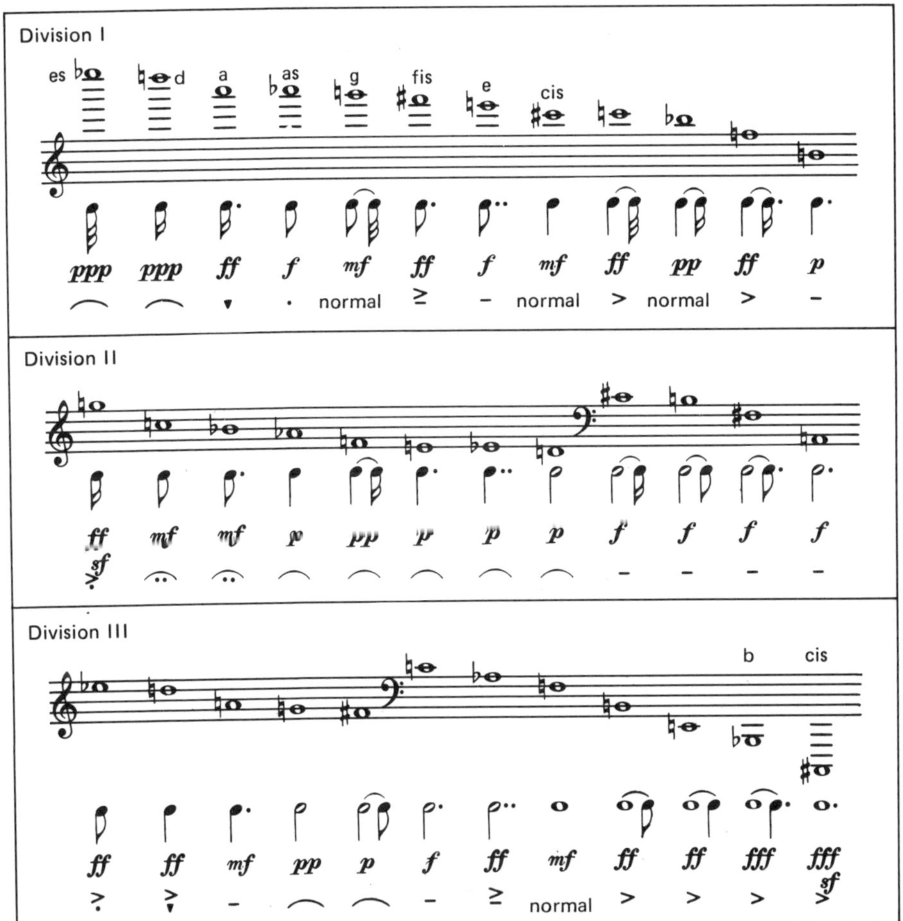

12 Versuchen Sie die hier gegebenen Erläuterungen zur „Etude" von Messiaen mit Hilfe des Klangbeispiels am Notentext nachzuvollziehen.

54

Etude

14
18
22
25

Zur Einführung in serielle Kompositionsweisen kann ein eigener Gestaltungsversuch verhelfen:
Vorgegeben sind anstelle von „Reihen" feste Gruppierungen innerhalb der „Modi" Tonhöhe (A), Tondauer (B), Lautstärke (C) und Klangfarbe (D). Die einzelnen Gestaltungskomplexe der Modi können beliebig miteinander kombiniert werden.

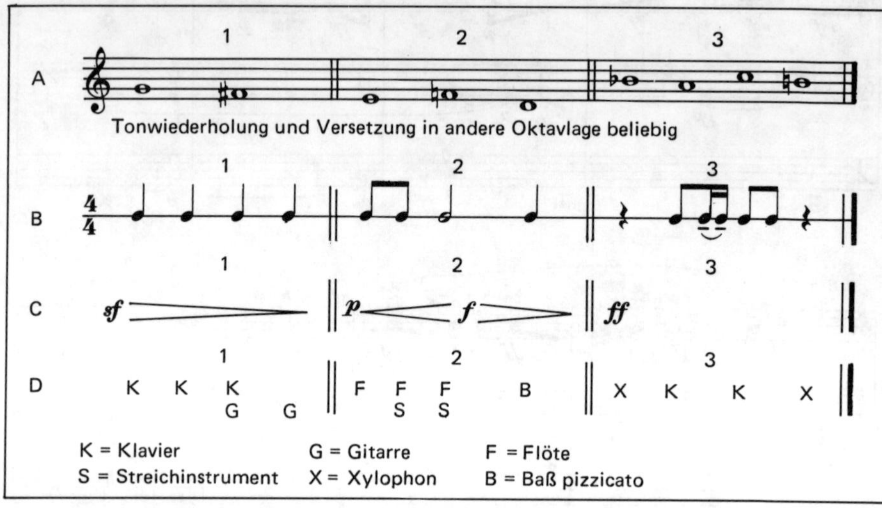

z. B.

13 Entwerfen Sie eine in Partiturform notierte 4- bis 8taktige „Komposition".

Vorschläge zur Organisation:

- Zuteilung der Takte an einzelne Arbeitsgruppen
- Vorbereitender Arbeitsschritt: Notierung ohne Partitur
- Mehrstimmige Gestaltung einzelner Takte
- Berücksichtigung der Ausführbarkeit mit Instrumenten innerhalb der Gruppe
- Evtl. Umgruppierung der Taktfolge gemäß einem übergeordneten Gestaltungsprinzip
- Gemeinsames Einüben und Spielen des „Werks".

Möglichkeiten zur Ausweitung:

- Ergänzung des Modus Tonhöhe zur vollständigen Zwölftonreihe in Form einer vierten Tongruppe
- Ergänzung je einer weiteren fixen Gestaltungsform innerhalb jedes Modus
- Austauschen der Klangfarben im Blick auf verfügbares Instrumentarium
- Zuordnung von Schlaginstrumenten zu bestimmten Klangfarben (Umfärbung)
- Einbeziehen von „Krebs"-Formen
- Kombination der Modi nach einem vorgegebenen Prinzip von Zahlenbeziehungen.

14 Hören Sie noch einmal das Klavierstück von Messiaen, und prüfen Sie, inwiefern sich Ihre Höreinstellung geändert hat. 54

Zum gemeinsamen Singen und Musizieren im traditionsbezogenen Stil des 20. Jahrhunderts soll das folgende Notenbeispiel anregen.

Wer sich die Musik erkiest

Weise und Satz: Paul Hindemith (1895–1963)
Text: Martin Luther (1483–1546)
Aus P. Hindemith: 8 Kanons op. 45

Das Verhältnis des Komponisten zur Volksmusik

Die Volksmusik spielt in der Entwicklung der abendländischen Kunstmusik eine Rolle, die häufig unterschätzt wird. Von ihr gingen Impulse aus, die zu Neuerungen und Rückbesinnungen führten und nicht selten einen Stilwandel auslösten: So waren mehrstimmiges Musizieren, der Gebrauch der Dur- und Molltonarten, reine Instrumentalmusik, eine feste Betonungsordnung und gerade Taktarten in der Volksmusik des Mittelalters lange gebräuchlich, bevor die Kunstmusik sie, teilweise widerstrebend, übernahm. Volkslieder und -tänze wurden zu allen Zeiten als Themen übernommen, ebenso ihre charakteristischen Rhythmen und Formen. Im 19. Jahrhundert setzte eine verstärkte Hinwendung zur Volksmusik ein, die den Nationalen Schulen ihr Gepräge gab. In den ersten Jahrzehnten unseres Jahrhunderts führte die deutsche Jugendbewegung zu einer kritischen Rückbesinnung. Durch ihre Verbundenheit mit dem einheimischen Volkslied und -tanz vermittelte sie der Kunstmusik richtungweisende Impulse.

15 Lesen Sie die künstlerischen Forderungen der französischen „Groupe de Six“, der u. a. Milhaud, Honegger und Poulenc angehörten, und einen Auszug aus dem Aufsatz von Bartók „Vom Einfluß der Bauernmusik auf die Musik unserer Zeit“. Worin sehen Sie die wesentlichen Parallelen beider Aussagen?

„Groupe de Six":

„1. Die musikalischen Formen scheinen von zahlreichen und unnützen Durchführungsvorgängen überladen. Es gilt, auf normale Verhältnisse zurückzukommen, die Hypertrophie der bestehenden Formen zu beseitigen ...
2. Die echten französischen Traditionen müssen wieder aufgenommen werden, die auf der Scheu vor Emphase und der gefühlsmäßigen Übertreibung beruhen. Es gilt, allen romantischen Geist zu verbannen und das echte Gleichgewicht von Gefühl und Vernunft herzustellen, das den französischen Klassizismus kennzeichnet ...
3. Verzicht auf den Chromatismus, das charakteristische Ausdrucksmittel der Romantik ...
4. Es gilt im Gegenteil, die diatonische Harmonik in ihre beherrschende Stellung wieder einzusetzen. Sie bekräftigt die reine feste Tonalität, das Grundprinzip der wahren Architektur, die mit den Maßen haushält, sie ordnet und sie ohne Verwirrung in Kontrast setzt."

B. Bartók:

„Zu Anfang des 20. Jahrhunderts trat ein Wendepunkt in der Geschichte der modernen Musik ein. Die Übertreibungen der Spätromantik begannen unerträglich zu werden, und es gab Komponisten, die das Gefühl hatten, dieser Weg führe ins Uferlose und es gäbe keinen anderen Ausweg als den vollständigen Bruch mit dem 19. Jahrhundert. Unschätzbar waren der Antrieb und die Hilfe, die dieser Wandel oder richtiger: diese ‚Renaissance' von der bislang völlig unbekannten Bauernmusik bzw. von der im engeren Sinne als solche bezeichneten erhielt."

Darius Milhaud, mehrere Jahre Attaché der französischen Gesandtschaft in Rio de Janeiro, verbindet in seiner Folge von Tanzstücken „Saudades do Brazil"[1] die Grundforderungen der „Groupe de Six" mit den Gedanken, die Bartók geäußert hat. Er beschreibt seine Begegnung mit der brasilianischen Folklore in seiner Selbstbiographie „Notes sans musique" (1949):

„Meine erste Berührung mit brasilianischer Folklore ging sehr plötzlich vor sich. Ich kam 1917 mitten im Karneval in Rio an und spürte unmittelbar die Stimmung verrückter Fröhlichkeit, von der die ganze Stadt besessen war. Sechs Wochen bevor der Karneval eigentlich beginnt, promenieren die Leute bereits an den Samstag- und Sonntagabenden durch die Straßen, suchen sich einen kleinen Platz aus und tanzen dort zur Musik des Violão (einer Art Gitarre) und einiger Schlaginstrumente ... Eine der Lieblingsbelustigungen der Tänzer ist die Improvisierung eines Textes zu einer Melodie, die ununterbrochen wiederholt wird. Der Sänger muß dauernd neue Worte finden, und sobald seine Phantasie zu erlahmen beginnt, nimmt ein anderer seine Stelle ein. Die Monotonie dieses endlosen Chors und sein hartnäckiger Rhythmus führen schließlich zu einer Art Hypnose, der die Tänzer zum Opfer fallen ...
Mich faszinierte diese populäre Musik. In der Synkopierung war eine kaum wahrnehmbare Pause, ein unbekümmertes Stocken im Atem, ein leichter Hiatus, den zu erfassen mir sehr schwer wurde. Deshalb kaufte ich mir eine Menge von Maxixen und Tangos und versuchte, sie mit ihren synkopierten Rhythmen, die von der einen Hand in die andere wandern, zu spielen. Endlich wurde meine Mühe belohnt, und ich konnte diese typisch brasilianische Feinheit sowohl spielen wie analysieren. Einer

[1] = Sehnsucht nach Brasilien

der besten Komponisten solcher Musik, Ernesto Nazareth, pflegte am Eingang eines Kinos in der Avenida Rio Branco Klavier zu spielen. Seine schwer definierbare, trauernde, fließende Art zu spielen erlaubte mir ebenfalls einen tieferen Einblick in die brasilianische Seele."

55 16 Hören Sie den Tanz Nr. 7 „Corcovado" aus Milhauds Suite. Zunächst erleichtert die Verbindung zur brasilianischen Folklore dem europäischen Hörer den Zugang zu Milhauds Tanz nicht wesentlich. Welche Gründe lassen sich dafür anführen?

Die Beschäftigung mit brasilianischer Volksmusik durch eigenes Musizieren und kritisches Hören wird einige Anhaltspunkte für das Verständnis der Kompositionsweise Milhauds geben.

17 Singen Sie das brasilianische Tanzlied „Samba lelé" mit Begleitung von Gitarre und geeigneten Rhythmusinstrumenten.

Samba lelé

2. Tanze nun Samba, mein Mädchen,
tanze von Abend bis Morgen.
Einmal im Jahr klingen Lieder.
Heute vergiß deine Sorgen.
Tanze …

Die brasilianische Volksmusik zeigt deutlich Einflüsse aus zwei „Fremdkulturen“: Die portugiesischen Kolonisten brachten das volkstümliche Singen in Terzparallelen und die Liedbegleitung durch Gitarren oder Mandolinen in einfachen Harmonien (Tonika, Dominantseptakkord) mit. Der für portugiesische Lieder typische Dreierrhythmus  erfuhr durch die Begegnung mit den Rhythmen der afrikanischen Negersklaven seine charakteristische Ausprägung als geradtaktig-synkopierter Rhythmus .
Ein weiteres Charakteristikum brasilianischer Volksmusik ist die Überlagerung verschiedener Bewegungsformen, was ebenfalls auf afrikanisches Erbe zurückzuführen ist.

18 Zeigen Sie einige der beschriebenen Elemente brasilianischer Volksmusik an dem Lied „Samba lelé“ auf.

19 a) Vergleichen Sie zwei Beispiele aus der brasilianischen Folklore hinsichtlich ihrer musikalischen Grundelemente (Rhythmus, Melodik, Harmonik) und ihres Klangbilds. 56

b) Welches Stück „verkauft“ sich besser? Nennen Sie Gründe.

Corcovado

20
mp
25
Cédez
pp
30
Mouv!
mp
35
mp
f sonore
40
45
8
ff
mf
50
Cédez
Mouv!
pp

Darius Milhaud (1892–1974)

20 Weisen Sie anhand des Notentextes (Klavierfassung) und des Klangbeispiels (Orchesterfassung) Elemente brasilianischer Volksmusik in Milhauds Tanz nach: Rhythmus, Formen der Mehrstimmigkeit, Harmonik (z. B. Takt 1–8) und Stimmungsausdruck. 55

21 Welche Forderungen der „Groupe de Six“ (vgl. S. 181) sehen Sie in diesem Stück erfüllt?

22 Wodurch entstehen bei Milhaud Klangschärfungen, obwohl er den Boden der Tonalität nicht verläßt und auf spätromantischen „Chromatismus“ verzichtet? Vergleichen Sie hierzu die Takte 1–4 und 23–26 hinsichtlich der Tonalität in den Oberstimmen und in den Unterstimmen. Warum klingen die Takte 23–26 schärfer als die Takte 1–4? Lesen Sie in diesem Zusammenhang auch die folgenden Ausschnitte aus Milhauds „Notes sans musique“ zur Polytonalität:

„Ich hatte die Probleme der Tonalität sorgfältig studiert. Ich hatte bemerkt – und für mich selbst interpretiert –, daß ein kleines von Bach als Kanon in der Quint geschriebenes Duo wirklich den Eindruck von zwei unabhängigen Tonarten vermittelte, die einander folgten, dann übereinandergeschichtet und einander gegenübergestellt waren, obwohl das tonale Gefüge natürlich tonal bleibt …
Ich machte mich an die Arbeit, jede mögliche Kombination zweier übereinandergeschichteter Tonarten zu untersuchen und die so erhaltenen Akkorde zu studieren. Ebenso studierte ich den Effekt, sie umzukehren. Ich versuchte jede vorstellbare Permutation, indem ich das Geschlecht der Tonarten vertauschte, aus denen diese Akkorde bestanden. Dann tat ich das gleiche mit drei Tonarten …
Ich wurde mit einigen dieser Akkorde vertraut. Sie befriedigten mein Ohr mehr als die normalen, denn ein polytonaler Akkord ist von zartester Süße und lebendigerer Kraft.“

Ein Problem beim Hören von Milhauds „Saudades do Brazil“ dürfte darin liegen, daß sich Hörerwartung und Kompositionsanliegen nicht entsprechen. Der Hörer erwartet Anklänge an „rassige“ lateinamerikanische Musik, die den Formeln seiner Umgangsmusik angepaßt ist; der Komponist aber will seine durch das Wesen der Volksmusik hervorgerufene Inspiration mit absoluten künstlerischen Ausdrucksformen verbinden.

Musik in Politik und Gesellschaft

Von jeher wurde Musik auch in den Dienst politischer Institutionen und Ideen gestellt:
Die Klangpracht der Musik eignet sich zur Repräsentation politischer Macht. Musikalische Erregung von Emotionen (Agitation) unterstützt Appelle zu öffentlichem Engagement, sowohl im Eintreten für eine staatliche Ordnung als auch im Widerstand gegen sie. Mit Marschliedern ziehen Freiwillige in den Krieg; mit Protestsongs artikulieren und verbreiten kritische Gruppen ihren Widerstand.
Wo die Musik einen politisch orientierten Text trägt, ist ihr politischer Auftrag unmittelbar deutlich. Zumindest bildet sie hier eine reizvolle, auffällige „Verpackung", um das Textanliegen besser unter die Leute zu bringen. Oft gelingt es ihr, besondere Textaussagen hervorzuheben, ja auszumalen oder stimmungsgemäß einzufärben – sie interpretiert den Text in gezielter Weise. Sie kann einen Text durch scheinbar unpassende Ausdrucksformen sogar ironisch umdeuten und hilft ihn kritisch durchleuchten.
Die Musiker unserer Zeit konnten an vielfache historische Praktiken anknüpfen, um im musikalischen Gewand gegenüber dem politischen Geschehen Stellung zu beziehen. So stießen z. B. amerikanische Volksliedsammler auf der Suche nach alter einheimischer Folklore bald auf sozialkritische Lieder, die sich auch auf aktuelle politische Probleme ummünzen ließen und zum Vorbild für neue Songs der amerikanischen Folk- und Protestsänger (Woody Guthrie, Pete Seeger u. a.) wurden. Inzwischen hat die amerikanische Folkbewegung auf Europa übergegriffen; die junge Generation bringt ihre Einwände, Anklagen und Wünsche gegenüber Fragwürdigkeiten des Gesellschaftssystems in immer neuen Liedern – aggressiv oder besinnlich – zum Ausdruck.

57 23 Hören Sie *Bob Dylans* (* 1941) Song „The times they are a-changin'" von 1963[1]. Verallgemeinert oder konkretisiert die Textaussage die Probleme? In welchem Maße dient die Musik dem Textanliegen? Singen bzw. musizieren Sie das Lied auch selbst.

The times they are a-changin'

[1] Der Notentext entspricht nicht exakt Bob Dylans Ausführung des Liedes.

G Em C G
1. Come gath-er 'round peo-ple where-ev-er you roam And ad-
G Am C D G
mit that the wa-ters a-round you have grown And ac-cept it that
Em C G G Am
soon you'll be drenched to the bone, If your time to you is worth
D D7 Gmaj7
sav-in' Then you bet-ter start swim-min' or you'll sink like a

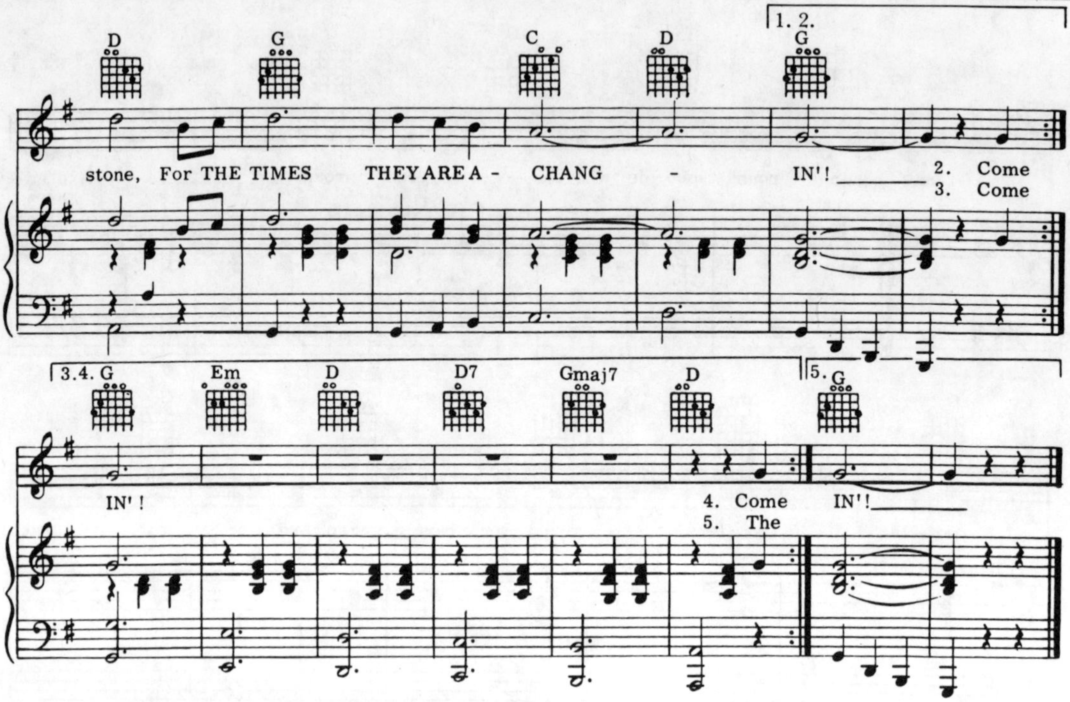

2. Come writers and critics
Who prophecies with your pen
And keep your eyes wide
The chance won't come again.
And don't speak too soon
For the wheel's still in spin
And there's no tellin' who
That it's namin'
For the loser now
Will be later to win
For the times they are a-changin'.

3. Come senators, congressmen
Please heed the call
Don't stand in the doorway
Don't block up the hall.
For he that gets hurt
Will be he who has stalled
There's a battle
Outside and it's ragin'
It'll soon shake your windows
And rattle your walls
For the times they are a-changin'.

4. Come mothers and fathers,
Throughout the land
And don't criticize
What you can't understand.
Your sons and your daughters
Are beyond your command
Your old road is
Rapidly agin'
Please get out of the new one
If you can't lend your hand
For the times they are a-changin'.

5. The line it is drawn
The curse it is cast
The slow one now will
Later be fast.
As the present now
Will later be past
The order is rapidly fadin'
And the first one now
Will later be last
For the times they are a-changin'.

Auf der Opernbühne, jedoch ironisch unterkühlt und im Jargon unterprivilegierter Schichten der Bevölkerung beleuchteten *Bert Brecht* und *Kurt Weill* die sozialen Mißstände der Zeit. Die „Dreigroschenoper" (1928) gibt der historischen „Beggar's Opera" aus dem London von 1728 ein neues Gesicht.

Im „Kanonensong“, einer Persiflage des großen Opernduetts, tauschen der Bandenchef Macheath und der korrupte Polizeichef Tiger-Brown kumpelhaft ihre Erinnerungen an die gemeinsame Kriegszeit aus.

Kanonensong aus „Dreigroschenoper“

Johnny war der Whisky zu warm
Und Jimmy hatte nie genug Decken
Aber Georgie nahm beide beim Arm
Und sagte: Die Armee kann nicht verrecken.
Soldaten wohnen ...

John ist gestorben und Jim ist tot
Und Georgie ist vermißt und verdorben
Aber Blut ist immer noch rot
Und für die Armee wird jetzt wieder geworben!
Soldaten wohnen ...

58 24 Hören Sie den Kanonensong. Nennen Sie musikalische Mittel, die das Milieu der Handlung unterstreichen. Wodurch entsteht die ironische Verfremdung der Szene?

Szenenfoto aus einer Aufführung der „Dreigroschenoper" in den Münchner Kammerspielen

25 Diskutieren Sie die Frage, ob reine Instrumentalmusik bestimmte politische Aussagen machen kann.
Wie könnte ein Komponist einem Instrumentalwerk eindeutige politische Bezüge verleihen?

Verschiedene Komponisten und Musikschriftsteller der Gegenwart vertreten die Ansicht, daß musikalische Strukturen ein bestimmtes Gesellschaftssystem widerspiegeln; durch eingängige Formeln gewinne die Musik an Beliebtheit und bewirke eine Identifikation des Hörers sowohl mit der Musik als auch mit dem dahinterstehenden politischen System.
Nach der russischen Revolution von 1917 herrschte auch im künstlerischen Schaffen russischer Komponisten zunächst der revolutionäre Geist, sich mit neuartigen und atonalen Klangexperimenten aus den „Fesseln der bürgerlichen Tradition" zu befreien. Später unter Stalin wurde diese Entwicklung als unpopulärer, volksfremder „Formalismus" von den Verfechtern eines „sozialistischen Realismus" verdammt. Die Komponisten hatten sich an den geläufigen, tradierten Klangstrukturen zu orientieren und ihre „Irrwege" zu widerrufen. *„Ich wich in die Richtung zum Formalismus ab und begann eine dem Volk unverständliche Sprache zu sprechen."* (Dmitri Schostakowitsch)

26 Können Sie sich ein Musikstück vorstellen, das gleichsam „demokratische Strukturen“ darstellt (Satzweise, Tonsystem, Rhythmus!)? Wie ließe sich im Licht dieser Frage Zwölftonmusik einschätzen (vgl. S. 88)?
Beachten Sie in diesem Zusammenhang auch das Verhältnis von Komponist und Interpret (vgl. S. 41)!
Vergleichen Sie dazu folgende Erläuterungen des Komponisten Hans Werner Henze zu seinem 2. Klavierkonzert (1967).

„Mit dem Medium der Musik kann man sogar Knechte schaffen. Auch Walzer und Tangos tragen Informationen über gesellschaftliche Zustände … Das zweite Klavierkonzert beinhaltet eine Sklavenarbeit: Es ist die Arbeit von jemand, der seine Unzufriedenheit, seine Ohnmacht, seine Wünsche innerhalb der sogenannten bürgerlichen Konvention, sogar in den Termini und Parametern solcher Normen, zur Sprache bringt, der sämtliche Verbotstafeln und Tabus beachtet und dadurch den Grad der Verelendung und Unfreiheit erst erkennbar macht …“

Der Frage, ob sinfonische Musik eine politische Aussage enthält und vermitteln kann, soll an zwei Werken, die etwa gleichzeitig mit Paul Hindemiths „Sinfonischen Metamorphosen“ (vgl. S. 166 ff.) entstanden sind, genauer nachgegangen werden: *Dmitri Schostakowitschs* Sinfonie Nr. 7, „Der Stadt Leningrad gewidmet“, 1. Satz; Béla Bartóks Konzert für Orchester, 4. Satz, „Intermezzo interrotto“.

Die „Leningrader Sinfonie“ wurde 1941 im belagerten Leningrad komponiert. Die Uraufführung fand im März 1942 durch das Orchester des Moskauer Bolschoi-Theaters statt. Im gleichen Jahr wurde das Werk durch das Leningrader Rundfunkorchester aufgeführt und im Staatlichen Musikverlag Moskau gedruckt.

27 Aus welchem Grund sind die oben gegebenen Informationen wichtig?

Der 1. Satz bringt nach einer Einleitung ein Thema, das eine großartige Steigerung im Laufe des Satzes erfährt, vergleichbar mit der Steigerungstechnik in Hindemiths „Turandot“-Scherzo und in Ravels „Bolero“.

Ein Ostinato der kleinen Trommel begleitet die gesamte Steigerung:

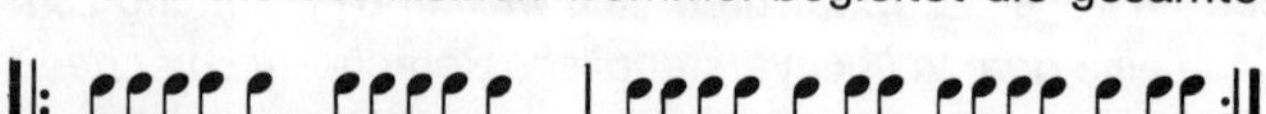

Leningrader Sinfonie, 1. Satz

(Ausschnitt)

59a

21
Fl.
T-ro
Archi
I
pp
arco
ppp
169
174
V-c.
179
22
184
V-ni I
V-ni II
V-le
C-b.
(pizz.)
pizz.

23
Picc.
Fl.
T-ro
Archi
V-c.
C-b.
arco
pp
I
189
194
199

28 Spielen Sie das Thema auf einem geeigneten Instrument. Klatschen Sie dazu den Trommel-Ostinato.

29 Hören Sie den ganzen 1. Satz. Versuchen Sie aus dem Charakter der Musik (wechselnde Stimmungen, vorherrschende Rhythmen und Klangfarben) auf eine mögliche politische Aussage des Künstlers zu schließen. Bedenken Sie die Entstehungszeit und -situation.

Die Frage, ob wir berechtigt sind, nur aus der Kenntnis des zeitgeschichtlichen Hintergrunds eine politische Aussage des Werkes zu vermuten, erübrigt sich in diesem Fall, da sich Schostakowitsch selbst über Entstehung und Anliegen seiner Sinfonie geäußert hat:

„Es klingt vielleicht absurd, wenn ich sage, daß es mir schwerfällt zu komponieren, weil die Hörer meine Musik verstehen ... Je größer die Zuhörerschaft, desto mehr Denunzianten sind darunter. Und je besser die Hörer verstehen, worum es geht, desto größer die Wahrscheinlichkeit, daß sie dich denunzieren. Eine schwierige, komplizierte Situation, die mit den Jahren immer schwieriger wurde. Es ist traurig, darüber zu sprechen, traurig und unangenehm, aber nötig, weil ich bei der Wahrheit bleiben will. Und die Wahrheit ist: Der Krieg hat mir geholfen.
Der Krieg brachte unsagbares Leid und Elend ... Doch vor dem Krieg war es noch schwerer, weil jeder mit seinem Leid allein war ... Nicht nur ich verdankte dem Krieg die Möglichkeit, mich auszusprechen. Alle empfanden das so. Das geistige Leben, das vor dem Krieg völlig verdorrt war, erblühte neu, voll und dicht. Alles gewann an Kontur, an Deutlichkeit, an Sinn ... erst mit der Siebten begann ich wieder zu leben. Sie entstand im Krieg, als man wieder miteinander sprechen konnte ... In unserem Land waren die Kriegsjahre künstlerisch fruchtbare Jahre ... bei uns erlebte – aus tragischem Anlaß – die Kunst eine Blütezeit.
Die Siebte Symphonie ist wohl mein populärstes Werk geworden. Mich kränkt dabei nur, daß die Zuhörer sie nicht immer richtig verstehen, obwohl doch hier alles ganz klar ist. Anna Achmatowa schrieb ihren Gedichtzyklus ‚Requiem'. Die Siebte und die Achte sind mein ‚Requiem'. Zunächst schien die große Popularität der Symphonien für mich von Nutzen zu sein ... Doch dann fiel mir auf: zu viele Zeitungsartikel, zu viel Lärm. Ich wurde zum Symbol hochstilisiert ... Und es wurde schrecklicher und schrecklicher. Ganz besonders, als das Getöse dann auch im Westen losging. Ich bin überzeugt, dieser Klamauk diente einem ganz bestimmten politischen Ziel ... Es wurde eine üble Geschichte daraus. Der Führer und Lehrer[1] wollte mir eine Lektion verpassen. Und meine Komponistenkollegen wollten mich vernichten ... Man behauptete, nur der erste Satz sei eindrucksvoll. In diesem Satz, so erläuterten die Kritiker, sei der Feind dargestellt. In den anderen Sätzen hätten Macht und Kraft der Roten Armee geschildert werden müssen. Aber für diese Aufgabe hätten Schostakowitschs Farben nicht gereicht."

30 Stimmen die Aussagen des Komponisten zum 1. Satz mit Ihrem Höreindruck überein? In welchen Punkten sehen Sie diese nicht bestätigt?

[1] Stalin

Der Wiener Musikwissenschaftler und Dirigent Kurt Pahlen, der nach 1938 lange Zeit in Südamerika lebte, schreibt über den Erfolg und die Aufnahme der 7. Sinfonie beim Publikum:

„In Rußland selbst fand sie schon bei der Uraufführung ... begeisterte Aufnahme, die sich bei jeder Wiedergabe zu riesigen patriotischen Kundgebungen steigerte. Die Partitur wurde auf Mikrofilm kopiert und nach den USA geflogen, wo ... sie die Herzen zu jubelnder Begeisterung entzündete ... In allen alliierten Ländern wurde Schostakowitschs Siebente Sinfonie als Aufruf zum Kampf empfunden."

Der Herausgeber der Memoiren von Schostakowitsch, Solomon Volkow, äußert sich dazu:

„Aber den größten propagandistischen Gewinn bezog Stalin aus den sogenannten Kriegs-Symphonien ... Man sah in dieser Symphonie ... eine unmittelbare Spiegelung der Ereignisse der ersten Kriegszeit. Niemand bedachte dabei die Arbeitsweise des Komponisten: Schostakowitsch schrieb seine Werke sehr rasch nieder, aber immer erst dann, wenn die Musik in seinem Kopf endgültig Gestalt angenommen hatte. Die tragische Siebente spiegelte in Wahrheit das Vorkriegsschicksal von beiden, vom Komponisten wie von Leningrad.
Auch die ersten Zuhörer verbanden den berühmten ‚Marsch' aus dem Ersten Satz der Siebenten keineswegs mit der deutschen Invasion; das brachte erst die spätere Propaganda zuwege. Der Dirigent Jewgenij Mrawinskij, Freund des Komponisten in jenen Jahren ... erinnert sich, daß er beim ersten Hören der Symphonie am Radio im März 1942 glaubte, Schostakowitsch habe mit diesem ‚Marsch' ein verallgemeinertes Bild der Dummheit und der krassen Geschmacklosigkeit geschaffen."

In den Anmerkungen erhält der Leser eine Erklärung, die den vorangegangenen Aussagen des Autors sowie des Komponisten widerspricht:

„Vom rein musikalischen Standpunkt aus ist nicht schwer zu begreifen, woher dieser Eindruck kam: Das Marsch-Thema nimmt eine volkstümliche Melodie aus Lehárs Operette ‚Die lustige Witwe' auf. Für Schostakowitschs engste Freunde enthielt das Thema auch noch die Andeutung eines Familienscherzes. In Rußland wurde die Melodie zu den Worten gesungen: ‚Heut geh' ich zu Maxim ...' und wahrscheinlich wurde sie im Familienkreis auf Schostakowitschs kleinen Sohn Maxim bezogen."

Das Konzert für Orchester von *Béla Bartók* ist ein Auftragswerk Serge Kussewitzkys, der es 1944 in der Carnegie Hall in New York zur Uraufführung brachte. Bartók war angesichts der europäischen Kriegsgeschehnisse in die USA emigriert. Wirtschaftliche Not, Heimweh und eine unheilbare Krankheit machten das freiwillige Exil zu einem Leidensweg. Einige Freunde versuchten ihm durch Kompositionsaufträge zu helfen.
Bartók dürfte die „Leningrader Sinfonie" gekannt haben, die im Jahr 1942 bereits von drei berühmten Dirigenten in New York aufgeführt worden war: Toscanini, Kussewitzky und Rodzinsky. Die Uraufführung wurde zudem vom Sender N. B. C. im Rundfunk übertragen.

31 Versuchen Sie beim Anhören des „Intermezzo interrotto" eine thematische Beziehung zum 1. Satz der „Leningrader Sinfonie" zu erkennen.

59b
Tempo I. (♩ = 114)
66
Fl. I
Ob. I
C. A.
Cl. I in A
Vlns. I
div.
unis.
pizz.
Vlns. II
non div.
Vls.
Vcs.
arco
D. Bs.
75
accelerando
Obs. I, II
Cl. I in B♭
Bsn. I
Hns. I, II in F
1'

al Più mosso, 𝅗𝅥 = 94
84
Flts. I, II
Obs. I, II
I
Clts. in B♭
II
con sord.
Trpts. I, II
in C
Trbs. I, II
Trb. III
Tuba
al Più mosso, 𝅗𝅥 = 94
84
Vlns. I
sim.
Vlns. II
sim.
Vls.
sim.
Vcs.
D. Bs.
92
I
Flts.
II, III
dim.
Obs.
II, III
Clts. in B♭
II, III
dim.
Bsns. I, II
Hns. I, II
in F
Trb. II
gliss.
Trb. III
Tuba
D. Bs.

100
I
Flts.
II, III
I
Obs.
II, III
I
Clts. in B♭
II, III
Bsns. I, II
Hns. I, II
in F
Tuba
100
Vlns. I
f
Vlns. II
f
D. Bs.

I
Flts.
II, III
a 2
dim.
I
Obs.
II, III
I
Clts. in B♭
II, III
Bsns. I, II
Hns. I, II in F
Trpts. I, II in C
con sord.
I, II
Trbs.
III
Tuba
p espr.
Trgl.
Vlns. I
div.
unis.
gliss.
Vlns. II
Vls.
D. Bs.

108
112
Flts.
I
II, III
Obs.
I
II, III
Clts. in B♭
I
II, III
Hns. I, II in F
sensa sord.
Trpts. in C
I, II
III
con sord.
con sord.
Trbs.
I, II
III
Tuba
Cym.
with the thick end of a Side Drum stick
Tam-Tam
108
112
Vlns. I
Vlns. II
Vls.
gliss.
gliss.
gliss.

120
Calmo, ♩ = 194
I
Flts.
II, III
dim
dim.
I
Obs.
II, III
I
Clts. in B♭
II, III
Hn. I in F
Trb. I
Harp. I
div.
con sord.
pizz.
Vlns. I
Vlns. II
Vls.
Vcs.
D. Bs.
127
Ob. I
non cresc.

32 Schreiben Sie die Klarinettenstimme, Takt 77 mit Auftakt bis Takt 84, in klingender Notation auf, und schreiben sie darunter die Violinstimme aus der „Leningrader Sinfonie", 1. Satz, 6 Takte mit Auftakt vor Ziffer 20 (S. 193).

Klarinette in C

Violine

Vergleichen Sie die ersten 4 Takte beider Melodien hinsichtlich Taktart, Rhythmus, Melodik, Tonart und Phrasierung (vgl. dazu auch 6 Takte vor Ziffer 22, S. 194). Lassen sich auch in der Fortspinnung beider Melodien Gemeinsamkeiten feststellen?
Diskutieren Sie die Frage, ob man die Klarinettenmelodie des „Intermezzo interrotto" als Zitat ansprechen kann.

33 Hören Sie den ganzen 4. Satz des Bartókschen Orchesterkonzerts noch einmal. Überlegen Sie, ob darin eine außermusikalische Idee, vielleicht sogar eine politische Aussage enthalten ist.

34 Lesen Sie die folgenden Besprechungen des 4. Satzes von Bartóks Orchesterkonzert kritisch im Blick auf die „Interpretation" des jeweiligen Verfassers und dessen politisches Umfeld. Diskutieren Sie auch das Problem der Musikrezension anhand dieser Beispiele.

Kurt Hahn:

„Diese ‚Unterbrechung' jedoch ist rätselhaft, niemand hat sie bisher sinnvoll deuten können. Sie ist eine Mischung aus Lehárs ‚Da geh ich zu Maxim' und trivialem Gassenhauer, unvermittelt, brutal. Die Klarinette erfindet die Melodie, die Streicher ergötzen sich an diesem Schlager und die Tuba schließlich, wie ein berauschter Zecher vor sich hingrunzend, verkehrt alles zum Grotesken. Zwischendurch schockierende Bläserglissandi, gellende Beckenschläge, schneidende Triller. Und dann ist der Höllenspuk so unvermittelt vorbei, wie er kam: die Streicher schwelgen in Wohlklang, als wäre nichts gewesen."[1]

Kurt Pahlen:

„Der vierte Satz heißt Intermezzo interrotto, das unterbrochene Intermezzo. Ähnlich dem zweiten Satz ist es wohl wieder ein Scherzo – leicht dahinschwebend, bis eine fremde Melodie es unterbricht. Es scheint ein Zitat aus Lehárs ‚Lustiger Witwe' zu sein; Bartók bringt es auf vulgärste Art, mit Posaunenklang, wie eine Dorfkapelle. (Man hat auch andere Zitate darin zu sehen versucht, so aus Schostakowitschs ‚Leningrad'-Sinfonie, und es läßt sich wohl kaum ergründen, was Bartók hier wohl gewollt haben kann.)"

Dietmar Holland:

„Der groteske Eingriff in den 4. Satz (‚unterbrochenes Intermezzo') zitiert ein Motiv aus der 7. Sinfonie von Schostakowitsch herbei, das, durch banale Fortführung und Verzerrung, von Bartók musikalisch interpretiert wird. Verständlich wird dieser Vorgang, wenn man sich vergegenwärtigt, daß die betreffende Stelle einer Komposition von Schosta-

59

[1] Vergleichen Sie diese Melodie von Léhar mit Bartóks Fassung und dem Thema aus der „Leningrader Sinfonie".

kowitsch entnommen ist, die Belagerung und Sieg Leningrads, ungeachtet der ungeheuren Zahl menschlicher Opfer, verherrlicht (1941). Der Humanist Bartók verhilft mit seiner verzerrenden Absicht der Wahrheit zu ihrem Recht."

Winfried Zillig, Privatschüler Arnold Schönbergs, Dirigent und Komponist, 1959–63 Leiter der Musikabteilung des Norddeutschen Rundfunks:

„Das 1943 für Koussewitzky, den berühmten amerikanischen Dirigenten geschriebene Konzert für Orchester hält in der Substanz nicht die Höhe der vorhergehenden Werke. Zwar ist das fünfsätzige Werk sicherlich Bartóks publikumswirksamstes Stück. Die Virtuosität der Orchesterbehandlung ist einmalig, aber die ganze Art des Stückes, dessen Thematik bis zur Einbeziehung fast reißerischer, an Johann Strauß erinnernder wienerischer Melodien reicht, wiegt leichter, als man es von Bartók gewohnt ist. War das Stück in seiner gewissen Äußerlichkeit eine Verneigung vor dem Pultvirtuosen, dem es gewidmet ist? War es eine Konzession an den amerikanischen Geschmack?"

György Sándor, Pianist (nach einer mündlichen Information von Béla Bartók):

„Aus dem Mittelteil des Intermezzos entwickelt sich ein schnelles, heftiges, aggressives Scherzando. Das melodische Material, ob es ein Zitat aus Lehárs ‚Die lustige Witwe' oder eines wahrscheinlich auch dort programmatisch angewandten Motivs aus Schostakowitsch' VII. Sinfonie ist, persifliert die Banalität. Es ist die Welt der Militärmusik und des Zirkus, ein brutales Grölen, eine Stiefelmusik, ein grauenvoller Spaß ... Man braucht nicht erst herumzuraten, der Inhalt ist klar ersichtlich: die Idylle wird von diesem Spaß weggefegt, die Heimwehmusik vernichtet. Es ist dies die letzte „verzerrte" Musik Bartóks. Doch auch diese „Holzpuppe" läuft ab und verschwindet: Durch den Schleier bricht sich die Streichermelodie traumhaft Bahn. Sie legt ein Bekenntnis über die Unvergänglichkeit der menschlichen Wünsche und Ideale ab ..."

Béla Bartók (in einem Brief vom 17. Dezember 1944 an Mrs. Creel):

„Die Erstaufführung meines für die Kussewitzky-Stiftung im September 1943 geschriebenen Orchesterwerks fand am 1. und 2. Dezember in Boston statt. Wir fuhren zu den Proben und Aufführungen hin, da wir zu dieser Reise die ungern gegebene Bewilligung der Ärzte erhielten. Es war der Mühe wert, die Aufführung gelang vorzüglich. Kussewitzky ist von der Komposition ganz begeistert und behauptet, daß sie ‚das beste Orchesterwerk der letzten 25 Jahre' sei (inbegriffen sogar die Werke seines Abgotts Schostakowitsch!). Zumindest ist das seine persönliche Meinung ..."

Musik zwischen Kunst und Konsum

Die Idee des absoluten Kunstwerks gewann erst in der Musik des 18./19. Jahrhunderts und nur im Abendland Gestalt. Der hohe Anspruch und Rang von „Kunstwerken" im traditionellen Sinn wird heute mehr als früher in Zweifel gezogen:

- Die Bedeutung der Improvisation in Jazz, Popmusik und Avantgarde macht die Musik anstelle greifbarer, „unvergänglicher" Werke zum vergänglichen, sich immer erneuernden Prozeß.
- Aus gesellschaftspolitischer Perspektive wird das Kunstwerk als elitär angesehen. Die große Mehrheit der Musikverbraucher geht an diesem Bereich des Angebots vorbei und zieht die massenhaft verfügbare „leichtere Kost" entschieden vor.

Dennoch bleibt auch auf diesem Hintergrund der Kunstanspruch für Entstehung und Ausführung von Musik prinzipiell erhalten. Noch immer müssen sich Urheber und Vermittler jeglicher Musik um überzeugende Leistung bemühen, d. h. besonderes musikalisches Können vorweisen. Innerhalb der spezifischen Wertmaßstäbe verschiedener Musikbereiche strebt der Musiker stets danach, in „gekonnter" Weise besonders eindrucksvoll die Hörerwartung zu erfüllen oder sogar zu übertreffen.

Neben der Unmenge wechselnder Hits und vorübergehender Modeerscheinungen werden noch immer wie in vergangenen Jahrhunderten aufsehenerregende Werke geschaffen, die über Zeiten hinweg Bestand haben können, weil sie aus der Flut der Gebrauchsmusik herausragen. Sie entsprechen den überkommenen Werken, die trotz ihrer historischen Erscheinungsweise zeitlos Gültiges beinhalten und auch dem modernen Hörer zum Erlebnis werden. Da heutzutage wie noch nie vorher der Reichtum vergangener Epochen zugänglich ist, können Komponisten unseres Jahrhunderts neue Werke auch durch Einbeziehung überlieferter Stile und Ideen zeitübergreifend gestalten. So bekennt z. B. Igor Strawinsky in seiner „Musikalischen Poetik" (1942): *„Die wahre Tradition ist nicht Zeuge einer abgeschlossenen Vergangenheit; sie ist eine lebendige Kraft, welche die Gegenwart anregt und belehrt."*

Die „Psalmensinfonie" von *Igor Strawinsky* entstand im Jahr 1930. Sie war, wie Bartóks Orchesterkonzert, ein Auftragswerk des Dirigenten Serge Kussewitzky. Der Komponist teilt uns wie im Widmungsblatt (S. 207) auch in seinen Erinnerungen einige Informationen zum Anliegen der Musik mit:

„Wie bei meiner ‚Sonate' wollte ich ein organisches Werk schaffen, ohne mich an die gebräuchlichen Muster zu halten, zugleich sollte mein Stück aber die Ordnung des Satzbaues bewahren, durch den sich die Sinfonie von der Suite unterscheidet, die ihrerseits nichts weiter ist als eine Folge von Stücken verschiedenen Charakters. Ich überlegte mir, aus welchem Klangmaterial ich mein symphonisches Gebäude aufführen sollte. Mir schwebte eine Symphonie mit großer kontrapunktischer Entwicklung vor, und so mußte ich auch die Mittel vergrößern, um in dieser Form arbeiten zu können. Ich entschloß mich daher, ein Ensemble zu wählen, das aus Chor und Orchester zusammengesetzt ist und bei dem keines der Elemente dem anderen übergeordnet, beide also völlig gleichwertig sind. Meine Ansicht über die Beziehungen zwischen den vokalen und instrumentalen Gruppen glich also genau dem Verfahren, das die alten Meister kontrapunktischer Musik anwandten. Auch sie behandelten Chor und Orchester gleich und beschränkten weder die Rolle des Chors auf homophonen Gesang noch die Funktion des Orchesters auf die Begleitung.
Was den Text angeht, so suchte ich nach einer Dichtung, die eigens für Gesang geschrieben ist. Dabei dachte ich natürlich sogleich an den Psalter …
Die meisten Leute lieben die Musik, weil sie in ihr Gemütserregungen finden wollen, Freude, Schmerz, Trauer, Begeisterung an der Natur, einen Anlaß zum Träumen oder schließlich noch ein Vergessen des ‚prosaischen Lebens'. Sie suchen in ihr ein Rauschmittel, ein ‚Stimulans'. Dabei kommt es gar nicht darauf an, ob sie diese Art, sie zu genießen, geradezu aussprechen oder hinter einem Schleier kunstvoller Umschreibung verbergen. Wenn diese Leute doch lernen wollten, die Musik um ihrer selbst willen zu lieben!"

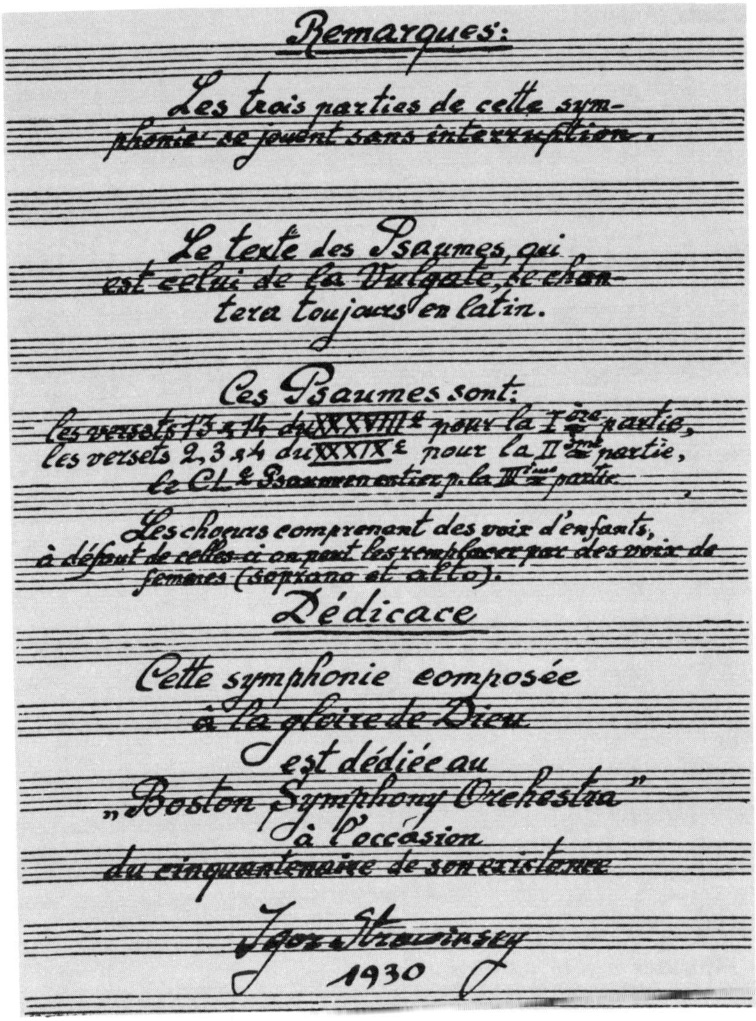

Remarques:

Les trois parties de cette symphonie se jouent sans interruption.

Le texte des Psaumes, qui est celui de la Vulgate, se chantera toujours en latin.

Ces Psaumes sont:
les versets 13 et 14 du XXXVIIIe pour la Ière partie,
les versets 2, 3 et 4 du XXXIXe pour la IIème partie,
le CLe Psaume en entier p. la IIIème partie.

Les choeurs comprenant des voix d'enfants, à défaut de celles-ci on peut les remplacer par des voix de femmes (soprano et alto).

Dédicace

Cette symphonie composée
à la gloire de Dieu
est dédiée au
„Boston Symphony Orchestra"
à l'occasion
du cinquantenaire de son existence

Igor Strawinsky
1930

Widmungsblatt der Niederschrift der „Psalmensinfonie"

Anmerkungen:
Die drei Teile dieser Sinfonie werden ohne Unterbrechung gespielt. Der Text der Psalmen ist aus der Vulgata entnommen und soll ausnahmslos in lateinischer Sprache gesungen werden …

Widmung:
Diese Sinfonie, zum Ruhme Gottes komponiert, ist dem „Boston Symphony Orchestra" zu seinem fünfzigjährigen Jubiläum gewidmet …

35 Fassen Sie Strawinskys Aussagen bezüglich Form, Satztechnik, Besetzung, Text und Anliegen der Musik (Höranspruch) zusammen (Seite 206).

Psalmensinfonie, 1. Satz (Anfang)

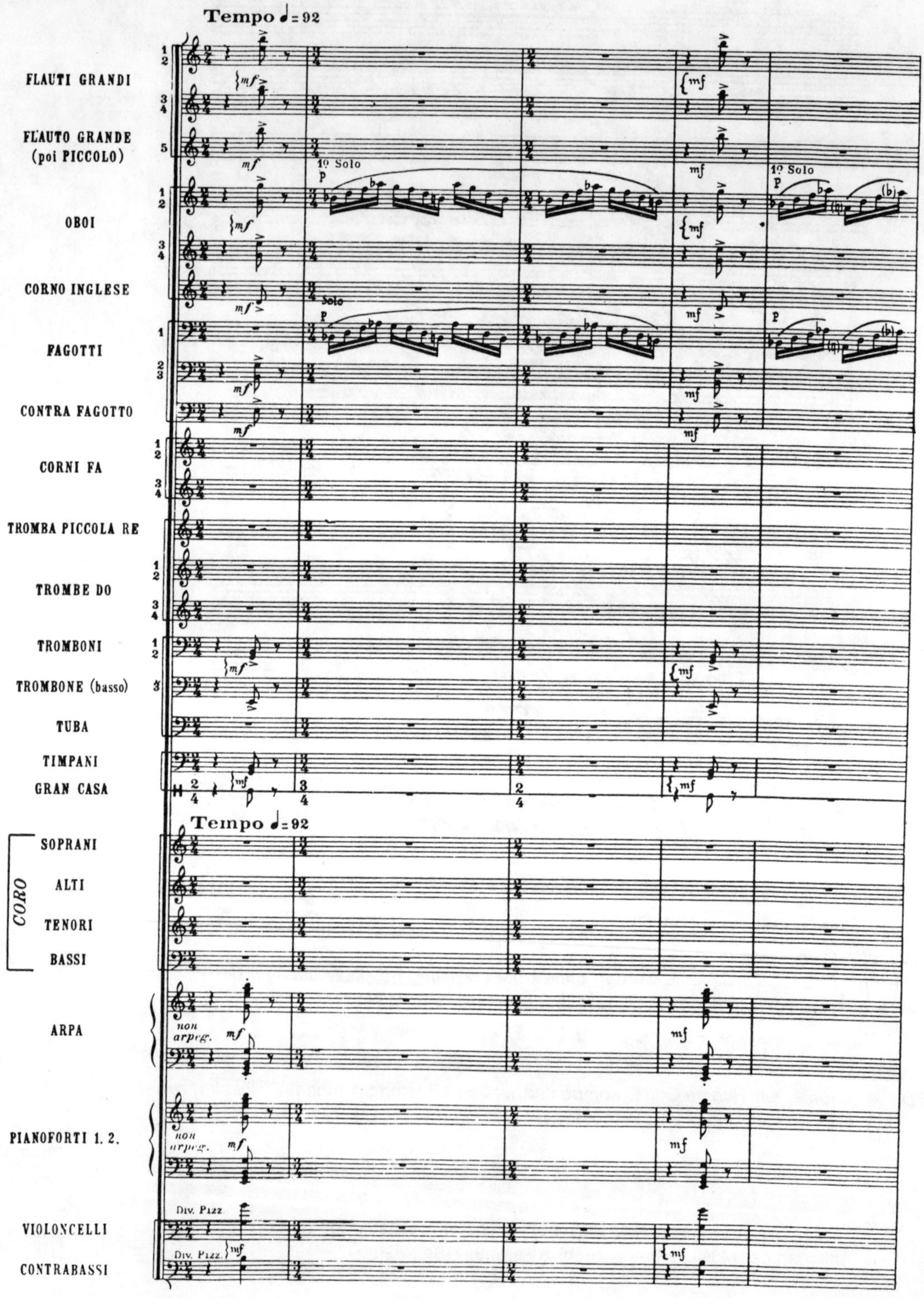

Der 1. Satz der Sinfonie ist ein Gebet:

Exaudi orationem meam, Domine, et deprecationem meam.
Auribus percipe lacrimas meas. Ne sileas a me.
Quoniam advena ego sum apud te et peregrinus sicut omnes patres mei.
Remitte mihi priusquam abeam et amplius non ero.

Höre mein Gebet, Herr, und vernimm mein Schreien,
und schweige nicht über meinen Tränen;
denn ich bin dein Pilgrim und dein Bürger wie alle meine Väter.
Laß ab von mir, daß ich mich erquicke,
ehe denn ich hinfahre und nicht mehr hier sei.

(Psalm 39, Vers 13 und 14)

36 a) Beschreiben Sie anhand des Höreindrucks das Klangbild des 1. Satzes. Wodurch entsteht die Transparenz in vielen Passagen (Orchesterbesetzung!)?
b) Der Ausdruck des Satzes ist monumental, rituell und von einer gewissen Starrheit. Beschreiben Sie musikalische Mittel, die dies bewirken. Beziehen Sie sich auch auf die Besonderheit des Chorklangs und die Wirkung der lateinischen Sprache.

Der 2. Satz ist eine Danksagung:

Expectans expectavi Dominum et intendit mihi
Et exaudivit preces meas: et eduxit me de lacu miseriae
Et de luto faccis.
Et statuit super petram pedes meos. Et direxit gressus meos.
Et immisit in os meum canticum novum, carmen Deo nostro.
Videbunt multi et timebunt: et sperabunt Dominum.

Ich harrte des Herrn; und er neigte sich zu mir
und hörte mein Schreien und zog mich aus der grausamen Grube
und aus dem Schlamm
und stellte meine Füße auf einen Fels, daß ich gewiß treten kann;
und hat mir ein neues Lied in meinen Mund gegeben,
zu loben unsern Gott.
Das werden viele sehen und den Herrn fürchten und auf ihn hoffen.

(Psalm 40, Vers 2, 3 und 4)

Hier spielt die Form der Fuge eine wesentliche Rolle. Strawinsky schreibt in seiner „Musikalischen Poetik“:

Es ist *„die Fuge – eine vollkommene Form, in der die Musik nichts jenseits ihrer selbst bedeutet. Bedingt sie nicht die Unterwerfung des Autors unter die Regel? Und findet er nicht gerade in diesem Zwang die Entfaltung einer schöpferischen Freiheit? ‚Die Kraft‘, sagte Leonardo da Vinci, ‚entstand aus dem Zwang und stirbt durch die Freiheit.‘“*

37 Hören Sie den ganzen 2. Satz, und verfolgen Sie den Partiturausschnitt (S. 210 ff.). An welcher Textstelle zeigt die Musik einen deutlichen Einschnitt und eine Veränderung des Klangbilds? Gibt der Text dazu Anlaß?

2. Satz (Anfang)

Fl. picc.
Fl. gr.
poco cres
mf cant.
cen - do
sub. p
5
Oboi 1 2
a 2
mf
C. I.
Fag. 1
Cor. 1 3
S.
mf tranquillo
Ex - pec - tans ex - pec -
V-C.
C-B.

Oboi 1 2
C.I.
Fag. 1 2 3
non forte (legato assai)
Cor. 1 3
Tr-ne 1
p sempre poco marcato
S.
-ta - - vi DO - MI - NUM, et in - ten - - dit,
A.
mf
Ex - pec - - tans ex - pec -
V-C.
C-B.
6
Fl. gr. 1 2 3 4
a 2
mf cant.
espressivo
dolce
sempre poco
poco
-ta - - vi Do - mi - num, et in-ten-dit
in - ten - dit mi - hi. Et e - xau - di - vit pre - ces

7
Oboi
C. I.
Fag.
Cor.
Tr-ne
dolce cant.
7
S.
me - - - as: et e - - du - xit me de la - - - cu
A.
mi - - - - hi. Et e - xau - - - di - - vit pre - ces
T.
Ex - pec - - - tans ex - pec - ta - - - vi DO - MI - NUM,
V-C. div. a 3
mf cant.
C-B.

38 Der 1. Teil des Satzes ist eine Doppelfuge. Vollziehen Sie die folgende Analyse mit Hilfe von Notentext und Hörbeispiel nach.

Der Satz beginnt mit der Exposition des 1. Themas und einem Zwischenspiel in den hellen Holzbläsern. Der Chor bringt das 2. Thema als Exposition und, nach einem kurzen „Zwischenspiel", als Engführung. Am Anfang des Chorteils erklingt das 1. Thema in den tiefen Streichern gleichzeitig mit dem 1. Einsatz des 2. Themas im Sopran. In der Instrumentalkoda werden nochmals beide Themenanfänge, zum Teil in variierter Form, miteinander verknüpft.

39 Vergleichen Sie das Thema der Instrumentalexposition mit dem der Chorexposition hinsichtlich des Tonmaterials und der charakteristischen Intervalle. Ließe sich die Besetzung der Themen ohne weiteres gegeneinander austauschen?

Eine Generalpause trennt die polyphon vertonten Verse 2 und 3 des Psalms von dem vierten, überwiegend homophon vertonten Vers. Die Vertonung der Textstelle „canticum novum" läßt sich vereinfacht notieren:

40 a) Welches Motiv erklingt scharf akzentuiert in der Unterstimme?
b) Versuchen Sie die Zusammenklänge nach ihrem Dissonanzgrad zu ordnen.

41 Hören Sie im Vergleich zu den Takten „canticum novum" die Schlußtakte „et sperabunt in Domino", und beachten Sie die folgenden Ausführungen.

Der Chor singt die Schlußworte im Einklang auf dem Ton Es. Nur die Klangfarbe der Sprachsilben und die synkopische Bewegung beleben ihn. Seine Tonikawirkung erzeugt ein Gefühl vollkommener Gelöstheit. Flöten und Oboen begleiten ihn mit chromatischen Figuren; die kleine Trompete spielt eine Reminiszenz an das 1. Fugenthema; die Bässe wiederholen das erste Motiv dieses Themas in leicht variierter Form. In diesem Satzausklang haben die Orchesterdissonanzen nur noch Farbwirkung.

Der Schlußsatz ist Lob Gottes, das die Schranken strenger musikalischer Formung durchbricht.

Allelujah. Laudate Dominum in sanctis ejus.
Laudate Eum in firmamento virtutis ejus.
Laudate Dominum.
Laudate Eum secundum multitudinem magnitudinis ejus.
Laudate Eum in sono tubae.
Allelujah. Laudate Dominum.
Laudate Eum in timpano et choro.
Laudate Dominum in cordis et organo;
Laudate Eum in cymbalis, bene sonantibus,
Laudate Eum in cymbalis jubilationibus.
Omnis spiritus laudet Dominum,
Allelujah. Laudate Dominum.

Halleluja! Lobet den Herrn in seinem Heiligtum;
Lobet ihn in der Feste seiner Macht!
Lobet ihn in seinen Taten; lobet ihn in seiner großen Herrlichkeit!
Lobet ihn mit Posaunen; lobet ihn mit Psalter und Harfe!
Lobet ihn mit Pauken und Reigen;
Lobet ihn mit Saiten und Pfeifen!
Lobet ihn mit hellen Zimbeln;
Lobet ihn mit wohlklingenden Zimbeln!
Alles, was Odem hat, lobe den Herrn! Halleluja!

(Psalm 150)

Dieser Satz zeigt eine freie, reihende Form, die vom Gegensatz „überschwengliche Ekstase – maßvolle Schönheit“ geprägt ist: Dionysos und Apollo standen Pate. Die Vielfalt der Satztechnik, der Harmonik und des Ausdrucks entspricht dem vielfältigen Gotteslob der Menschen.

In Strawinskys „Musikalischer Poetik“ lesen wir:

„Alles in allem: für den klaren Aufbau eines Werks – für seine Kristallisation – ist es entscheidend, daß alle dionysischen Elemente, welche die Vorstellungskraft des Schöpfers anregen und den nährenden Saft hochtreiben, rechtzeitig, bevor sie Fieber in uns hervorrufen, gezähmt und schließlich dem Gesetz unterworfen werden: dies ist Apollons Befehl.“

42 Hören Sie hierzu drei charakteristische Ausschnitte des 3. Satzes: 60

(a)

(b)

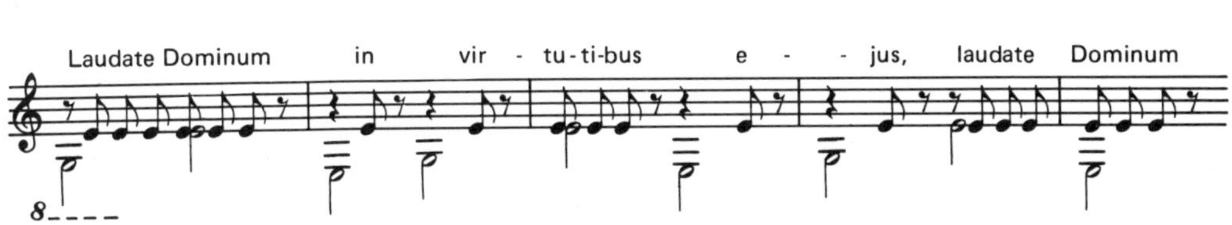

(C)

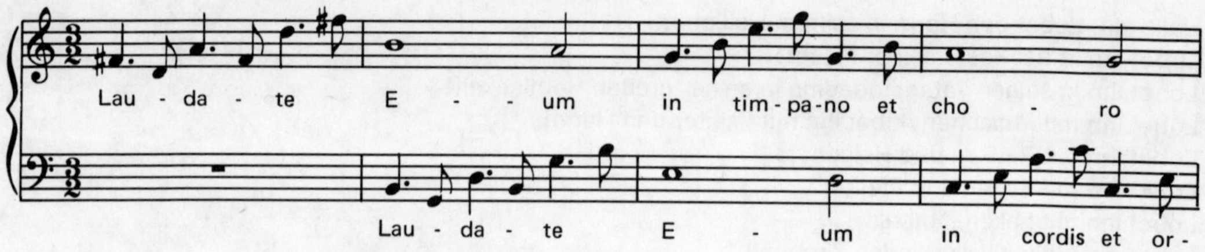

43 Verfolgen Sie beim Anhören des ganzen Schlußsatzes die Formskizze.

Formskizze zum 3. Satz

Ziffer	1	3	6	12	13	20	22	29
Teil	A Einleitung	B		A′	B′	C	D	A″ Koda
Anzahl der Takte u. Tempo	23 ♩= 48	23 ♩= 80	47	5 ♩=48	46 𝅗𝅥 = 80	13 𝅗𝅥 = 48	42 ♩ = 72	8 ♩ = 48
Text	Allelujah . . .	(nur Orchester)	Laudate . . .	Allelujah	Laudate . . .	Laudate	Laudate . . .	Allelujah

Strawinsky integrierte vielfältige historische Stilmittel epochenübergreifend in seine „Psalmensinfonie". Dadurch überhöht er sie ins Zeitlose.

44 Hören Sie einen Hit der Gruppe „Les Humphries Singers". 61
Mit welchem Abschnitt aus Strawinskys „Psalmensinfonie" ist das Stück am ehesten musikalisch vergleichbar (Hervortreten rhythmischer Kräfte)? Beschreiben Sie wesentliche Unterschiede.

Die Hamburger Popgruppe greift hier ein Beispiel aus der Gospeltradition der nordamerikanischen Neger auf. Gospels sind ein charakteristischer Bestandteil christlicher Gottesdienste der Farbigen in den USA: spontan aus der ekstatisch bewegten Gemeinde heraus entstandene Lieder, im Wechselspiel von Solisten und Begleitchor mitreißend improvisiert, durch Klatschen rhythmisch untermalt und getanzt. Inzwischen werden Gospelmelodien auch in den europäischen Kirchengesang übernommen.

Rock my soul

Kanon

Gospel
Kanonfassung: Erno Seifriz

Wiege dich, meine Seele, in Abrahams Schoß. So hoch kann ich nicht kommen, so tief hinunter geht es nicht, so viel kann ich nicht umfassen.

45 Versuchen Sie das Lied selbst zu singen und zu musizieren.

62, 61

46 Hören Sie einen Gospelsong in ursprünglicher Fassung, und vergleichen Sie die Aufnahme mit dem Stil von Les Humphries.
Welche Mittel des Les-Humphries-Arrangements haben die Popularität des Stücks bewirkt?

Die „Les Humphries Singers" wurden zu einer der erfolgreichen Popgruppen der deutschen und internationalen Musikszene. Ihr Gründer kam mit einer englischen Beatband nach Hamburg und bewährte sich als Arrangeur bekannter Songs von zahlreichen Stars der Unterhaltungsbranche (Hildegard Knef, Heidi Brühl, Max Greger u. a.). Von 1970 an stieg sein international zusammengesetztes Vokalensemble bis in die vorderen Plätze der Hitlisten auf. Es wurde populär durch Tourneen, Funk und Fernsehen. Sein Repertoire umfaßt Titel vom Schlager bis zum Gospel. Seine Beliebtheit spiegelt sich in mehreren „Goldenen Schallplatten".
Musikhörer unterscheiden sich hinsichtlich ihres Umgangs mit Musik. Verschiedentlich wurde versucht, einige typische Hörweisen zu beschreiben, um Aufschlüsse über das Hörverhalten zu bekommen.

47 Welche der folgenden Erscheinungsformen aus Adornos Hörertypologie entspricht Ihrer Meinung nach am ehesten dem Les-Humphries-Fan bzw. dem Konzertbesucher, der Strawinskys „Psalmensinfonie" hört. Beschreiben Sie selbst den betreffenden Hörertyp, falls Sie ihn in der Typologie vermissen.

– der „emotionale Hörer":
„... der von der gegenüber dem Objekt weithin verselbständigten eigenen Mentalität sich bestimmen läßt ... zu bildhaften Vorstellungen und Assoziationen angeregt ... bis zum vagen Tagtraum ... Er entäußert sich nicht an die Sache, die ihn dafür auch mit Gefühl zu belohnen vermag ..."
– der Hörer, „der Musik als Unterhaltung hört":
mit *„... Bedürfnis nach Musik als zerstreuendem Komfort ... Musik ist ihm nicht Sinnzusammenhang, sondern Reizquelle ... Die spezifische Hörweise ist die der Zerstreuung und Dekonzentration, unterbrochen wohl von jähen Augenblicken der Aufmerksamkeit und des Wiedererkennens ... entschlossen passiv ... heftig gegen die Anstrengung, die Kunstwerke zumuten; skeptisch gegen das, was zur Selbstbesinnung nötigt ..."*
– der „gute Zuhörer":
mit der *„... Fähigkeit zu unmittelbarem, sinnvollem Mithören ... Er hört übers musikalisch Einzelne hinaus; vollzieht spontan Zusammenhänge, urteilt begründet, nicht bloß nach Prestigekategorien oder geschmacklicher Willkür ... unbewußt der immanenten musikalischen Logik mächtig ..."*
– der „Bildungskonsument":
„... Musik respektiert er als Kulturgut ... was man um der eigenen sozialen Geltung willen kennen muß ... vom Gefühl ernsthafter Verpflichtung bis zum vulgären Snobismus ... meist wohl reaktionär, kulturkonservativ ... Die Entfaltung einer Komposition ist gleichgültig ... Der Typus lauert auf bestimmte Momente, vermeintlich schöne Melodien, grandiose Augenblicke ... Ihm imponiert Technik, das Mittel, als Selbstzweck ..."
– der „Ressentiment-Hörer":
„... sympathisiert meist mit Ordnungen und Kollektiven um ihrer selbst willen ... alles mit Weltanschauung gekoppelt und verbogen ... Auffallend wenig ist der Sinn für qualitative Differenzen innerhalb der bevorzugten Literatur entwickelt; die Einheitsideologie hat den Sinn für Nuancen verkümmern lassen ..."

Bei der musikalischen Komposition kann entweder der Reiz, musikalisches Material neu zu gestalten, oder das Bestreben, durch musikalische Effekte das Publikum zu faszinieren, mehr im Vordergrund stehen. Spekulieren auf Publikumsapplaus, auf Höreransturm und Käuferzuwachs rückt die musikalische Produktion in die Dimension der Ware.
Dieser Einstellung verdankten auch in früheren Zeiten viele Musiker eine relativ sichere Existenz, es sei denn, sie hatten eine künstlerisch unabhängige Stellung errungen. Aber im Zuge der Entwicklung wurde die Musik zu einer Industrieware:

- Hervortreten eines öffentlichen Konzertwesens
- Verbreitung von Notendrucken durch Musikverlage
- Handel von Musikkonserven in Form verschiedener Tonträger
- Ausstrahlung durch die öffentlichen Medien.

Diese Industrialisierung der Musik hat die Musikentwicklung unseres Jahrhunderts entscheidend mitbestimmt.

48 Welches Verhältnis von zeitlosem Kunstwerk und populärer Musik mußte sich unter diesen Bedingungen zwangsläufig ergeben?
Sehen Sie eine Chance für Neue Musik, sich unabhängig von Zwängen der Popularität zu behaupten?

Musik und bildende Kunst/Architektur

ARNOLD SCHÖNBERG.
KARRIKATUR VON RUDOLF HERRMANN.

Publiziert in „Der Merker. Österreichische Zeitschrift für Musik und Theater“ (2. Jg., Heft 17, Juni 1911)

Gemeinsame Wahrnehmungsformen in Musik und bildender Kunst

„Die Farben sind meine Noten, mit denen ich zu- und gegeneinander Klänge und Akkorde bilde. Sagt wohl auch ein Dichter oder Musiker: die Silben oder Noten sind meine Töne und Laute, mit denen ich dichte und musiziere? Die Künste sind Grazien der Schönheit, wo ein Paris nicht entscheiden kann, weil alle drei gleicher Schönheit sind." (Emil Nolde, 1867–1956)

„Der Ton ist in der Musik ganz und gar dasselbe, was in der Malerei die Farbe. Beide, Farbe und Ton, sind in nicht zu berechnender Varietät an und für sich selbst der höchsten herrlichsten Schönheit fähig, bleiben aber nur der rohe Stoff, der sich erst gestalten muß, um tief und dauernd auf das menschliche Gemüt zu wirken." (E. T. A. Hoffmann, 1776–1822)

Der Maler Emil Nolde sowie der Dichter und Musiker E. T.A. Hoffmann sprechen ein Phänomen an, das die Gemeinsamkeit vieler Gestaltungsmittel in Musik und bildender Kunst erklärt. Der Mechanismus der verschiedenartigen Sinneszellen (z. B. des Auges und des Ohres), das Zusammenspiel elektrischer und chemischer Vorgänge funktioniert in ähnlicher Weise. Dasselbe gilt auch für die Struktur der Sinnesverarbeitung. Licht ist eine elektromagnetische Schwingung, die sich wellenförmig ausbreitet (Transversalwelle). Ihre Frequenz bestimmt die Farbe, ihre Amplitude die Intensität des Lichtes. Schall wird durch mechanische Schwingungen erzeugt und breitet sich ebenfalls wellenförmig aus (Longitudinalwelle). Die Tonhöhe ist abhängig von der Frequenz, die Klangfarbe vom Spektrum der Teilschwingungen, die Amplitude entspricht der Lautstärke (Intensität) des Schallereignisses. Akustische und optische Signale werden vom Menschen jeweils durch zwei Sinnesorgane aufgenommen, was die räumliche Orientierung ermöglicht.
Bei sich solcherart entsprechenden Rezeptionsweisen kann die Ansprache eines Sinnesbereichs sekundär die Mitempfindung eines anderen Sinnesbereichs auslösen (Synästhesie). Hieraus erklären sich Doppelempfindungen wie „Töne sehen" oder „Farben hören".

1
a) Charakterisieren Sie durch möglichst genaue Wahl der Adjektive die Farben des auf Tafel III abgebildeten Scherenschnittes von Matisse.
b) Suchen Sie ebenso differenzierte Adjektive zur Kennzeichnung der Klangfarben in der Komposition von Gershwin (Klarinette – Blechbläser – gestopfte Trompete – Klavier – Becken). Vergleichen Sie die Adjektive, die Sie für die Farben im Bereich der bildenden Kunst und im Bereich der tönenden Kunst ausgewählt haben. 63

Sprachliche Entsprechungen (Analogien) in den Bereichen Musik und bildende Kunst bzw. Architektur sind das geistige Spiegelbild der Verschmelzung von Empfindungen verschiedener Sinnesmodalitäten.
Wassily Kandinsky beschreibt (1908) in seinen Untersuchungen der bildnerischen Mittel die Farbeigenschaften wie selbstverständlich auch durch Klangfarben:

Gelb ist eine *„typisch warme Farbe"*, es strahlt aus, nähert *„sich beinahe sichtbar dem Menschen ... Andererseits das Gelb, wenn es direkt betrachtet wird (in irgendeiner geometrischen Form), beunruhigt den Menschen, sticht, regt ihn auf ... Diese Eigenschaft des Gelb, welches große Neigung zu helleren Tönen hat, kann zu einer*

dem Auge und dem Gemüt unerträglichen Kraft und Höhe gebracht werden. Bei dieser Erhöhung klingt es, wie eine immer lauter geblasene scharfe Trompete oder ein in die Höhe gebrachter Fanfarenton.
Die Neigung des Blau zur Vertiefung ist so groß, daß es gerade in tieferen Tönen intensiver wird ... Es ist die Farbe des Himmels, so wie wir ihn uns vorstellen bei dem Klange des Wortes Himmel ... Sehr tiefgehend entwickelt das Blau das Element der Ruhe. Zum Schwarzen sinkend, bekommt es den Beiklang einer nicht menschlichen Trauer ... Musikalisch dargestellt ist helles Blau einer Flöte ähnlich, das dunkle dem Cello, immer tiefer gehend den wunderbaren Klängen der Baßgeige ...“
Weiß wirkt *„auf unsere Psyche als ein großes Schweigen, welches für uns absolut ist ... Es ist ein Schweigen, welches nicht tot ist, sondern voll Möglichkeiten.“* Es entspricht *„manchen Pausen in der Musik ... welche nur zeitlich die Entwicklung eines Satzes ... unterbrechen ... Und wie ein Nichts ohne Möglichkeit, wie ein totes Nichts nach dem Erlöschen der Sonne, wie ein ewiges Schweigen ohne Zukunft und Hoffnung klingt innerlich das Schwarz. Es ist musikalisch dargestellt wie eine vollständig abschließende Pause ... Das ist äußerlich die klangloseste Farbe, auf welcher deswegen jede andere Farbe ... stärker und präziser klingt ...*
Orange entsteht durch das Näherziehen des Rot zum Menschen ... Es ist einem von seinen Kräften überzeugten Menschen ähnlich ... Wie eine mittlere Kirchenglocke, die zum Angelus ruft, klingt diese Farbe ..., wie eine Largo singende Altgeige.“
Das Violett *entsteht „durch das Zurückziehen des Rot durch Blau ... Violett ... hat etwas Krankhaftes, Erlöschtes ..., hat etwas Trauriges in sich ... Die Chinesen brauchen es direkt als Farbe der Trauerkleider. Es ist dem Klange ähnlich des englischen Horns, der Schalmei, und in der Tiefe den tiefen Tönen der Holzinstrumente.“*

Henri Matisse stützt sich *„bei der Wahl der Farben auf keinerlei wissenschaftliche Theorie: Sie beruht auf der Beobachtung, auf dem Gefühl, auf der Erfahrung“* seiner Sinne.
„Die Farbe muß auf das bestmögliche dem Ausdruck dienen ... Der expressive Aspekt der Fakten drängt sich mir rein instinktiv auf. Um eine Herbstlandschaft wiederzugeben, würde ich nicht daran denken, welche Farben zu dieser Jahreszeit passen, ich inspiriere mich einzig an der Empfindung, die sie in mir hervorruft: die eisige Reinheit des grellblauen Himmels charakterisiert die Jahreszeit ebensogut wie die Farbnuancen des Laubes. Meine Empfindung selbst kann wechseln: Der Herbst kann mild und warm sein ... oder im Gegenteil frisch, mit einem kalten Himmel und zitronengelben Bäumen, die einen frostigen Eindruck machen und schon den Winter ankündigen.“

Im Jahr der Entstehung seines Buches „Jazz“ (1947) schreibt Matisse:
„Ich habe mich der Farbe bedient, um meine Gefühle auszudrücken, und nicht, um die Natur abzubilden. Ich benütze die allereinfachsten Farben. Ich transformiere sie nicht selbst, es sind ihre gegenseitigen Beziehungen, die das besorgen. Es handelt sich nur darum, die Kontraste zur Geltung zu bringen, sie hervortreten zu lassen. Nichts hindert uns, mit einigen wenigen Farben zu komponieren, wie in der Musik, die nur auf sieben Tönen aufbaut.“

2 Versuchen Sie eine Deutung des Bildes „Das Begräbnis des Pierrot" anhand der Farbcharakteristika von Kandinsky und Matisse.

3 a) Beschreiben Sie das Bild mit Hilfe von Begriffen wie: Linie, Kontur, Fläche, Harmonie, Rhythmus, Wiederholung, Variation, Kontrast u. a.
b) Wenden Sie die gleichen Begriffe auf den Anfang der Komposition von George Gershwin „Rhapsody in Blue" (1923) an. **63**

Gershwins „Rhapsody in Blue" ist eine Verschmelzung von sinfonischer Musik und Jazz. Der Titel weist auf die Nähe zum Blues hin. Die Ausdrucksweise des Blues wird im allgemeinen als melancholisch und schwermütig empfunden. Europäische Hörgewohnheiten (Mollempfindung), die dem bürgerlich-europäischen Musikgeschmack angepaßte Schallplattenproduktion der zwanziger Jahre und die Wortbedeutung der englischen Umgangssprache (to be blue = betrübt sein) haben zu dieser Assoziation beigetragen.
Die sogenannten Blue notes, die den Charakter der Bluesmelodien prägen, haben jedoch ihren Ursprung in der schwebenden Intonation, die im Gesang und in der Umgangssprache der Afroamerikaner als Mittel emphatischen Ausdrucks dient und große emotionale Ergriffenheit signalisiert. (Nach M. Miller. Vgl. dazu auch S. 82 ff.)

4 a) Welcher der beiden oben angedeuteten Möglichkeiten des Bluesverständnisses steht Gershwins Musik näher?
b) Läßt sich ein Symbolgehalt der Farbe Blau im „Begräbnis des Pierrot" aus dem Gesamttitel der Scherenschnittfolge „Jazz" ableiten?
c) Besteht eine Analogie im Ausdrucksgehalt des Blau/Blues bei Matisse und Gershwin?

Die individuelle Kunstwahrnehmung steht in engem Zusammenhang mit Assoziationen, die sich z. B. auf Analogien aus verschiedenen Bereichen oder auf synästhetische Empfindungen gründen.

5 Diskutieren Sie Paul Klees Gedanken zur Frage „Assoziation in der Kunstperzeption", die er in einem Essay „Über die moderne Kunst" im Jahr 1924 äußerte:

Die *„Wahl der formalen Elemente und die Art ihrer gegenseitigen Bindung ist, in ein knappes Ausmaß begrenzt, der analoge Fall zum musikalischen Gedanken zwischen Motiv und Thema. Wenn ein solches Gebilde sich vor unseren Augen nach und nach erweitert, so tritt leicht eine Assoziation hinzu, welche die Rolle des Versuchers zu einer gegenständlichen Deutung spielt. Denn jedes Gebilde von höherer Gliederung ist geeignet, mit einiger Phantasie zu bekannten Gebilden der Natur in ein Vergleichs-Verhältnis gebracht zu werden.*
Die assoziativen Eigenschaften dieses Baues, der, einmal gedeutet und benannt, schon nicht mehr ganz dem direkten Willen des Künstlers entspricht (jedenfalls nicht mehr der intensivsten Stelle dieses Wollens), diese assoziativen Eigenschaften sind der Ursprung zu leidenschaftlichen Mißverständnissen zwischen Künstler- und Laientum geworden."

In den wechselseitigen Beziehungen zwischen bildender Kunst und Musik spielen nicht nur die psycho-physisch bedingten Assoziationsvorgänge eine Rolle. Ähnliches gilt auch für die spezielle Art, Kunstwerke zu „begreifen": Der Vorgang der Kunstwahrnehmung kann sich ganzheitlich (simultan) oder prozeßhaft (sukzessiv) abspielen.

6 Welche Wahrnehmungsform, simultan oder sukzessiv, entspricht eher einem musikalischen Verlauf, welche eher einem Gemälde?

64 7 Hören Sie Arnold Schönbergs Orchesterstück op. 16, Nr. 3 (1922). Versuchen Sie die Art Ihrer Hörwahrnehmung zu kontrollieren: Bleibt sie im Bereich des rein Musikalischen, oder vermischt sie sich mit visuellen oder stimmungshaften Eindrücken?

Das musikalische Geschehen in Schönbergs Orchesterstück ist ein Prozeß von Ton- und Klangfarbenveränderungen in der Dimension Zeit. Innerhalb des Gesamtklangs (ausgehend von dem Akkord c – gis – h – e – a) ändern sich einzelne Tonhöhen nur sehr langsam und in geringem Umfang (Halbtonschritt aufwärts, Ganztonschritt abwärts oder umgekehrt). Die Klangfarben dagegen sind einem ständigen Wechsel unterworfen. Dadurch entsteht der Eindruck eines statischen Bildes mit wechselnden Farben. Durch die besondere Verwendung und Gewichtung der musikalischen Mittel wird die Hörwahrnehmung so gelenkt, daß sie sich analog zur Betrachtung eines Bildes ganzheitlich-simultan vollzieht; darauf weist auch der Titel des Stückes, „Farben", hin.

8 Lesen Sie in diesem Zusammenhang die Hinweise des Komponisten für den Dirigenten (Fußnote auf der ersten Seite der im folgenden abgedruckten Partitur).

64 9 Beim nochmaligen Anhören von Schönbergs „Farben" sollten Sie nun bewußt sukzessiv hören und auf Einzelheiten der Komposition achten (z. B. Exposition, Entwicklung, Verdichtung und Reduktion eines Klangs). Verfolgen Sie den Partiturausschnitt.

Beim Musikhören läßt sich das Ineinandergreifen von sukzessiver und simultaner Hörwahrnehmung beobachten. Das zeitlich aufeinander folgende akustische Geschehen fügt sich mittels Erfahrung, Erinnerung und Phantasie rückblickend zu einem ganzheitlichen Bild zusammen. Je nach Anlage der Komposition und Veranlagung des Hörers tritt die eine oder andere Wahrnehmungsform stärker in den Vordergrund.
Der Versuch einer optisch-akustischen Kunstsynthese reizt in gleicher Weise Musiker wie Maler. Dies bezeugt der Briefwechsel zwischen Schönberg und Kandinsky aus der Zeit des „Blauen Reiters". Schönberg, der selbst malte und diese Bilder in verschiedenen bedeutenden Ausstellungen zeigte, schreibt in seinem Brief vom 14. Dezember 1911:

„Lieber Herr Kandinsky, ich habe Ihr Buch noch nicht ganz gelesen ... Sie haben mit so vielem unbedingt recht. Insbesondere was Sie über die Farbe sagen im Vergleich mit der musikalischen Farbe. Das stimmt mit meinen eigenen Empfindungen überein ..."

Nr. 3 aus „Orchesterstücke" op. 16

Es ist nicht Aufgabe des Dirigenten, einzelne ihm (thematisch) wichtig scheinende Stimmen in diesem Stück zum Hervortreten aufzufordern, oder scheinbar unausgeglichen klingende Mischungen abzutönen. Wo eine Stimme mehr hervortreten soll, als die anderen, ist sie entsprechend instrumentiert und die Klänge wollen nicht abgetönt werden. Dagegen ist es seine Aufgabe darüber zu wachen, daß jedes Instrument genau den Stärkegrad spielt, der vorgeschrieben ist; genau (subjektiv) seinem Instrument entsprechend und nicht (objektiv) sich dem Gesamtklang unterordnend.

*) Der Wechsel der Akkorde hat so sacht zu geschehen, daß gar keine Betonung der einsetzenden Instrumente sich bemerkbar macht, so daß er lediglich durch die andere Farbe auffällt.

1
229
2
Kl. Fl. II
Gr. Fl. I. II
I. Ob. III.
Engl. H.
I. II in B Kl.
III in D
Bkl. in B
I. II. Fag. III.
Kfag.
I. II. Hr. in F IV.
I. offen
II. mit Dämpfer
IV. offen
I. II. Trp. in B III.
I. offen
offen
I. II. Pos. III.
I. mit Dämpfer
mit Dämpfer II.
mit Dämpfer
Hrfe.
Celesta
I. Viol. II.
mit Dämpfer G-Saite
get.
ohne Dämpfer
die 2. Hälfte
Violen
Solo-Viola
die übrigen
Vcelli.
4 Solo-Vcelli mit Dämpfer
alle 4 auf der C-Saite
Kb.
1 Solo-Kb.
3 Solo-Kb. mit Dämpf.

10 Betrachten Sie das Bild „Komposition IV“ von Wassily Kandinsky (Tafel III) mehrmals für kurze Zeit, und beschreiben Sie jeweils, was Sie gesehen haben.

Die Komposition des Bildes ist so angelegt, daß sie ein prozeßhaftes Erfassen, analog zum Hörvorgang, auslöst. Die vertrautesten Formen werden zuerst wahrgenommen. Aus vielen Details in Form und Farbe, Bewegung und Harmonie entsteht dann in der Zusammenschau das ganze Bild. Daß dies durchaus im Sinn des Malers liegt, läßt sich anhand der folgenden Zitate belegen:

Brief an Arnold Schönberg vom 13. Januar 1912:

„... Ihr Brief über den Besuch der Neuen Secession hat uns sehr gefreut und ganz besonders die ausführlichen und interessanten Berichte über unsere (auch Marcs) Bilder. Streiten muß ich aber natürlich doch! Mathematisch ist 4 : 2 = 8 : 4. Künstlerisch – – nicht ...: ich bezwecke gerade (manchmal) durch die Dimension das augenblickliche Übersehen der Bilder zu verhindern ...“

Kandinskys Betrachtungen, publiziert in seinem „Sturm-Album“, Berlin, 1913:

„KOMPOSITION IV

Nachträgliches Definieren

1. Massen (Gewichtsmassen):
Farbe unten Mitte – Blau (gibt dem Ganzen kalten Klang)
oben rechts – getrenntes Blau, Rot, Gelb
Linie oben links – schwarze Linien der Pferde im Knoten
unten rechts – langgezogene Linien der Liegenden

2. Gegensätze
der Masse zur Linie,
des Präzisen zum Verschwommenen,
des Linienknotens zum Farbenknoten und Hauptgegensatz: spitze, scharfe Bewegung (Schlacht) zu hell-kalt-süßen Farben.

3. Überfließungen
der Farbe über die Konturen.
Das vollkommene Konturieren nur der Burg wird abgeschwächt durch das Hineinfließen des Himmels über die Kontur.

4. Zwei Zentren:
1. Linienknoten,
2. modellierte Spitze des Blau
sind voneinander durch die zwei senkrechten schwarzen Linien abgeteilt (Spieße).

Die ganze Komposition ist sehr hell gemeint mit vielen süßen Farben, die oft ineinander fließen (Auflösungen), auch das Gelb ist kalt. Dieses Hell-Süß-Kalte zum Spitz-Bewegten (Krieg) ist der Hauptgegensatz im Bilde. Hier ist, scheint mir, dieser Gegensatz (im Vergleich mit Komposition II) noch stärker, aber dafür auch härter (innerlich), deutlicher, was als Vorteil das präzisere Wirken hat und als Nachteil eine zu große Deutlichkeit dieser Präzisität.

Hier liegen zugrunde folgende Elemente:
1. Zusammenklang ruhiger Massen miteinander.
2. Ruhige Bewegung der Teile hauptsächlich nach rechts und nach oben,
3. hauptsächlich spitze Bewegung nach links und nach oben.
4. Der Widerspruch in beiden Richtungen (in der Richtung nach rechts gehen kleinere Formen nach links u. dgl.).
5. Zusammenklang der Massen mit den Linien, die bloß liegen.
6. Gegensatz der verschwommenen Formen zu den konturierten (also Linie als Linie [5] und als Kontur, wo sie auch als Linie mitklingt).
7. Das Überfließen der Farbe über die Grenze der Form.
8. Das Überwiegen des Farbenklangs über den Formklang.
9. Auflösungen.

März 1911"

3. Manuskript von Kandinsky aus dem Jahr 1914 zur Eröffnung einer Ausstellung:
„... und ich war noch zu stark mit dem Wunsch verbunden, die rein malerischen Formen mit diesem seelischen Klang zu suchen. Ich löste also auf demselben Bild die Gegenstände mehr oder weniger auf, damit sie nicht alle auf einmal erkannt werden können, und damit also diese seelischen Mitklänge allmählich, der eine nach dem anderen vom Beschauer erlebt werden können. Und hier und da kamen von selbst rein abstrakte Formen herein ..."

11 Überlegen und erproben Sie, in welcher Weise sich Einzelheiten aus Kandinskys Bild (z. B. gebogene Linie, Überfließen der Farbe über die Kontur, Gegensatz „Hell-Süß-Kalt zum Spitz-Bewegten") ins Musikalische übersetzen lassen.

Strukturelle Entsprechungen in Musik und Architektur

In den Künsten aller Stilepochen lassen sich gemeinsame Gestaltungselemente aufzeigen. Das wird besonders deutlich in Musik und Architektur der klassischen Stilepochen (Musik der Wiener Klassik und des Neoklassizismus im Vergleich mit der Architektur der Antike, der Renaissance und des Klassizismus). Auf die enge Verbindung der beiden Künste weist schon die früheste Abhandlung über Baukunst (1450) von Leon Battista Alberti hin:

„Die Zahlen[1], vermittels welcher die Harmonie von Tönen unser Ohr entzückt, sind ganz dieselben, welche unser Auge und unseren Verstand ergötzen ... Wir werden daher alle unsere Regeln für harmonische Beziehungen ... von den Musikern entlehnen, denen diese Zahlen ausnehmend wohlbekannt sind, und von jenen besonderen Dingen, in denen die Natur selbst sich vortrefflich und vollkommen zeigt."

[1] Gemeint sind die Zahlenverhältnisse der konsonanten Intervalle, die auf die pythagoräische Theorie von den „Mitteln" zurückgehen (vgl. auch S. 55).

Andrea Palladio (1508–80): Villa Rotonda bei Vicenza, 1566–70

Die Villa Rotonda ist ein Werk des Baumeisters Andrea Palladio aus der Zeit der Spätrenaissance („palladianischer" Klassizismus). Er überträgt ein Motiv aus der antiken Sakralarchitektur, den Tempelgiebel, in die Fassaden seiner Wohnhäuser. Dadurch betont er den Eingang des Gebäudes und verleiht der Front einen vornehmen Charakter. Dieses von Palladio in zahlreichen Variationen benützte Motiv wurde zum Stilmittel vieler klassizistischer Bauwerke in aller Welt. Nicht nur der Grundriß seiner Gebäude, sondern auch die Fassaden sind nach den strengen Regeln der harmonischen Verhältnisse entworfen. Sie bestimmen die Proportionen der Einzelelemente wie auch deren Zuordnung und Verhältnis zum Ganzen.

12

a) Betrachten Sie die Front der Villa Rotonda als Einheit (simultane Wahrnehmung), und beschreiben Sie den Charakter dieses Bauwerks.

b) Hören Sie im Vergleich dazu das Menuett aus dem Streichquartett d-Moll, KV 421, von W. A. Mozart, das im Jahr 1783 unter dem Einfluß Haydns entstanden ist. Versuchen Sie diesen Satz als Ganzes zu erfassen und seinen Charakter zu beschreiben. **65**

c) Sind die Werke mehr dionysisch oder apollinisch geprägt?

Streichquartett d-Moll, KV 421

Fine.
Trio.
40
sempre p
pizz.
sempre p
pizz.
sempre p
pizz.
sempre p
50
arco

W. A. Mozart (1756–91)

65 13 a) Betrachten Sie nun die Einzelelemente der beiden „Kompositionen“: ihre Individualität, ihre Beziehungen zueinander, ihre Bedeutung innerhalb der Gesamtkonzeption. Suchen Sie strukturelle Entsprechungen in Palladios Bauwerk und Mozarts Musik (Hörbeispiel und Partitur). Nehmen Sie Bezug auf die Gestalt der einzelnen Motive, auf die Bauprinzipien Wiederholung, Variation, Steigerung, Kontrast und auf die großformale Anlage.

b) Überlegen Sie, wo die Grenzen einer solchen vergleichenden Kunstbetrachtung zu ziehen sind.

Der architektonische Raum als musikalische Komponente

Musizieren ohne Rückwirkung der Raumakustik ist nicht möglich. Das Nachklingen im Raum ist für den Musiker eines der wichtigsten akustischen Kriterien. Größe und Form des Raumes sowie die Reflexion von Wänden und Decke spielen insbesondere für kurze Impulse eine wesentliche Rolle. Ein Raum mit langem Nachhall wird als „überakustisch“, ein Raum mit kurzem Nachhall als „trocken“ bezeichnet. Der Nachhall in einem Fernsehstudio ist aus aufnahmetechnischen Gründen extrem kurz, er beträgt nur ca. 0,6 Sekunden: Hier treten Fehler überdeutlich hervor, und die Musiker verlieren das „Raumgefühl“. Sie hören sich nicht mehr gegenseitig und können deshalb ihr Spiel nicht auf das ihrer Partner abstimmen.
Auch die Klangfarbe eines Raumes beeinflußt die Musik. Ein Raum, der die hellen Frequenzen absorbiert, klingt „dumpf“; einer, der die hellen verstärkt und dunkle absorbiert, wie beispielsweise ein Zirkuszelt, klingt „zischend“. Holzverkleidungen geben dem Raum häufig eine „freundliche“ Klangfarbe, da sie die dunkelsten Frequenzen absorbieren. Die meßtechnische Erfassung eines Raumes und damit verbundene raumakustische Manipulationen sind nach wie vor schwierig. Eine Caprice von Paganini in einer romanischen Basilika zu spielen, wird weiterhin eine Absurdität bleiben, weil der ausübende Musiker seine Spielweise nur innerhalb bestimmter Grenzen den räumlichen Gegebenheiten anpassen kann. Er vermag das Grundtempo, die Intensität und Klangfarbe auf den Raum abzustimmen, jeweils aber nur in einem der Komposition noch zuträglichen Maß.

Es ist daher nicht verwunderlich, daß der Komponist die Raumeffekte in seinem Schaffen beachtet, so daß der akustische Raum selbst zur Komponente der Komposition wird: Der Gregorianische Choral klingt ohne Nachhall einer mittelalterlichen Hallenkirche (3,5–5 Sek.) unbefriedigend; die Musik der Vorklassik und Klassik ist für Konzertsäle von ca. 1,8 Sek. Nachhall konzipiert; der ideale Nachhall für Opernhäuser liegt etwa bei 1,7 Sek. und für Sprechtheater bei 1 Sek.
In einer Zeit, in der sich Dissonanz und Geräusch als musikalische Komponenten emanzipiert haben, liegt es nahe, daß sich auch der „musikalische Raum" emanzipiert. „Komponierter Raum" als Kontinuum aber widersetzt sich dem traditionellen Konzertraum. So kann es geschehen, daß das musikphilosophische Konzept eines Komponisten die Architektur eines für seine Werke vorgesehenen Raumes beeinflußt. Das Kugelauditorium in Osaka stellt die Verwirklichung der musikalischen Raumvorstellungen von Karlheinz Stockhausen dar. Das extrem kostspielige Unternehmen wurde eigens für die Weltausstellung im Jahr 1970 in Auftrag gegeben. Die Hörer saßen auf einer schalldurchlässigen durchsichtigen Plattform mitten in dem kugelförmigen Raum, der rundherum mit Lautsprechern versehen war. Sechs deutsche und sechs japanische Musiker, ein Toningenieur und ein Tontechniker bedienten die „Instrumente", vom großen Gong bis zum Elektronium und 8-Spur-Magnetophon.

14

a) Welche Möglichkeiten bezüglich des „komponierbaren Raumes" beinhaltet ein solcher Konzertsaal im Vergleich zu den herkömmlichen?
b) Warum läßt sich ein Musikereignis wie das von Osaka nicht auf Schallträgern speichern und wiedergeben?
c) Überlegen Sie die Auswirkungen, die ein solches Raumexperiment für den Bau zukünftiger Konzertsäle haben kann. Hat sich in dieser Hinsicht der finanzielle Aufwand gelohnt?

Der Raum als musikalische Bedingung hat sich im Übergang von der Renaissanceepoche zum Barock auf den Kompositionsstil und die Musizierpraxis der damaligen Zeit ausgewirkt. Die engen Emporen der Markuskirche in Venedig veranlaßten den dort wirkenden Musiker *Giovanni Gabrieli* (1557–1612), seinen Chor in mehreren Gruppen auf die Emporen zu verteilen. Wegen der Schwierigkeit des Zusammenhörens ließ er sie durch mitspielende Instrumente unterstützen. Der Schritt zur Verselbständigung der Instrumentalchöre lag nahe. Die Mehrchörigkeit der Venezianer und die eigenständige Instrumentalmusik wurden zum Vorbild der Barockmusik in ganz Europa.
Gabrielis „Sonata pian' e forte" ist die erste Komposition, bei der Instrumentation und Dynamik vorgeschrieben sind; sie ist doppelchörig angelegt. Die „Canzon a 12 in eco" von Gabrieli bezieht das Raumecho als besonderen Klangeffekt mit ein.

15

Hören Sie Ausschnitte aus den beiden Stücken von Gabrieli, und beschreiben Sie die Beziehungen zwischen Musik und Raum. **66**

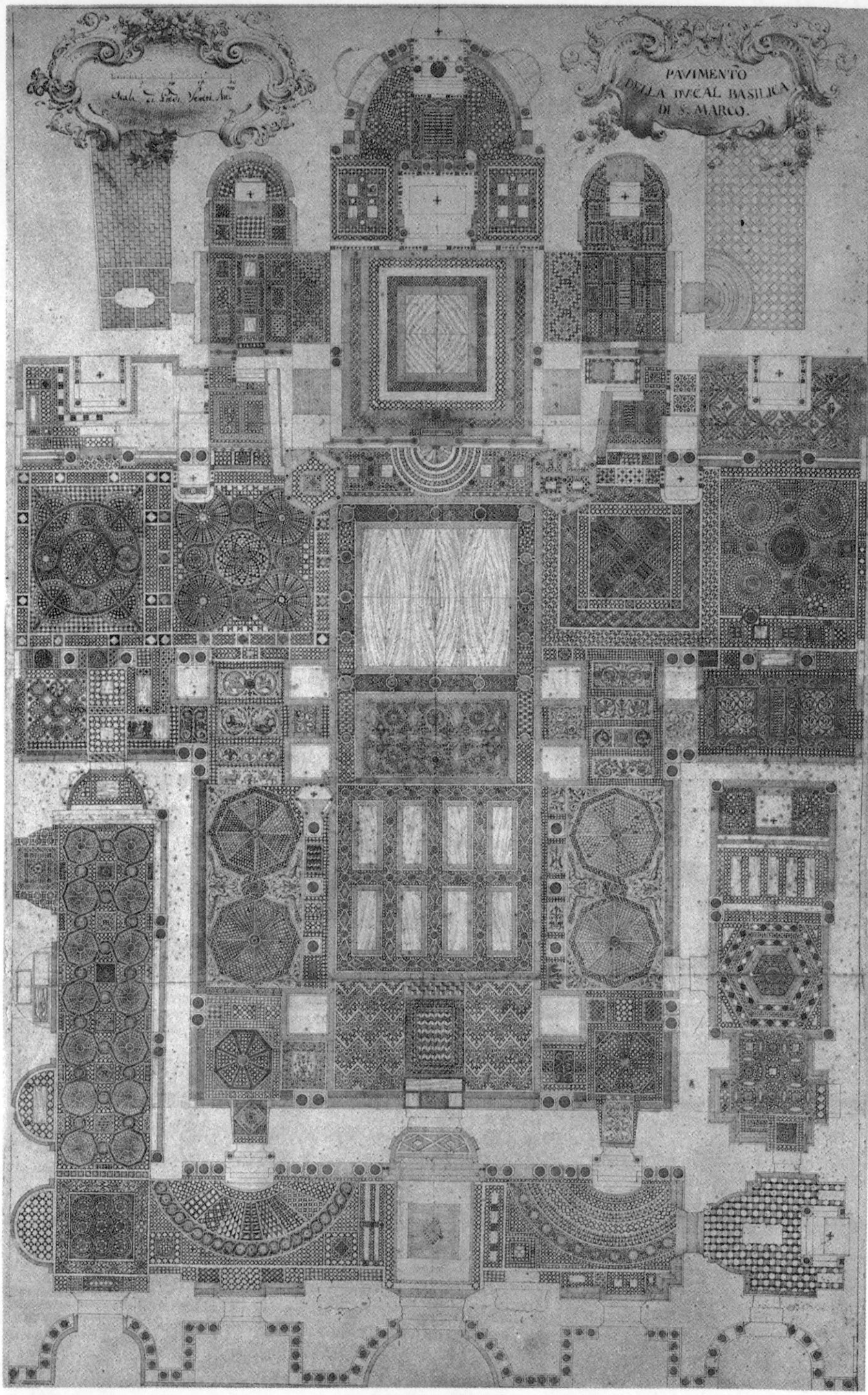

Grundriß der Markuskirche in Venedig (historische Darstellung des Fußbodenmosaiks)

Die freien Gestaltungsmöglichkeiten des Bühnenraumes inspirierten *Mozart* zu einer genialen Einbeziehung des Raumes in das musikdramatische Geschehen seiner Oper „Don Giovanni“ (1787). In der Ballszene des ersten Finales dient der Raum als verbindendes Glied zwischen Menschen verschiedener sozialer Schichten und deren Musik. Der Gesellschaftswandel zur Zeit der Französischen Revolution spiegelt sich in den damaligen Modetänzen wider: An die Stelle der steifen Würde des Menuetts tritt nun die heitere Bewegung des Kontertanzes und des „Deutschen“. Trotzdem wurde noch lange Zeit das Menuett vom Adel, der Kontertanz von den Bürgern und der Deutsche Tanz von der Jugend getanzt. Mozart hatte zahlreiche Kompositionsaufträge zu erledigen, die ihn aufgrund seiner finanziellen Lage dazu nötigten, Tanzmusik für die Maskenbälle des kaiserlichen Hofes in Wien zu schreiben. In diesen Veranstaltungen sah der damalige Kaiser Joseph II. eine Möglichkeit der Annäherung verschiedener Stände auf demokratischem Weg. Diese Maskenbälle dürften das Vorbild zu Mozarts Ballszene gewesen sein.

Inhaltsangabe des 1. Aktes:

„Vor dem Palast des Komturs wartet Leporello auf seinen Herrn, der einem neuen Liebesabenteuer nachgeht. Da stürzt Don Giovanni aus dem Palast, gefolgt von Donna Anna, die verzweifelt versucht, den Fliehenden festzuhalten und ihm die Maske vom Gesicht zu reißen. Auf ihren Hilferuf eilt ihr Vater, der Komtur, herbei und fordert den Verführer seiner Tochter zum Duell. Nur widerwillig läßt sich Don Giovanni auf den Kampf ein, in dem er seinen Gegner tödlich verwundet. Dann flieht er mit seinem Diener.

Inzwischen hat Donna Anna ihren Verlobten, Don Ottavio, zu Hilfe gerufen. Entsetzt findet sie den toten Vater und läßt Don Ottavio schwören, blutige Rache zu nehmen. Auf der Suche nach einem neuen Abenteuer nähert sich Don Giovanni einer verschleierten Dame. Erschrocken muß er in ihr Donna Elvira, seine verlassene Geliebte, erkennen, die ihm gefolgt ist, um sich an ihm zu rächen. Wieder gelingt es ihm, zu fliehen, während Leporello die delikate Aufgabe hat, der erregten Dame klarzumachen, daß sie ihr Schicksal mit vielen anderen Frauen teile.

Zerlina und Masetto, ein junges Bauernpaar, stehen kurz vor ihrer Hochzeit. Don Giovanni nähert sich den Bauern, findet sofort Gefallen an der Braut und lädt die ganze Hochzeitsgesellschaft auf sein Schloß ein. Nachdem er sie alle, auch Masetto, vorausgeschickt hat und mit Zerlina allein zurückgeblieben ist, versucht er durch schmeichelnde Versprechungen ihr Herz zu gewinnen. Schon droht Zerlina schwach zu werden, da tritt Donna Elvira dazwischen und führt die junge Bäuerin mit sich fort.

Donna Anna und Don Ottavio bitten Don Giovanni, ihnen bei der Suche nach dem Mörder des Komturs behilflich zu sein. Heuchlerisch bietet Don Giovanni seine Dienste an, da erscheint Donna Elvira und warnt die beiden vor Don Giovanni. Dieser meistert noch einmal die Situation: Er erklärt Donna Elvira für verrückt und weiß sie zu entfernen. Doch ein Wort oder eine Geste müssen ihn verraten haben. Donna Anna hat in ihm den Mörder ihres Vaters erkannt und fordert noch einmal leidenschaftlich ihren Verlobten auf, den Tod ihres Vaters an seinem Mörder zu rächen. Don Giovanni bereitet sich auf das bevorstehende Fest vor. Erneut nähert er sich

Zerlina, der es inzwischen gelungen ist, ihren eifersüchtigen Bräutigam zu beruhigen. Als Don Giovanni Zerlina mit sich in eine Laube ziehen will, stößt er dabei auf Masetto, der sich dort verborgen hat, um Zerlinas Treue zu prüfen. Schnell faßt sich Don Giovanni und lädt beide zu seinem Fest ein.
Vor seinem Haus erscheinen verkleidet und maskiert Donna Anna, Donna Elvira und Don Ottavio. Durch seinen Diener Leporello läßt Don Giovanni die drei Masken zu seinem Fest einladen. Don Giovanni begrüßt seine Gäste und gibt das Zeichen zum Tanz."

III Deutscher Tanz I Menuett II Kontertanz

Bühnenbildentwurf zur Ballszene aus Mozarts „Don Giovanni" von Max Slevogt (1868–1932), Dresden 1924

Die drei Tänze Menuett, Kontertanz und Deutscher werden, nacheinander beginnend, gleichzeitig gespielt. An den Tänzen beteiligen sich Don Giovanni, Donna Anna, Don Ottavio, Leporello, Zerlina und Masetto.

16 Überlegen Sie, welcher Tanz von welchem Paar getanzt wird.

Das Menuett, ein hochstilisierter Tanz im 3/4-Takt, wird von einem volltönenden Orchester gespielt (2 Oboen, 2 Hörner, Streichquintett), Kontertanz und Deutscher hingegen nur von Geigen, Cello und Kontrabaß, was der damals üblichen Praxis entspricht. Der Kontertanz steht im 2/4-Takt. Er war ursprünglich ein englischer Country-Dance, der am Hof Elisabeths I. getanzt wurde. Der Deutsche Tanz ist ein „Schleifer" im 3/8-Takt, damals von den Wiener Vorstadtgeigern gespielt. Seine typische Melodie mit den Vorschlägen entstammt diesem Vorstadtmilieu:

17 Spielen Sie auf geeigneten Instrumenten die Melodien der drei Tänze zunächst nacheinander, dann auch gleichzeitig. Wodurch wird das Zusammenspiel erschwert?

18 Hören Sie den Teil des Finales, in dem die drei Orchester zum Tanz aufspielen. (Das Stimmen und Einspielen der Instrumente ist in humorvoller Weise in die Komposition einbezogen!)
Wie kommt die Raumwirkung dieser Szene zustande?

67

Don Giovanni, 1. Akt, 20. Szene (Ausschnitt)

D.G.
L.
M.
gehn!
tà!
gehn!
tà!
Masetto (spöttisch)
Vor - treff - lich, vor - treff - lich, vor - trefflich, muß ge -
Va be - ne, va be - ne, va be - ne in ve - ri -
tr
(Zu Leporello)
Masetto schaff bei Sei - te!
A bada tien Ma - set - to!
(Zu Masetto)
War - um willst du nicht tan - zen, ar - mer
Non bal - li, po - ve - ret - to, po - ve -
stehn!
tà!
II. Orchester (stimmend)
(Auf der Bühne)
II. Orch.
Don Giovanni (zu Zerlina)
Reich mir die Hand zum Tan - ze, Zer - li - na, Zer -
Il tuo com - pa - gno io so - no, Zer - li - na, Zer -
Jun - ge?
ret - to!
Komm her, mein Freund Ma - set - to, tan - ze,
Vien quà, Ma - set - to ca - ro, ca - ro,
tr

(Beginnt mit Zerlina einen Kontertanz)
D.G.
li - na, komm mit mir! [142]
li - na, vien pur quà!
Leporello
L.
so wie's die an-dern tun.
facciam quel ch'al-tri fa.
Komm tan - ze, Freund Ma-
Eh bal - la, a-mi - co
Masetto
M.
Nein, nein, ich mag nicht tanzen.
No, no, bal-lar non vo-glio.
(Gibt das Zeichen)
II. Orch.
(Don Giovanni-Zerlina)
Donna Anna
D. A.
Ich
Re-
set-to!
mi-o!
Ja,
Si,
lie-ber Ma-set-to,
ca-ro Ma-set-to!
Masetto
Nein!
No!

(zu Donna Elvira)
D.A.
kann mich nicht mehr fas - sen.
si - ster non poss' i - o.
Donna Elvira
D.E.
Ver - stel - lung gilt es hier.
Fin - ge - te, per pie - tà.
Don Ottavio
D.O.
Ver - stel - lung gilt es hier.
Fin - ge - te, per pie - tà.
L.
tan - ze, tan - ze! Komm
Bal - la, bal - la! Eh
Masetto
M.
Nein, nein, ich mag nicht, nein, nein, ich mag nicht.
No, no, non vo - glio, no, no, non vo - glio.
III. Orchester (stimmend)
(Auf der Bühne)
III. Orch.
II. Orch.
(Tanzt mit Masetto den Deutschen)
L.
tan - ze, Freund Ma - set - to, so wie's die an - dern tun.
bal - la, a-mi - co mi - o, fac - ciam quel ch'al - tri fa.
(Gibt das Zeichen)
III. Orch.
II. Orch.

Zerlina
Ich Ar-
Oh Nu-
(Zieht die sich Sträubende mit sich fort)
Don Giovanni
Komm nur mit mir, mein Leben, komm, o folg mir! [146]
Vie - ni con me, mia vi - ta, vie - ni, vie - ni!
Masetto
(Entwindet sich Leporellos Händen und folgt Zerlina)
Laß mich los, hinweg! Zer - li - na! [144]
La - scia - mi, ah no, Zer - li - na!
(Leporello - Masetto)
III. Orch.
II. Orch.
D. Anna
Im
L'i-
D. Elvira
Im
L'i-
me bin ver - lo - ren!
mi, son tra - di - ta!
D. Ottav.
Im
L'i-
Leporello
(Geht eilig ab)
Ein Unglück wird es ge-ben! [147]
Qui na-sce u-na ru-i - na!
III. Orch.
II. Orch.

D. A.
eig- - nen Ne-tze fängt nun der Schänd - li-che sich
ni - - quo da se stes - so nel lac - - cio se ne
D. E.
eig- - nen Ne-tze fängt nun der Schänd - li-che sich
ni - - quo da se stes - so nel lac - - cio se ne
D. O.
eig- - nen Ne-tze fängt nun der Schänd - li-che sich
ni - - quo da se stes - so nel lac - - cio se ne
III. Orch.
II. Orch.
D. A.
hier!
và.
D. E.
hier!
và.
Zerlina (hinter der Szene, mit lauter Stimme; Geräusch
Z.
Ach, zu
Gen- - - te a- -
D. O.
hier!
và.
III. Orch.
II. Orch.

Auch in dem Walzer aus dem 1. Aufzug der Oper „Der Freischütz“ von *Carl Maria von Weber* erhält der Raum als Kompositionselement eine besondere Bedeutung:

Die Szene spielt auf dem Platz vor einer Waldschenke. Nach einem Sternschießen wird gesungen und getanzt. Den Einzugsmarsch führen Musiker auf der Bühne aus. Die weitere Musik aber wird vom großen Orchester übernommen, auch die des Walzers, der von der bunten Volksszene zu der dramatischen Arie des Jägers Max überleitet. Es ist düster geworden, die Musiker und die tanzenden Paare verschwinden in der Schenke.

19 Im zweiten Teil des Walzers wird eine Raumwirkung vorgetäuscht. Zeigen Sie anhand des Notentextes und des Hörbeispiels die musikalischen Mittel auf, mit denen der Komponist in raffinierter Weise den Effekt bis ins Detail, fast naturalistisch gestaltet. **68**

Beziehungen zwischen bildender Kunst und malender Musik

Der Gegenstand der folgenden Betrachtung ist eine „sinfonische Skizze" von *Claude Debussy.* Der Untertitel der Gesamtkomposition weist auf eine innere Verbindung zur bildenden Kunst hin. Man darf deshalb annehmen, daß der Komponist die assoziative Wahrnehmungsform bei seinem Stück durchaus für angemessen hält, zumal wir wissen, daß der musikalische Impressionismus in enger Bindung an die Malerei entstanden ist.

20 Hören Sie die „Skizze" als „Impression" eines Bildes. Schließen Sie vom Klangbild auf einen möglichen Bildgegenstand.

Der Beginn des hier betrachteten 2. Satzes der Komposition fängt wie ein impressionistisches Bild den Eindruck der bewegten Natur ein, in diesem Fall das Meer mit all seinen Licht- und Farbreflexen im Spiel von Wellen und spritzendem Schaum.

21 Zeigen Sie anhand des Partiturausschnitts (S. 247 ff.) und des Hörbeispiels die Vielfalt der musikalischen Mittel auf, mit denen diese Skizze komponiert ist. **69a**

Der Titel des ganzen Werkes lautet:

La mer. Trois esquisses symphoniques
1. De l'aube à midi sur la mer (Vom Morgengrauen bis zum Mittag auf dem Meer)
2. Jeux de vagues (Spiel der Wellen)
3. Dialogue du vent et de la mer (Dialog von Wind und Meer)

Es wurde in den Jahren 1903 bis 1905 komponiert. Ein Holzschnitt von Hokusai schmückt das Titelblatt der Erstausgabe (vgl. S. 246).

Debussy bewunderte die „raffinierte Schönheit" der japanischen Holzschnitte, vor allem die des Hokusai. „Die Woge", ein Vielfarbenholzschnitt, stammt aus der Folge „Sechsunddreißig Ansichten des Berges Fuji", die zwischen 1823 und 1832 entstanden ist (Tafel IV).

22 a) Vergleichen Sie das Titelblatt von „La mer" mit dem Farbholzschnitt von Hokusai. Worin bestehen die wesentlichen Unterschiede? Suchen Sie dafür Gründe.
b) Welche Elemente des Farbholzschnitts dürften den Impressionisten Debussy besonders angesprochen haben?

Titelblatt der Erstausgabe von Claude Debussys „La mer" (Durand, Paris, 1905)

La mer, 2. Satz: Jeux de vagues (Anfang)

(*) ou Célesta

Gdes Fl.
pte Fl.
Htb
Cor A.
Cl.
Bons
Cors
Tromp.
Cymb.
Trg.
Glock.
1re et 2de Harpes
p
più p
2o
1o et 2o (Sourdines)
3o (Sourdine)
pp
pizz.
sur la touche
arco
Div.

16
Animé (72 = ♩.)
arco
Animé (72 = ♩.)
pizz.
1°
Div.
4°

17
1º Solo
Htb
1º
Cors
Cymb.
Glock.
1re et 2de
Harpes
Div.
arco
Htb
Cl.
Bons
3e et 4e
Cors
Glock.
1re et 2de
Harpes
2º
à 2
doux
1º
p doux et expressif
pizz.
arco

Wenn man das Bild sukzessiv betrachtet und der Bewegung der Wellen vom Vordergrund des Bildes bis zu der großen Welle im Bildzentrum folgt, läßt sich eine Parallele zum Aufbau der sinfonischen Skizze von Debussy feststellen. Das folgende Diagramm zeigt den dynamischen Verlauf des Satzes. Klangdichte und Tempo ändern sich mit der Dynamik: Eine dynamische Steigerung ist meistens mit zunehmender Klangdichte und sich steigerndem Tempo verbunden.

23 Verfolgen Sie beim Anhören des Satzes die Verlaufsgrafik. Beachten Sie insbesondere das Wechselspiel von Klangfarben und Klangbewegung.

2. Satz: Jeux de vagues

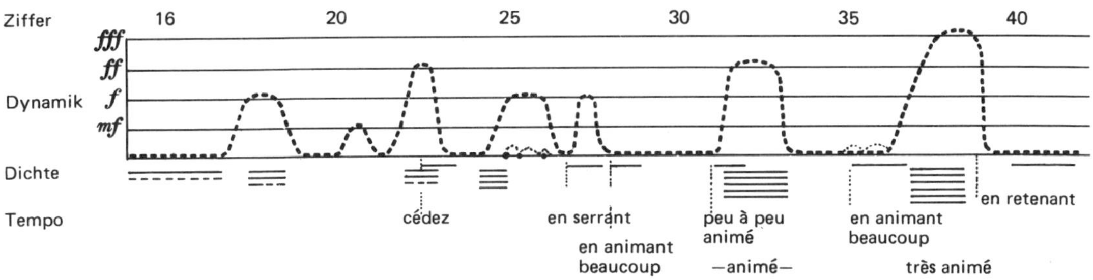

In den letzten beiden dynamischen Steigerungen dürften sich die beiden Wellen des Bildes erkennen lassen: die helleren Farbtöne der kleineren, der Hell-Dunkel-Kontrast sowie das plötzliche Abkippen und Versprühen der großen Welle in den zarten Farbnuancen des Horizonts. Diese auf Hokusais Holzschnitt bezogene detaillierte Deutung der Musik berührt die Grenze des Vertretbaren, denn außer der Titelgrafik und den Überschriften zum Gesamtwerk sowie zu den einzelnen Sätzen liegen uns keinerlei Hinweise des Komponisten vor. Sie will zur Diskussion und zum Überdenken des eigenen Standpunkts herausfordern.

24 Hören Sie nochmals den Schlußteil des Satzes ab Ziffer 29.
Suchen Sie Gründe, die für, und andere, die gegen die gegebene Interpretation sprechen.

69b

Die Collage als gemeinsame Kompositionstechnik in bildender Kunst und Musik des 20. Jahrhunderts

Die Collage hat zahlreiche Vorläufer in vergangenen Jahrhunderten. Aber erst im 20. Jahrhundert wird sie zu einem neuen gültigen Ausdrucksmittel in Malerei und Musik. Die Kubisten des frühen 20. Jahrhunderts (G. Braque, P. Picasso) versuchten mit Hilfe der Collagetechnik die Bildoberfläche aufzuspalten. Die Formbestandteile erscheinen gleichzeitig, aber in wechselnder Sicht, der Bildraum wird vielschichtig und irrational (vgl. S. 156). Im Werk des Malers Max Ernst hat die Collagetechnik einen Höhepunkt erreicht. Er schildert in seinem 1933 veröffentlichten Artikel „Inspiration to order" ein Erlebnis, das ihn zu zahlreichen Collagen anregte.

25 Erläutern Sie anhand des folgenden Ausschnitts aus dem Artikel von Max Ernst die wesentlichen Merkmale der Collage.

„Als ich mich an einem regnerischen Tag im Jahr 1919 in einer Stadt am Rhein befand, übten plötzlich die Seiten eines illustrierten Kataloges eine überraschende Obsession auf meinen Blick aus, auf denen Gegenstände abgebildet waren, die zu anthropologischen, mikroskopischen, psychologischen, mineralogischen und paläontologischen Demonstrationen dienten. Ich fand dort derart wesensfremde gegenständliche Elemente vereinigt, daß die Absurdität dieser Zusammenstellung eine plötzliche Steigerung meiner visionären Fähigkeiten bewirkte und eine halluzinatorische Folge widerspruchsvoller, doppelter, dreifacher und vielfacher Bilder vor mir entstehen ließ, die sich mit der Eindringlichkeit und der Geschwindigkeit ablösten, wie sie Liebeserinnerungen oder Visionen des Halbschlafes eigen sind.
Die Bilder verlangten von sich aus nach einer Vereinigung auf neuer Ebene, in einem neuen Unbekannten (der Ebene des Unangemessenen). Um wiederzugeben, was ich innerlich sah, genügte es mir, diesen Katalogseiten zeichnend oder malend eine Farbe, ein paar Bleistiftstriche hinzuzufügen, die dargestellten Gegenstände mit einer fremden Landschaft, der Wüste, einem Himmel, einem geologischen Schnitt, einem Boden, einer einzigen geraden Linie, die den Horizont bezeichnet, zu umgeben, um auf diese Art ein genaues, festes Bild meiner Halluzinationen zu erzeugen, um das, was zuvor nur banale Seiten eines Reklamekataloges gewesen waren, in Dramen zu verwandeln, die meine geheimsten Wünsche offenbarten."

Max Ernst (1891–1976): Bühnenbildentwurf zu dem Ballett „Ubu in Ketten", 1937

Max Ernsts Bühnenbildentwurf zu dem Ballett „Ubu in Ketten" nach einem Theaterstück von Alfred Jarry ist eine Collage: Obelisken, Tandemfahrrad, Stuhl und Schirm entstammen alten Katalogen; die Landschaft des Hintergrunds ist eine farbige Kreidezeichnung. (Die genannten Gegenstände sollen in natürlicher Größe im Bühnenraum schweben.)

26 Versuchen Sie in Gruppenarbeit einen eigenen Bühnenbildentwurf zum Thema Ubu in Collagetechnik zu erstellen. Lesen Sie dazu die folgenden Informationen:

„Ubu roi" von Alfred Jarry ist das erste Stück aus einem Zyklus von fünf Theaterstükken, der zwischen 1894 und 1906 entstanden ist. Ubu ist eine typische Figur der Theaterklamotte. Farce und Satire machen das Stück zum Vorläufer des Dadaismus und Surrealismus.
Jarry sieht in Ubu ein „être ignoble", einen ordinären Typ, der der Bruder eines jeden von uns ist. Destruktion und Innovation sind die Pole, zwischen denen er steht. Er verneint alles, zerstört selbst Ruinen, um der Welt letztlich die Reinheit des Meeres, das Ubu mehrfach zur Flucht aus ausweglosen Situationen verhilft, zu geben.
Das Stück wirkt wie eine Parodie auf Shakespeares Königsdramen. Die Motive sind Machthunger eines „Maître de Phynances", Königsmord, Rache, Untreue, Verrat, Flucht übers Meer, nach der in einem anderen Lande dasselbe Spiel von neuem beginnt.
Mit der Verwendung von phantastischen Masken unterstreicht Jarry die makabre Komik des Stücks und schlägt damit eine Brücke vom absurden Theater seiner Zeit zum Theater der Antike. (Nach P. Brunel u. a.)

Ein Teil der Komposition „Présence" (1961) von *Bernd Alois Zimmermann* (1918 bis 1970) bezieht sich auf das Theaterstück von Jarry. Das Mittel der Collage dient dem Komponisten dazu, seine Idee der „pluralistischen Kompositionsart" zu verwirklichen. Aus den „Werkstattgesprächen mit Komponisten" von Ursula Stürzbecher erfahren wir:

„Er wollte dieses Adjektiv ‚pluralistisch' keinesfalls soziologisch verstanden wissen, er gehe vielmehr von der philosophischen Sicht aus. Pluralismus versinnbildliche in gewisser Weise die Einheit der Zeit. Auch Augustinus spreche in seinen ‚Confessiones' über die Einheit der Zeit: Vergangenheit, Gegenwart und Zukunft wirkten zusammen. Er, Zimmermann, spreche gern von der ‚Kugelgestalt der Zeit': Die Gegenwart stelle die Schwelle dar zwischen Vergangenheit und Zukunft. Es gebe keine Vergangenheit ohne Zukunft, wie es auch keine Zukunft gebe ohne Vergangenheit.
1956 schrieb Zimmermann in der ‚Frankfurter Allgemeinen Zeitung' einen Aufsatz unter dem Titel ‚Intervall und Zeit'. Das Jahr 1956 zu nennen sei insofern wichtig, als genau zu der gleichen Zeit Stockhausen seinen Aufsatz ‚Wie die Zeit vergeht' veröffentlichte. Beide Aufsätze seien unabhängig voneinander geschrieben, und beide Komponisten gelangten zu völlig gegensätzlichen Ergebnissen.
Für ihn, Zimmermann, bedeute die Idee von der Einheit der Zeit einen wesentlichen Faktor seiner Komposition. Ein Komponist müsse sich vor allen Dingen mit der Zeit auseinandersetzen: denn in einer Komposition würde die Zeit gewissermaßen ‚überwunden', sie würde zum Stillstand gebracht. In der Überwindung der Zeit liege für ihn das Glück des Komponierens, die Gewalt der Musik würde auf diese Weise deutlich.

Auch ihm selbst sei das alles erst klar geworden, nachdem er die Saudade geschrieben habe. Doch wie wirkte es auf andere, auf die Hörer? Verstünden sie, was er meine, was er ausdrücken wolle, aus welchen Gründen er diese Übereinanderschichtung und Zusammenschiebung der verschiedenen musikalischen Linien versuche? Er glaube, daß mit Hilfe der Collagen seine Idee von einer pluralistischen Komposition sinnfällig klar und bewußt zu machen seien. Deshalb komponiere er so oft mit Collagen. In den ‚Dialogen für zwei Klaviere und Orchester' z. B. habe er in der Kadenz Teile von Debussys ‚Jeux' mit Takten aus Mozarts Klavierkonzert in C-Dur und dem Hymnus ‚Veni creator spiritus' kombiniert.
‚Présence', ein szenisches Konzert für Geige, Cello und Klavier, sei weit davon entfernt, ein Klaviertrio zu sein, da auch ein Sprecher und drei Tänzer die Aufmerksamkeit auf sich zögen. Die Instrumente symbolisierten Gestalten aus der Literatur: Die Geige stelle Don Quichote dar, das Cello male Molly Bloom aus dem ‚Ulysses', das Klavier illustriere den Ubu Roi von Jarry[1].
Zitatartig eingeschobene Collagen nehme er ebenso gern in seine Partituren hinein. Je unerwarteter, ja überraschender das Zitat erscheine, desto größer sei die Wirkung. In einer modernen Partitur ein Zitat von Bach, Richard Strauss oder Prokofieff müsse die pluralistische Kompositionsart wirklich erkennbar machen. Und doch würden diese zitatartigen Collagen beim Publikum zu den größten Mißverständnissen führen können."

27 Überlegen Sie anhand der vorstehenden Ausführungen, wie eine kurze musikalische „Szene" zum Thema „Ubu Roi" mit den Mitteln der Collage im surrealistischen Stil gestaltet werden könnte. Fertigen Sie selbst in Analogie zu Ihrem Bühnenbildentwurf ein Klangbild an (z. B. Kombination von vorhandener Musik, Umweltgeräuschen, eigener Improvisation, Tonbandaufnahme).

Bernd Alois Zimmermanns „Présence" hat den Untertitel „Ballet blanc en cinq scènes pour violon, violoncello et piano". Die dritte Szene ist auf den folgenden Seiten wiedergegeben.

[1] Figuren aus „Don Quichote" von Cervantes, „Ulysses" von James Joyce und „Ubu Roi" von Alfred Jarry

3ième scène, Solo (pas d'Ubu)

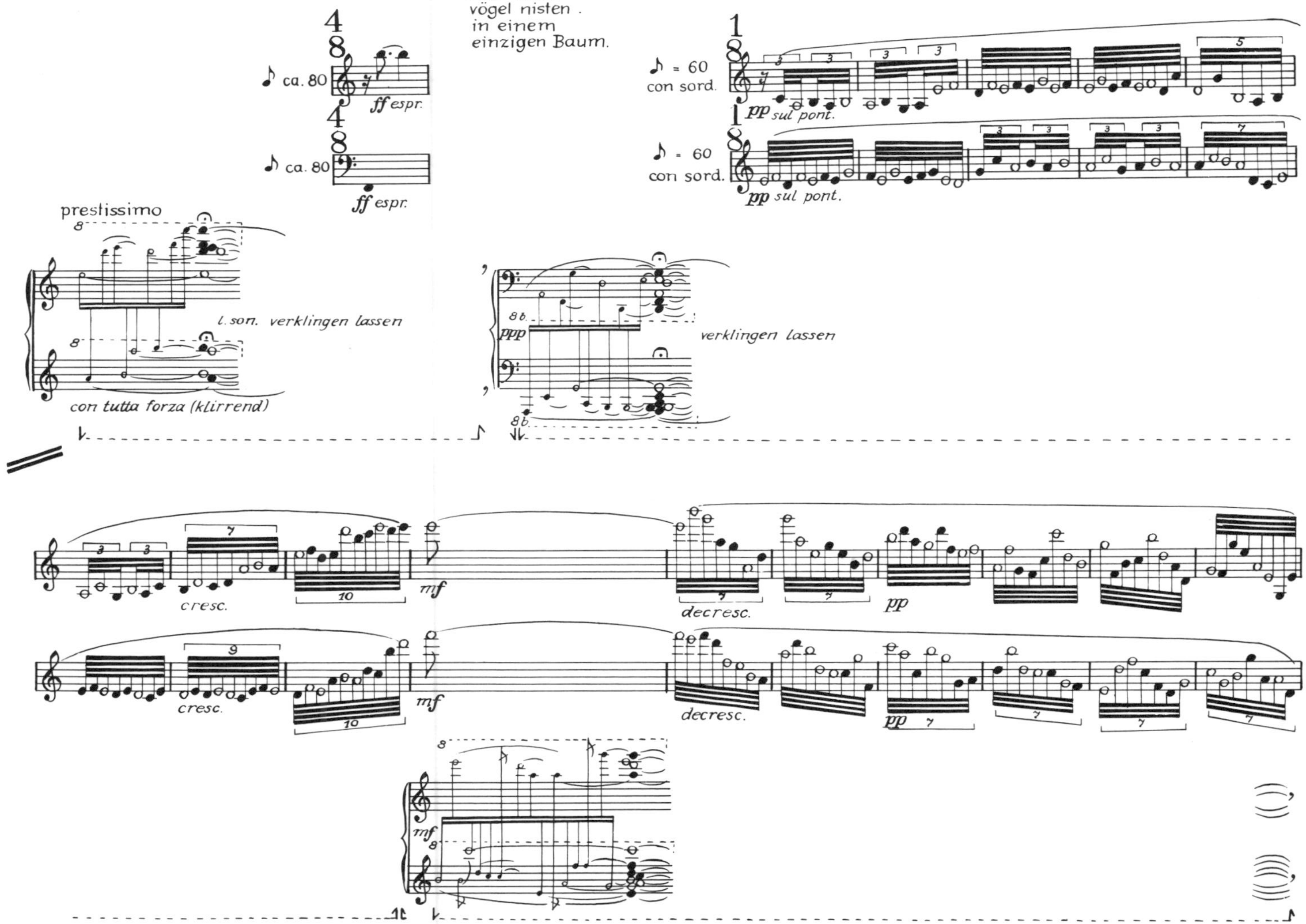

a
x) Anschlag mit Ring am Finger
prestissimo possibile
sempre con tutta forza
espr.
mf
prestissimo
sempre spiccato
e sempre pp
m.s.
espr. mollo
p
cresc.
prestissimo
ffff
b tempo di valse
♩. = 63 - 72
ritenuto
senza sord.
mf
(pizz. flag.)
pizz. sempre sonante
Ritmo fisso, grazioso
♪ = 63
♪ = 72
ff
ppp
pp
sffz
Ped. giusto
senza Ped.

dolce
arco
mp espr.
pizz.
Prokofieff, Sonate op. 83 „andante caloroso", Takt 8-10
espr. molto
p espr. molto
con tutta forza
pp sempre
Prokofieff a. a. O. Takt 11-12
cresc. molto
attacca

♪ = 112
quasi staccato
f dim.
quasi staccato
so schnell wie möglich
ff
mf
ff
mf
ff
f
♪ = 112
ff
mf
ff
f
p
Stockhausen
„Nr. 5 Zeitmasse"
S. 10 - 𝄐 S. 11
p
ff
mf cresc.
ff
dim.
senza rit.
sfz ff>mf
An dieser Stelle steht der „speaker" rasch auf, nimmt seine Kopfbedekkung ab und buchstabiert stumm aber deutlich akzentuierend, indem er die Kopfbedeckung vor die Mitte des Körpers führt, "le mot d'Ubu":
♪ = 112
dim.
mf cresc.
ff
dim.
senza rit.
sfz mf
M-E-R-D-R-E!
Daraufhin setzt der „speaker" wieder seine Kopfbedeckung auf und nimmt ohne jede Attitüde Platz.
m. s. „schnell verlangsamen"
f
ff
p
ff
ff
ff sempre
senza rit.
sfz
Attacca.

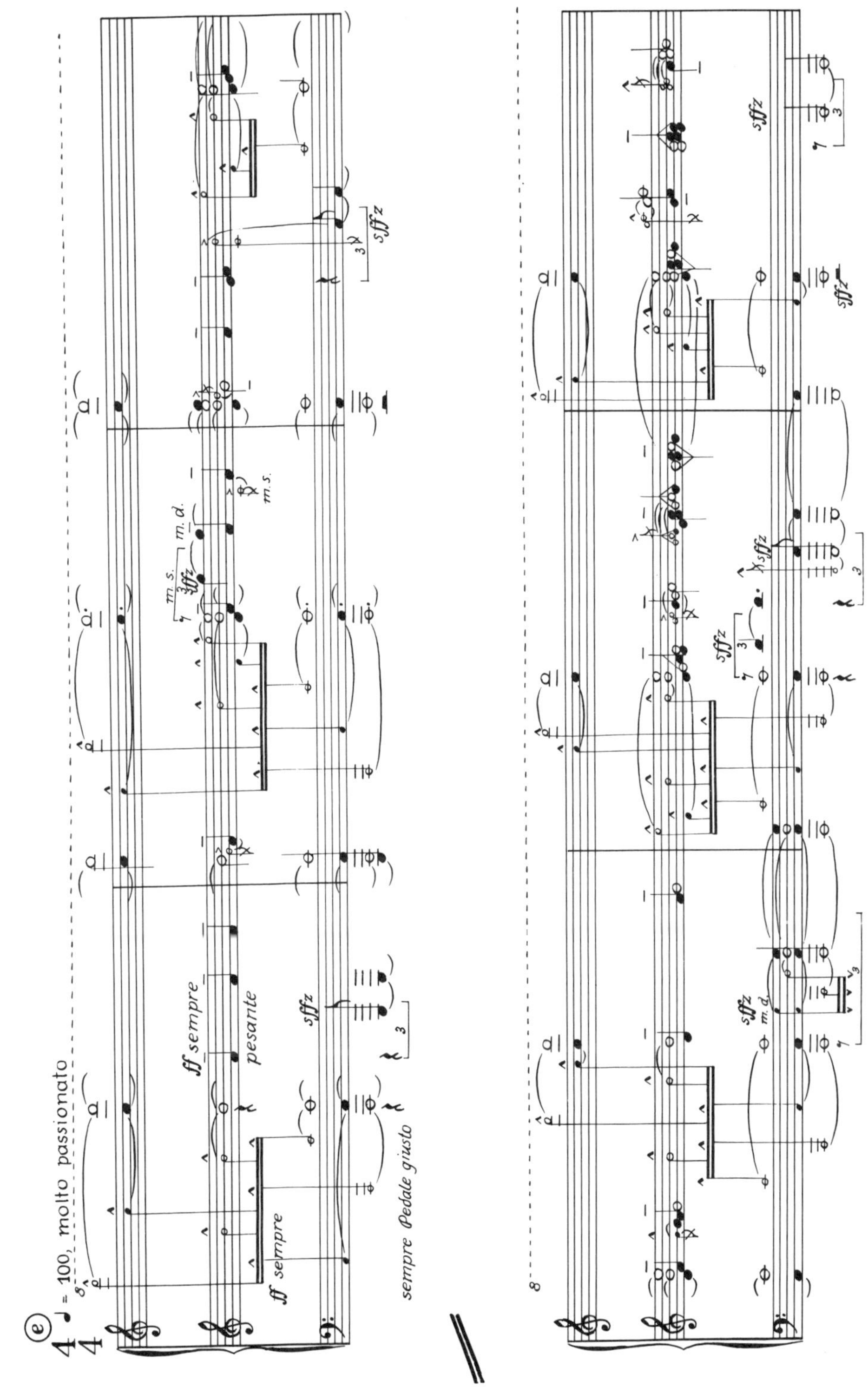

e
♩ = 100, molto passionato
ff sempre
ff sempre
pesante
sffz
sempre Pedale giusto
m.s.
m.d.
m.s.
sffz
m.d.

Ritmo fisso
♩ = 90
sffz
Ritmo fisso
♩ = 90
pizz.
ff
arco
pizz.
3 arco
f sempre
f
m.S.
ff sempre
ff sempre
Ritmo libero
semper idem
ppp∾mp
ganz freies, in sich versunkenes Repetieren des Tones; der Spieler gehe dabei bis an die Grenze der Kommunikationsfähigkeit des Publikums: nicht zu ängstlich! Voraussetzung ist, daß der Spieler den Repetitionston zu „tragen" vermag.
ppp
a piacere

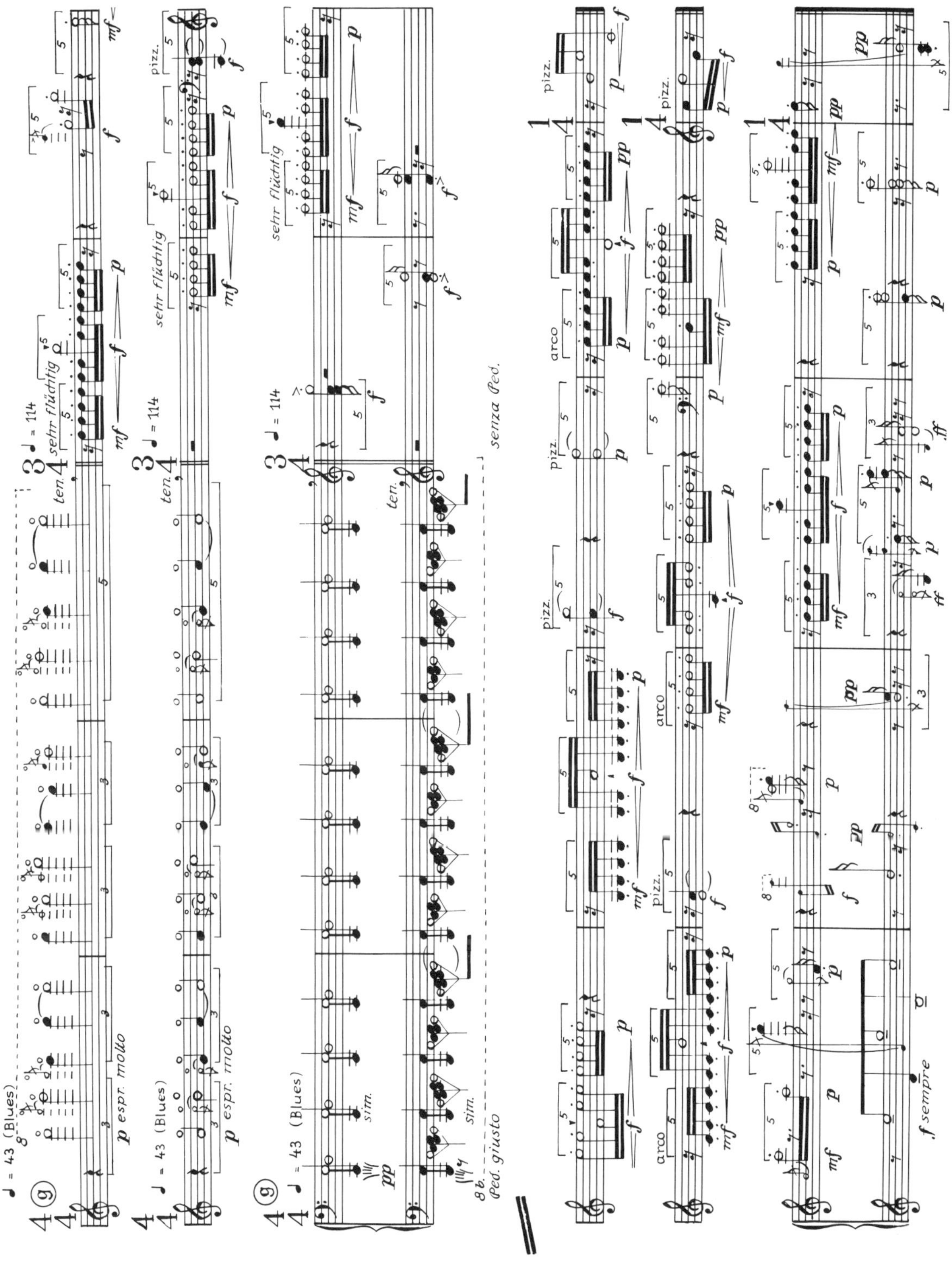
♩ = 43 (Blues)
p espr. molto
ten.
♩ = 114
sehr flüchtig
pizz.
sim.
Ped. giusto
senza Ped.
arco
f sempre

Die „Mode d'emploi“ (Gebrauchsanleitung) erklärt die verwendeten Zeichen:

1) ♩ – klingt wie notiert

2) 𝅗𝅥 – klingt einen Halbton tiefer

3) ♦ – klingt einen Viertelton höher als bei 1)

4) ◊ – klingt einen Viertelton tiefer als bei 1)

◇ ◆ ○ ● – hat den Wert einer halben Note

Bindebögen zeigen gegebenenfalls die Dauer der Noten an, die über den Wert einer halben Note hinausgehen.

– Cluster möglichst chromatisch auszuführen mit entsprechend wechselnder Breite, von der geballten Faust bis zum Ellenbogen mit oder ohne Handfläche bzw. -kante reichend.

↓ – Niederdrücken des rechten Pedals

↑ – Lüften des rechten Pedals

↓ – Niederdrücken des linken Pedals

↑ – Lüften des linken Pedals

⇊ – Niederdrücken beider Pedale

⇈ – Lüften beider Pedale

Punktierte Linie zeigt die Zeitdauer des Pedals an.

Die „Anmerkung“ zur Aufführung versetzt uns in die Atmosphäre, in der das Stück erklingen soll:

„ Bei den Aufführungen des Werkes – auch im Konzertsaal – zieht der speaker, der über eine gewisse tänzerische Ausbildung verfügen sollte, an einer entsprechenden Vorrichtung die heraldischen Symbole – Wortembleme – jeweils zu Beginn der entsprechenden Szene auf ... Der Auftritt des speakers erfolgt korrekt und ohne jede Attitüde. Die Kopfbedeckung wird nicht abgenommen. Nachdem der speaker sich vor den Musikern wie ein Dirigent aufgestellt hat, wendet er sich dem Publikum zu, macht eine knappe Verbeugung, tritt zur Vorrichtung und hißt das heraldische Zeichen der ersten Szene und begibt sich mit einer knappen (und in den jeweiligen Szenen den Inhalt derselben andeutenden) Attitüde an seinen Ausgangspunkt zurück, wo er auf einem Stuhl Platz nimmt. Während der musikalischen Ausführung der Szenen bleibt der speaker – mit Ausnahme der dritten – unbeweglich in korrekter Haltung, immer mit der Kopfbedeckung, sitzen ... Bei der dritten Szene erhebt sich der speaker an einer in der Partitur bezeichneten Stelle rasch, aber nichtsdestoweniger korrekt, nimmt die Kopfbedeckung ab und buchstabiert stumm „le mot d'Ubu“: m-e-r-d-r-e[1]. Daraufhin setzt der speaker die Kopfbedeckung wieder auf und nimmt Platz. Wenn das Stück beendet ist, steht er wiederum auf, macht eine knappe Verbeugung gegen das Publikum, wobei er in unmißverständlicher Weise die Kopfbedeckung, diesmal mit einer gewissen Grazie, abnimmt, aufsteht rasch und korrekt das Podium verläßt.“

[1] Etwa mit „Schreiße“ zu übersetzen

Der thematische Bezug der einzelnen Szenen und ihre Besetzung bieten dem Komponisten hinreichend Material für eine pluralistische Komposition mit dem Titel „Présence“:

- Drei Instrumente symbolisieren drei literarische Figuren, die von drei Tänzern dargestellt werden: Verbindung von Musik, Literatur und Tanz.
- Traditionelle Instrumente verwenden neue Spieltechniken (z. B. Vierteltöne und Cluster): Verbindung von Gegenwart und Vergangenheit.
- Figuren aus verschiedenen Ländern und Zeiten werden Gegenwart, ebenso wie die zwei verfremdeten Tänze „Valse“ und „Blues“: Verbindung von Zeiten und Räumen.

28 Hören Sie die dritte Szene aus „Présence“ mit Hilfe der Partitur. Vergleichen Sie die Vielschichtigkeit der Klangcharakteristik mit dem Charakter des Ubu. **70**

29 Bei einem nochmaligen Anhören sollten Sie sich an der nachfolgend gegebenen Formanalyse orientieren. **70**

a) Wo empfinden Sie den Höhepunkt des Stückes?

b) Warum befindet sich der Höhepunkt zeitlich vor der Mitte des Stückes? Erklären Sie dies aus Zimmermanns Gedanken zur Überwindung der Zeit. In welchem Abschnitt der Partitur kommt die Zeit quasi zum Stillstand?

c) Welche Bedeutung kommt den musikalischen Zitaten (Prokofjew, Stockhausen) zu, die sich am Kulminationspunkt der Szene „attacca“ aneinanderreihen?

Présence, 3. Szene

Zeit (Minuten)	0 – 0'35	0'35 – 1	1 – 1'20	1'20 – 1'45	1'45 – 2	2 – 2'15	2'15 – 2'45	2'45 – 3	3 – 4	4 – 4'20	4'20 – 4'45 – 5
Abschnitte	a		b	c	d	e	f			g	
	Einleitung			Tempo di Valse	Zitat	Zitat	„merdre“				Blues Koda
Klangfarben	V Vc Kl	Klavier Solo	Klavier Solo	Flageolett, pizz. V Vc (Kl)			(+V Vc) Klavier Solo	→	→	→	Flag., pizz. V Vc (Kl) Cluster

30 Lesen Sie noch einmal die ersten beiden Absätze aus Zimmermanns Ausführungen über die Zeit. Welche Deutung legt die Tatsache nahe, daß das musikalische Zitat aus Stockhausens „Zeitmaßen“ in das „mot d'Ubu“ mündet?

Die Collage ist ein Stilmittel, mit dem der Komponist eine vorgegebene Musik mit einer unerwarteten Wirkung versehen kann:

- philosophisch (Zeitidee)
- provokativ (Kritik)
- künstlerisch (Verfremdung).

Musik und Sprache

Aus Johann Peter Lysers „Musicalischem ABC“, 1850
Lyser (1803–70), Maler und Novellist, gehörte zum Schumann-Kreis der „Davidsbündler“ und wurde mit charakteristischen Karikaturen Beethovens bekannt.

Die Poesie, der Musik gehorsame Tochter?

Gesang bestimmte jahrhundertelang die abendländische Musik; eine reine Instrumentalmusik hörte man zu jener Zeit allenfalls, wenn zum Tanz aufgespielt wurde. Beim Singen tritt in der Regel ein Text in Erscheinung. So vollzog sich die Entwicklung der Musik in enger Verflechtung mit der Sprache.

1 Sind in der populären Musik der Gegenwart Stücke mit Gesang oder reine Instrumentalstücke reicher vertreten? Schätzen Sie ab, und überlegen Sie Gründe für ein Überwiegen.

Von Epoche zu Epoche wechselte der Stil der Musik oft gerade auch im Hinblick auf ihre Textverbundenheit: Trat einmal der Textvortrag in den Vordergrund, so entfalteten sich im anderen Fall mehr die musikalischen Kräfte unabhängig von der sprachlichen Aussage. In der musikhistorischen Forschung wurde bereits die Hypothese einer periodischen Wiederkehr dieser beiden Entwicklungsrichtungen formuliert.
Die folgende Komposition von *William Byrd* ist um 1600 entstanden und verkörpert den Vokalstil jener Zeit. Byrd, Organist der königlichen Kapelle unter Elisabeth I., gilt als einer der angesehensten Musiker Englands im ausgehenden 16. Jahrhundert.

Non nobis Domine

2 Singen Sie das Vokalstück „Non nobis Domine“, eventuell auch mit Unterstützung durch Instrumente. Welche Kompositionsform wird beim Einstudieren der einzelnen Stimmen erkennbar? Legte der Komponist mehr Wert auf die Vermittlung der Textaussage oder auf die Kunst des musikalischen Satzes?

Um die gleiche Zeit disputierte in Florenz ein Kreis von Gelehrten, Künstlern und Mäzenen, die Florentiner „Camerata“, kritisch über die Fortentwicklung der Musik. Der Sänger und Komponist Giulio Caccini berichtet (im Vorwort zu seinem Werk „Nuove musiche“, 1602) später über die Ergebnisse dieser Auseinandersetzungen:

„Ich habe in der sehr kunstsinnigen camerata des erlauchten Herrn Bardi, Grafen von Vernio, verkehrt, als sie in höchster Blüte stand und ihr nicht allein ein großer Teil des Adels, sondern auch die ersten Musiker, die bedeutendsten Männer, Poeten und Philosophen der Stadt angehörten. Ich kann sagen, daß ich bei ihren Gesprächen mehr gelernt habe als in dreißigjähriger Übung der kontrapunktlichen Schreibweise. Diese gebildeten Edelleute und trefflichen Männer haben mich stets darin bestärkt und es mir mit Gründen belegt, daß die Musik keine Wertschätzung verdient, wenn sie die Worte unvollkommen verstehen läßt oder wenn sie, dem Sinn und Versmaß entgegen, Silben verlängert oder verkürzt, lediglich dem Kontrapunkt zuliebe. Das ist ein Zerreißen der Dichtung. Man riet mir also, ich solle mich jener von Plato und anderen klassischen Schriftstellern gerühmten Kunst zuwenden. Diese Philosophen aber bezeugen, daß die Musik zunächst Sprache und Rhythmus sei und erst dann Ton, nicht umgekehrt. Mir kam daher der Gedanke, eine Art von Musik zu setzen, in der man gleichsam harmonisch zu sprechen vermag infolge der Einführung einer edlen Zurücksetzung des eigentlichen Gesanges gegenüber dem Worte.“

In der vermeintlichen Nachahmung der Textrezitation antiker Tragödien bemühte man sich um einen neuen Gesangsstil, der von der Sprache ausging:

„Auch bemerkte ich, daß in unserer Redeweise einige Worte so betont werden, daß sich darauf Harmonie gründen läßt und daß man im Laufe der Rede durch viele andere hindurchgeht, die nicht betont werden, bis man zu einem andern kommt, das der Bewegung einer neuen Konsonanz fähig ist. Ich gab nur acht auf diese Weisen und Akzente, deren man sich im Schmerz, in der Freude und Ähnlichem bedient, ließ den Baß sich ihnen gemäß bewegen, bald mehr, bald weniger, je nach den Affekten, und hielt ihn fest durch die guten und falschen Proportionen, bis die Stimme des Redenden, durch verschiedene Noten hindurchgehend, dahin kam, was im Reden gewöhnlich betont, einem neuen Zusammenklang die Bahn öffnet … So habe ich geglaubt, daß dies der Gesang sei, den allein uns unsere Musik geben kann, indem sie sich nach unserer Sprache richtet.“

Die „nuove musiche“, die neue Art zu singen (auch als „Monodie“ bezeichnet), bestimmte nun im „Dramma per musica“ die Aktion der Schauspieler auf der Bühne. Anstelle der Wiedererweckung antiken Theaters war eine neue Kunstgattung entstanden, die Oper.

Claudio Monteverdi schuf als erster Werke von zeitloser Bedeutung im monodischen Stil, so den 1607 entstandenen „Orfeo". Dieser Mythos vom gottbegnadeten Sänger wurde auch später vielfach vertont. Orfeo wagt es, in die Unterwelt hinabzusteigen, um die ihm durch den Tod entrissene Gemahlin Euridice mit Hilfe des Gesangs wieder ins Leben zurückzuführen.

Orfeo (Ausschnitt)

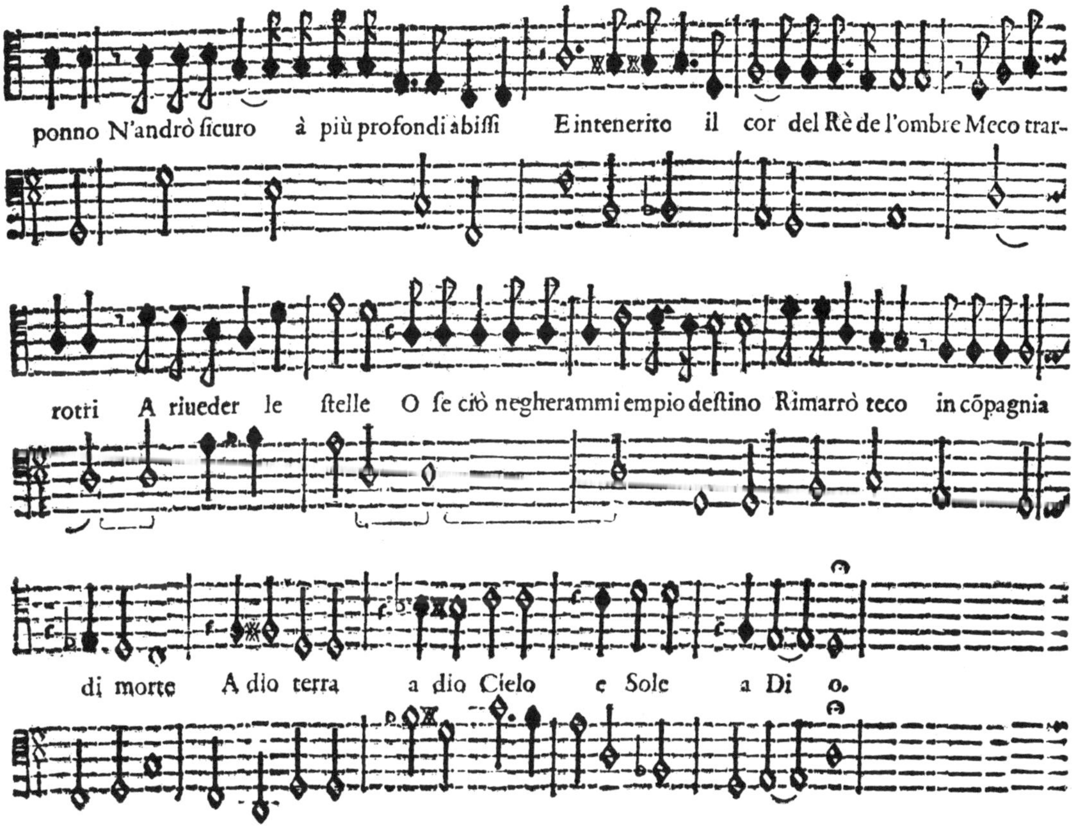

Nein! Wenn die Macht des Lieds nicht blasse Fabel, steig' ich beherzt in jene tiefsten Klüfte, die Brust des Schattenfürsten zu erweichen, und leite dich zurück zum Blick der Sterne. Wird aber dies vom Schicksal mir verweigert, bleib' ich bei dir, mit dir im Tod verschwistert. – Leb wohl, du Erde, Himmel und Sonne, lebet wohl!

71 3 Hören Sie einen Ausschnitt aus Monteverdis „Orfeo“, zeigen Sie, inwiefern die Komposition den Anweisungen von Caccini folgt, und beschreiben Sie die musikalische Ausführung im Hinblick auf das Notenbild. Wo lassen sich musikalische Kräfte erkennen, die über den Sprachvortrag hinausgehen?

Damals entstand die bis heute gebräuchliche Art, Gesang mit Akkorden zu begleiten. Über ein Jahrhundert lang notierte man diese in Generalbaßschrift (vgl. S. 27). Die Tendenzen, entweder die reine Sprachrezitation zur Geltung zu bringen oder dem Text eine ausdrucksvolle, bewegende Musik hinzuzufügen, hoben sich bald so stark voneinander ab, daß sie sich in zwei speziellen Kompositionsformen manifestierten: in Rezitativ und Arie. Diese ergänzten sich, indem zunächst die Handlung rezitativisch artikuliert bzw. vorangetrieben wurde und in der darauffolgenden Arie die ausgelösten Emotionen zum Ausdruck kamen (vgl. auch S. 30). Hatte der Komponist im Rezitativ seine musikalische Phantasie im Zaum zu halten, so fand sie in der Arie um so freiere Möglichkeiten. Die Musik erwies sich dem Wort überlegen, wo es um den Ausdruck von Leidenschaften und Gemütsbewegungen ging.

72 4 Hören Sie dazu einen Ausschnitt aus Mozarts „Zauberflöte“: Die Königin der Nacht gibt sich Rachegedanken hin – gleichsam „der Worte nicht mehr mächtig“ –, nachdem sich ihre Tochter Pamina für die Weisheitslehren des Todfeindes Sarastro gewinnen ließ.

Mozart greift in dieser Arie den extrem gesteigerten Gesangsstil spätbarocker Opernkunst auf, um ihn in den Dienst seiner dramatischen Gestaltung zu stellen. In den meisten Opern jener Zeit aber dienten derart virtuose Koloraturen zur Darstellung der Stimmfertigkeit des Gesangsstars (Primadonnenkult), so daß nicht selten Operntexte und -handlung zur Nebensache wurden.

Die sogenannten Reformopern von Christoph Willibald Gluck, vor allem die 1762 entstandene Oper „Orfeo ed Euridice“, stehen in bewußtem Gegensatz zum Schematismus und zur Erstarrung der spätbarocken Opernformen. Seine Werke führten in Paris zu heißen Auseinandersetzungen seiner Anhänger mit Verfechtern der traditionellen Kunst. Gluck strebte in seinen Opern das Ziel an, „*... sie von all den Mißbräuchen freizuhalten, die, eingeführt teils durch die übel angebrachte Eitelkeit der Sänger, teils durch die allzu große Gefälligkeit der Komponisten, die italienische Oper schon so lange Zeit entstellen und das prächtigste und schönste Schauspiel in das lächerlichste und langweiligste verkehren. Ich war darauf bedacht, die Musik wieder zu ihrer wahren Aufgabe zurückzuführen, nämlich der Dichtung in ihrem Ausdruck der Empfindungen und dem Reiz der Situationen zu dienen, ohne die Handlung zu unterbrechen oder sie durch unnütze und überflüssige Verzierungen abzukühlen. Ferner war ich der Meinung, die Musik müsse für die Poesie da sein, was in einer sorgfältigen und wohlangelegten Zeichnung die Lebhaftigkeit der Farben und die wohlverteilten Gegensätze von Licht und Schatten bewirken, die dazu beitragen, die Figuren zu beleben, ohne ihre Umrisse zu entstellen. Ich wollte daher also weder einen Darsteller in der größten Hitze des Dialogs unterbrechen, um ihn ein langweiliges Ritornell abwarten zu lassen, noch wollte ich ihn mitten im Wort auf einem gutliegenden Vokal festhalten oder ihm Gelegenheit geben, in einer längeren Passage die Beweglichkeit seiner schönen Stimme zur Schau zu stellen, oder ihm durch ein Orchesterzwischenspiel eine Atempause für eine Kadenz zu liefern ...*

Ich bin der Meinung, ... daß das Orchester nach Maßgabe des Interesses und des Affektes behandelt werden muß, ohne daß der Dialog einen einschneidenden Unterschied zwischen Arie und Rezitativ zuläßt ... Ich war ferner der Ansicht, daß meine größte Anstrengung sich darauf beschränken müsse, eine schöne Einfachheit zu erreichen. Ich habe es vermieden, um die Schwierigkeiten zum Schaden der Klarheit ein Aufhebens zu machen ... Der Erfolg hat meine Grundsätze gerechtfertigt, ... daß Einfachheit, Wahrheit, Natürlichkeit in den großen Ursprüngen des Schönen und in allen Äußerungen der Kunst sind ...“

(Aus der Vorrede zur Oper „Alceste“, 1769)

W. A. Mozart erfüllt in seinen Opern Glucks Vorstellungen auf ideale Weise. Dabei schlagen einzelne Szenen bereits eindrucksvoll die Brücke in das sich reich entfaltende Musiktheater des 19. Jahrhunderts.

Im Finale des 1. Aktes der Oper „Die Zauberflöte“ (1791) sucht der Prinz Tamino Einlaß in den Tempel des Sarastro, um Pamina aus dessen Bann zu befreien. Drei Knaben, als Lichtboten, sprechen ihm Mut zu, zwei Priester des Sarastro verweigern ihm den Zutritt. Im märchenhaften Gewand offenbart die Oper zutiefst menschliches Fühlen, Denken und Handeln. Ihre Vielschichtigkeit und Hintergründigkeit hat zu zahlreichen Deutungen Anlaß gegeben. Mozarts Musik, zugleich schlicht und höchst differenziert, folgt flexibel dem Text, um jede seelische Regung ausdrucksvoll hervortreten zu lassen.

Szenenfoto aus einer Aufführung von Mozarts „Zauberflöte“ in der Bayerischen Staatsoper, München

5 Hören Sie die Opernszene, und lesen Sie den im folgenden abgedruckten Text mit. In der rechten Spalte wird auf einige Besonderheiten der Textvertonung hingewiesen. Bedenken Sie beim Hören Glucks Darlegungen idealer Opernkunst. Wie verhält sich hier Mozarts Stil zur ursprünglichen Idee und Gestaltungsweise des „Dramma per musica“?

(Drei Knaben führen Tamino herein, jeder hat einen silbernen Palmenzweig in der Hand)

Die drei Knaben:

Zum Ziele führt dich diese Bahn,
doch mußt du, Jüngling, männlich siegen.
Drum höre unsre Lehre an:
Sei standhaft, duldsam und verschwiegen!

Tamino:

Ihr holden Kleinen, sagt mir an,
ob ich Pamina retten kann?

Die drei Knaben:

Dies kundzutun, steht uns nicht an:
Sei standhaft, duldsam und verschwiegen!
Bedenke dies; kurz, sei ein Mann,
dann, Jüngling, wirst du männlich siegen.
(Gehen ab)

Feierlicher Marschrhythmus. C-Dur als „reinste und hellste“ Tonart. Einfache Harmonik im homophonen Satz.

Symbolik der Zahl 3: dreistimmiger Gesang, dreiteiliges Motiv der „Lehre“.

Drängende Triolenbegleitung.

Marschrhythmus im Orchester-Tutti.

Rezitativ
Tamino
T.
Die Weis-heits-leh-re die-ser Kna-ben sei e-wig mir ins Herz ge-gra-ben.
Str. p
Wo bin ich nun? was wird mit mir? Ist dies der Sitz der Göt-ter hier?
fp
Es zei-gen die Pfor-ten, es zei-gen die Säu-len, daß Klugheit und
Allegro
Arbeit und Künste hier weilen; wo Tä - - tigkeit thro-net und
p
m. Fg.
Allegro assai
Mü - - ßiggang weicht, erhält sei-ne Herrschaft das Laster nicht leicht.
f

(Er geht an die Pforte zur rechten Seite, macht sie auf, und als er hinein will, hört man von fern eine Stimme:)

Priester:

Zurück!

Tamino:

Zurück? Zurück?
So wag ich hier mein Glück.
(Er geht zur linken Pforte;
eine Stimme von innen:)

..?..

Priester:

Zurück!

Tamino:

Auch hier ruft man „zurück"?
(Sieht sich um)
Da seh ich noch eine Tür!
Vielleicht find ich den Eingang hier.
(Er klopft,
ein alter Priester erscheint)

Feierliche As-Dur-Harmonie.

Priester:
Wo willst du, kühner Fremdling, hin?
Was suchst du hier im Heiligtum?

T. Der Lieb und Tugend Eigentum.

..?.. zur Charakteristik Paminas

P. Die Worte sind von hohem Sinn!
Allein, wie willst du diese finden?

Musikalische Frage

Dich leitet Lieb und Tugend nicht,
weil Tod und Rache dich entzünden.

..?.. und ..?..

T. Nur Rache für den Bösewicht!

P. Den wirst du wohl bei uns nicht finden.

T. Sarastro herrscht in diesen Gründen?

P. Ja, ja! Sarastro herrschet hier.

T. Doch in dem Weisheitstempel nicht?

P. Er herrscht im Weisheitstempel hier.

..?..

T. So ist denn alles Heuchelei!
(Will gehen)

Verminderter Septakkord, Tremolo, f > p, Synkopenmelodie im Orchester.

P. Willst du schon wieder gehn?

T. Ja, ich will gehn, froh und frei,
nie euren Tempel sehn!

C-Dur.

P. Erklär dich näher mir,
dich täuschet ein Betrug.

T. Sarastro wohnet hier,
das ist mir schon genug.

P. Wenn du dein Leben liebst,
so rede, bleibe da!
Sarastro hassest du?

Unterstützung des wechselnden Stimmungsausdrucks durch Dynamik und Harmonik der Orchesterakkorde.

T. Ich haß ihn ewig, ja!

P. Nun gib mir deine Gründe an.

T. Er ist ein Unmensch, ein Tyrann!

P. Ist das, was du gesagt, erwiesen?

T. Durch ein unglücklich Weib bewiesen,
das Gram und Jammer niederdrückt.

..?..

P. Ein Weib hat also dich berückt?
Ein Weib tut wenig, plaudert viel.
Du, Jüngling, glaubst dem Zungenspiel?
O legte doch Sarastro dir
die Absicht seiner Handlung für!

T. Die Absicht ist nur allzu klar!
Riß nicht der Räuber ohn Erbarmen
Paminen aus der Mutter Armen?

P. Ja, Jüngling, was du sagst, ist wahr.

T. Wo ist sie, die er uns geraubt?
Man opferte vielleicht sie schon?

Chromatik:

P. Dir dies zu sagen, teurer Sohn,
ist jetzund mir noch nicht erlaubt.

T. Erklär dies Rätsel, täusch mich nicht!

P. Die Zunge bindet Eid und Pflicht.

T. Wann also wird das Dunkel schwinden?

P. Sobald dich führt der Freundschaft Hand ins Heiligtum zum ew'gen Band.
(Geht ab)

Arios verdichtete Melodie in a-Moll, mit aufhellendem F-Dur-Akkord:

T. O ew'ge Nacht! Wann wirst du schwinden?
Wann wird das Licht mein Auge finden?

Alterierter Akkord, nach Auflösung drängend:

Chor *(von innen):*
Bald, bald, Jüngling, oder nie!

Wiederholung der vorausgehenden Melodie; auch ohne Text erinnert sie an die vorherige Textaussage.

T. Bald, bald, sagt ihr, oder nie?
Ihr Unsichtbaren, saget mir,
lebt denn Pamina noch?

Alterierter, auflösungsbedürftiger Akkord wie vorher.

Chor:
Pamina lebet noch!

Drittes Erklingen der mit entscheidender Textaussage eingeführten Melodie als „Erinnerungsmotiv".

T. Sie lebt? Sie lebt?
Ich danke euch dafür.
(Er nimmt seine Flöte heraus)
O wenn ich doch im Stande wäre,
Allmächtige, zu eurer Ehre,
mit jedem Tone meinen Dank
zu schildern, wie er hier entsprang!
(Aufs Herz deutend)
(Er spielt. Sogleich kommen Tiere von allen Arten hervor, ihm zuzuhören. Er hört auf, und sie fliehen. Die Vögel pfeifen dazu)
Wie stark ist nicht dein Zauberton,
weil, holde Flöte, durch dein Spielen
selbst wilde Tiere Freude fühlen.

Stärkste Häufung schnellster Notenwerte und Spitzenton in der Singstimme.

Chromatik bei „Zauberton":

Innehaltend, Modulation nach Moll.

Doch, nur Pamina bleibt davon!	Ausdrucksvolle Intervalle: 
Pamina, höre mich! Umsonst, umsonst!	Rhythmus stockend, Harmonik chromatisch: 
Wo, ach wo, wo find ich dich?	Spannung durch anhaltenden Grundton G über 14 Takte.
(Er spielt. Papageno antwortet von innen mit seinem Flötchen) Ha, das ist Papagenos Ton! Vielleicht sah er Pamina schon,	Presto.
vielleicht eilt sie mit ihm zu mir! vielleicht führt mich der Ton zu ihr. *(Eilt ab)*	Adagio mit Fermate, Presto. „Lösende" Kadenzen in C-Dur.

6 Hören Sie den im Klavierauszug wiedergegebenen Ausschnitt der Szene noch einmal, und gehen Sie (evtl. in Gruppenarbeit) folgenden Fragen nach: 73

a) Welchen Gesangsstil wählt Mozart überwiegend für die Partie des Tamino? Wo entfernt sich die Singstimme am weitesten von diesem Stil?

b) Welche drei unterschiedlichen Funktionen des Orchesterparts lassen sich feststellen?

c) Zeigen Sie auf:
- metrische und harmonische Besonderheiten der Modulationen, die die anfängliche Verwunderung Taminos ausdrücken (bis „... Künste hier weilen")
- die tonmalerische Verdeutlichung einzelner Worte
- die Charakteristik von Mut bzw. drohender Gebärde durch den Rhythmus
- die ruhende Harmonik zur Darstellung von „Lauterkeit" und „Reinheit"
- die Mittel der Hervorhebung von Paminas Namen.

7 Hören Sie den Dialog zwischen Priester und Tamino im Blick auf die dem Text beigefügte Charakteristik der Musik. Ordnen Sie den angezeigten Leerstellen in der rechten Spalte (..?..) folgende 6 Hinweise zu:

a) arioser Gesang mit Holzbläserbegleitung
b) übermäßiger Dreiklang in der Melodie
c) Wendung nach Dur
d) Wendung nach Moll
e) Unisono
f) gehaltener verminderter Septakkord.

8 Fast alle Melodiebögen des Dialogs haben ein auftaktiges Metrum; sie beginnen mit einer Bewegung zu einem betonten Wort hin. Prüfen Sie diese Feststellung an dem in Noten wiedergegebenen Abschnitt nach.
Vergleichen Sie damit nach Gehör Taminos Gesang beim Erscheinen der Tiere: Welche Textzeile beginnt Mozart betont?
Wie verfährt hier Mozart mit der musikalischen Symmetrie der Melodiegliederung?

9 Machen Sie sich die Zusammenhänge zwischen den Textaussagen und den angegebenen musikalischen Merkmalen im Anfangs- und Schlußteil der Opernszene klar, und verfolgen Sie den beschriebenen Verlauf der Musik beim nochmaligen Hören der ganzen Szene.

Während der Komposition einer früheren Oper (des Singspiels „Die Entführung aus dem Serail") schrieb Mozart an seinen Vater:

„... ich weiß wohl, daß die Versart darin nicht von den besten ist – doch ist sie so passend mit meinen musikalischen Gedanken (die schon vorher in meinem Kopf herumspazierten) übereins gekommen, daß sie mir notwendig gefallen mußte ... bei einer Opera muß schlechterdings die Poesie der Musik gehorsame Tochter sein. Warum gefallen denn die welschen komischen Opern überall? Mit allem dem Elend, was das Buch anbelangt! ... weil da ganz die Musik herrscht und man darüber alles vergißt. Umso mehr muß ja eine Opera gefallen, wo der Plan des Stücks gut ausgearbeitet, die Wörter aber nur bloß für die Musik geschrieben sind, und nicht hier und dort einem elenden Reime zu Gefallen ... Da ist es am besten, wenn ein guter Komponist, der das Theater versteht, und selbst etwas anzugeben imstande ist, und ein gescheiter Poet ... zusammenkommen."

10 Beurteilen Sie Mozarts Opernszene aus der „Zauberflöte" (Text von E. Schikaneder, Theaterdirektor und erster Darsteller des Papageno) im Blick auf die zitierte Aussage aus Mozarts Brief.

Musica poetica – musikalische Rhetorik

Soll Vokalmusik in einer anderen Sprache aufgeführt werden, bereitet die Übersetzung der Texte große Schwierigkeiten.

11 Welche Zusammenhänge zwischen Sprache und Musik muß der Übersetzer von Liedtexten besonders beachten, wenn er nicht nur sprachlich exakt, sondern singbar übersetzen will?

Oft lassen sich die Gesangsstücke in einer sprachlichen Übersetzung nur in relativ unbefriedigenden, wenn nicht vom ursprünglichen Sinn abweichenden Formulierungen vortragen. Ihr Sprachklang erscheint nicht selten der Musik unangemessen und entstellt deren Stil. So werden z. B. deutschsprachige Bearbeitungen englischsprachiger aktueller Musik als fragwürdig angesehen; der Sound der englischen Sprache prägt den Stil dieser Musik ganz wesentlich; er spiegelt sich z. B. in der Klangartikulation der E-Gitarren.

Die Gesetzmäßigkeiten von Klang und Struktur einer Sprache durchdringen mehr oder weniger auch eine musikalische Komposition in dieser Sprache. Wenn sich der Schwerpunkt der Musikentwicklung in andere Kulturregionen verlagerte, vollzog sich der Stilwandel meist auch im Bann der Sprache dieser Region. Als im Zuge der Reformation lateinische Messen und Kirchengesänge durch Textvertonungen in den Volkssprachen ersetzt wurden, prägte der Duktus der deutschen Sprache die protestantische Kirchenmusik nachhaltig.

Hierzu trug *Heinrich Schütz* (1585–1672) Entscheidendes bei. Sein Kirchenmusikstil bestimmte nicht nur die weitere Entwicklung im geistlichen Bereich; er zeigte vielmehr die besonderen Möglichkeiten der deutschen Sprache im Gesang überhaupt auf. Schütz, dessen Hauptwerke (im Amt des kursächsischen Hofkapellmeisters zu Dresden) vor dem Hintergrund des Dreißigjährigen Krieges entstanden, weilte zu Anfang des 17. Jahrhunderts in Venedig, um den klangprächtigen Chorstil Gabrielis zu studieren. Eine zweite Italienreise (1628) galt dem Studium von Monteverdis neuem Stil. 1623 entstand in Dresden die „Historia von der Auferstehung Jesu Christi". Sie zeigt den Wandel von lateinischer zu deutschsprachiger Komposition besonders deutlich.

Aus der „Auferstehungshistorie"

I
Va II
III
Ev.
Va IV
o. B. g.
da läuft Ma-ri-a Magda-le-na hinweg, solchs nachzu-sa-gen, und da die Weiber
dar-um bekümmert waren, daß der Leib Je - su nicht da war, sie-he, da traten
zu ih-nen zweene Män-ner mit glän-zen-den Klei-dern, und sie erschra-ken,
und schlugen ihr Angesicht nieder zu der Erden, da spra-chen sie zu ih - nen:

Die zweene Männer im Grabe

T. I
sprach: des Menschen Sohn muß ü-ber-antwor-tet werden in die Hän - de der
T. II
sprach: des Menschen Sohn muß ü-ber - ant - wortet werden in die
B. gen.
T. I
30
Sün - - der, und ge - kreu-zi-get wer - - - den,
T. II
Hän-de der Sün - der, und ge - kreu-zi-get wer - - - den,
B. gen.
T. I
und am dritten Tag auf - - - erste - hen.
T. II
und am dritten Tag auf - - - erste - hen.
B. gen.
Viola d. g. I
Viola d. g. II
Viola d. g. III
Evangelist
Und sie ge-dach-ten an sei-ne Wort, und gingen vom Gra-be,
Viola d. g. IV
oder Bassus gen.

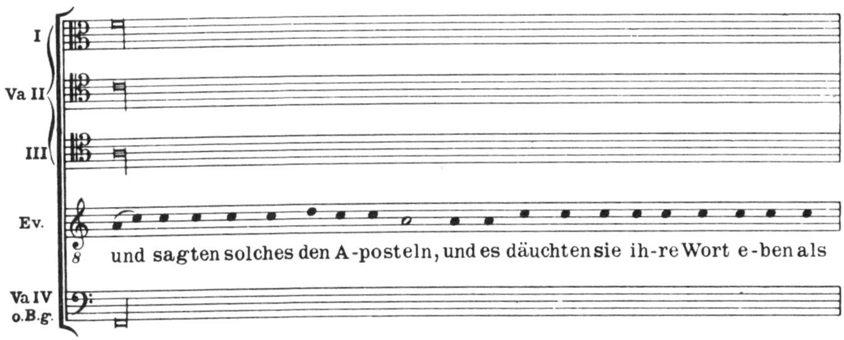

12 Hören Sie anhand der Partitur den ersten Gesang des Evangelisten, und beachten Sie die beiden unterschiedlichen Vortragsweisen des Sängers. Nennen Sie ihre unterscheidenden Merkmale. Läßt sich eine Regel finden, wann Schütz die Vortragsweise jeweils wechselt?

74

Das ohne Rhythmus notierte Rezitieren geht auf die Praxis des Gregorianischen Chorals zurück, wo in der Art des Psalmodierens – allerdings ohne Instrumentalbegleitung – Bibeltexte vom Liturgen gesungen wurden: *„des alten choraliter reden-den stily (worinnen die Evangelisten in der Passion oder auch andern geistlichen Geschichten bisher in unsern Kirchen ohne Orgel pflegen abgesungen zu werden)"*.
Der Gregorianische Choral war der lateinischen Sprache verpflichtet. Nach der Reformation sang man die alten Weisen in den protestantischen Gottesdiensten auch auf deutsch; in der Liturgie wird das bis heute so gepflegt.
Im Gegensatz zu den psalmodierenden Melodiemodellen mit zahlreichen Tonwiederholungen kennzeichnen syllabisch vertonte Melodiebewegungen die gregorianischen Hymnen und Sequenzen:

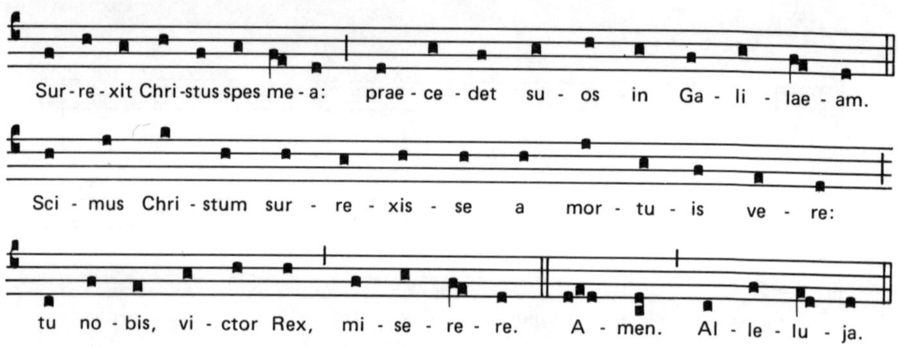

... Erstanden ist Christus, meine Hoffnung, er wird einhergehen vor euch nach Galiläa! Wir wissen, daß Christus in Wahrheit auferstanden ist von den Toten. Du siegreicher König, erbarme dich unser! Amen. Alleluja.

75 13 Hören Sie den hier wiedergegebenen Schluß der gregorianischen Ostersequenz „Victimae paschali laudes" aus dem 11. Jahrhundert, und versuchen Sie den Ausschnitt auch zu singen. Gibt es Entsprechungen im Gesangsstil der Rezitativstellen bei Schütz?

Die lateinische Sprache eignet sich in Klang und Struktur besonders für diese Singweise, die ja aus dem feierlichen Vortrag lateinischer Texte entstanden ist. Einen für den Gesang bedeutsamen Unterschied zur Struktur der deutschen Sprache zeigt ein Vergleich sinngebender Silben und Betonungsverhältnisse beider Sprachen: „surréxit" bedeutet: „Er ist auferstanden". Wählt man andere Formen des lateinischen Verbs, wandert seine Betonung auf andere Silben:
„súrgere" – auferstehen
„surgámus" – wir mögen auferstehen
„surrexísse" – auferstanden sein

Im Deutschen bleibt die Betonung bei allen Formen immer auf der Stamm- und der Vorsilbe „steh" bzw. „stand" und „auf", die zugleich den grundlegenden Wortsinn angeben. Das Lateinische kennt nicht die Art der Akzentuierung, die sich auch durch Nachdruck allein im Sprechen auswirken kann (z.B. „ér ist auferstanden" oder „er íst auferstanden"). Die lateinische Art der Betonung läßt sich nicht stimm-

lich steigern oder graduell nuancieren; sie ist dabei nur auf die Funktion der Wortform innerhalb des Satzgefüges ausgerichtet.
Aus diesem Grund entwickelten sich bei lateinischen Gesängen keine „Takte“ mit Akzentgliederungen, auch keine akzentuierenden Rhythmen; der Gesang bleibt freischwebend, dem Sprachbogen beim sinngemäßen Textvortrag folgend. Deutschsprachige Lieder hingegen vertragen, ja benötigen rhythmische Akzente. Die regelmäßigen Akzentgliederungen und Betonungsordnungen der aus dem Tanz entstandenen Taktarten erweisen sich als besonders tragfähig für deutschen Text.

14 Beachten Sie die abgestuften Betonungsverhältnisse im 4/4-Takt:

In welcher Weise können Liedmelodien unabhängig davon allein durch ihren Tonhöhenverlauf oder ihre Tonlängen eine Akzentordnung anzeigen?

15 Prüfen Sie die mit Taktstrichen notierten Abschnitte der Evangelisten-Rezitation aus der Auferstehungshistorie von H. Schütz: Stimmen Taktordnung und Sprachakzente überein? Wo gibt der melodische Verlauf einer Silbe mehr Gewicht? Wo der besondere Rhythmus? Inwiefern läßt sich die folgende Textstelle als ausgewogen komponiert interpretieren?

16 Hören Sie „Die zweene Männer im Grabe“ aus der „Auferstehungshistorie“. Der Abschnitt ist durchwegs im 2/2-Takt notiert. Sprechen Sie charakteristische Phrasen im Rhythmus der Musik, und prüfen Sie die entstehenden Akzente. 74

Schütz komponierte die Rede der zwei Männer im konzertierenden Stil seiner Zeit: imitatorisches Wetteifern der beiden Solostimmen zur Generalbaßbegleitung. Der Textvortrag ist rhythmisch wie melodisch sehr eindringlich gestaltet. Da die Akzentuierung nicht starr festgelegt ist, vermag der Sänger die Aussage nachdrücklich und mit persönlichem Engagement zu gestalten. Zusätzlich wählt Schütz charakteristische Melodiefiguren, die den Text versinnbildlichen.

17 a) Beschreiben Sie die musikalische Abbildung von Textaussagen in den zugehörigen Melodieverläufen:

- „Was suchet ihr den Lebendigen“
- „bei den Toten“[1]
- „er ist nicht hie“
- „und gekreuziget“[1]
- „auferstehen“

b) Beachten Sie die für die damalige Zeit ungewöhnliche, dissonant wirkende Harmonik bei „Sünder“:

[1] Vgl. hierzu S. 68: E-Dur

Bei solcher Kompositionsweise steht Schütz in der Tradition der „musikalischen Rhetorik“ bzw. „musica poetica“. Sie geht auf die humanistische Wissenschaft von der Rede- und Sprachkunst (Rhetorik, Poetik) zurück und half die musikalische Komposition im offiziellen Kreis der alten Wissenschaften verankern. Demnach sollte ein Komponist *„die Prosodie*[1] *so wohl als ein Poet verstehen“* (J. G. Walther 1708), er *„componiere und singe gleichsam als wenn einer eine Oration daher rezitierte“* (M. Praetorius 1619). Der Gesang hatte nicht nur im Stil einer Rede dem Gang der Sprache zu folgen, sondern ihren Inhalt durch sinngemäße Gliederung, Hervorhebung und Artikulationstempo auszulegen, d. h. zu interpretieren.

Ein wesentlicher Bestandteil dieser Rhetorik war die Lehre von den „Figuren“. *„Figur ist eine musikalische Gestalt, sowohl harmonisch als auch melodisch, die im Rahmen eines textlich musikalischen Abschnitts ... stattfindet und die von der einfachen Art der Komposition abweicht und mit Nachdruck ein geschmückteres Aussehen verleiht.“* So lehrt die „Musica poetica“ von Joachim Burmeister (Rostock 1606) und stellt viele spezielle Figuren, d. h. auffällige, sich abhebende Tongruppen, systematisch geordnet, als Anleitung zum Komponieren vor. In vielen Fällen wirken sie wie klangliche Abbildungen eines Textinhalts, indem sie seine Bedeutung tonmalerisch oder als akustische Analogie sinnfällig machen. Schütz verdeutlicht z. B. das „gekreuziget“ (Takt 29) auf dreifache Weise:

- durch Stimmkreuzung der Gesangsstimmen
- durch den ungewöhnlichen verminderten Quartsprung abwärts
- durch das Erhöhungszeichen (Kreuz) vor dem mit auffälligem Sprung hervorgehobenen Akzentton.

74 18 Hören Sie zusammenhängend die ganze Szene aus der „Auferstehungshistorie“. Achten Sie dabei auf die vielfache Textverdeutlichung durch die Musik, aber auch auf die unterschiedlichen Formen der Sprachvertonung, in denen sich ein Stilwandel abzeichnet.

Hundert Jahre nach Schütz, auf dem Höhepunkt der barocken Kunst, fühlte sich *Johann Sebastian Bach* noch immer der musikalischen Rhetorik verpflichtet und nützte ihre Möglichkeiten. Ein Dozent der Rhetorik an der Leipziger Universität rühmte Bach: *„Die Theile und Vortheile, welche die Ausarbeitung eines musikalischen Stücks mit der Rednerkunst gemein hat, kennet er so vollkommen, daß man ihn nicht nur mit einem ersättigenden Vergnügen höret, wenn er seine gründlichen Unterredungen auf die Ähnlichkeit und Übereinstimmung beyder lenket; sondern man bewundert auch die geschickte Anwendung derselben in seinen Arbeiten.“*

Zwischen 1733 und 1738 schrieb J. S. Bach als Thomaskantor in Leipzig seine große Messe in h-Moll. Die an den König von Sachsen gerichtete Widmung einzelner Werksätze brachte Bach den ehrenhaften Titel eines Dresdener „Hofcompositeurs“ ein. Im Unterschied zu fast allen geistlichen Kompositionen Bachs steht die h-Moll-Messe in lateinischer Sprache, bezieht sich auch nicht ausdrücklich auf den evangelischen Gottesdienst, sondern folgt der in der Gregorianik wurzelnden altherkömmlichen katholischen Gottesdienstordnung.

Inzwischen hatte sich in der barocken Musik, getragen vom Aufblühen einer selbständigen Instrumentalmusik, der Akzentstufentakt durchgesetzt; er bestimmte

[1] Lehre von der metrisch-rhythmischen Behandlung der Sprache

auch ganz selbstverständlich Bachs Vertonung des lateinischen Textes. In den Arien seiner Vokalmusik dominiert der koloraturenreiche, den Spielfiguren der Instrumentalstimmen angenäherte Gesangsstil, wie er in den späten Barockopern die sprachlichen Aussagen musikalisch überwucherte. Dennoch bleibt Bach auch innerhalb dieses Stils den Forderungen der alten „musica poetica" treu, um den Text eindringlich in den Vordergrund zu stellen und theologisch auszudeuten.

Messe h-Moll, Domine Deus (Anfang)

12
16
piano
piano
Do - mi - ne Fi - li u - ni - ge -
Do - mi - ne De - - us, Rex coe - le -
piano
20
forte
forte
- ni - te Je - su Chri - ste al - tis - si - me,
- stis, De - us Pa - ter o - mni - po - tens,

19 Hören Sie Einleitung und Hauptteil des Duetts „Domine Deus". Beurteilen Sie nach Ihrem ersten Eindruck das unterschiedliche Gewicht von Sprache und Musik. 76

In diesem Stück, einem selbständigen Teil des Gloria aus der Messe – Anbetung und Verherrlichung Gottes –, führt der Text den Kernsatz des christlichen Glaubens ein: Jesus Christus als Gottes Sohn, mit dem Vater eins.

76 20 Hören Sie nochmals den Beginn des einleitenden Instrumentalsatzes. Beschreiben Sie die Satzweise im Hinblick auf die Bedeutung der einzelnen Stimmen.

Die Ausleger Bachscher Musik knüpfen an die überlieferten Praktiken „poetischer" Musik an, die Bach geläufig waren und deren Anwendung in bestimmten Werken Bachs belegt sind. Manche Wissenschaftler gehen bei ihren Interpretationen sehr weit, vor allem wenn sie sich auf Möglichkeiten der aus mittelalterlicher Musik bekannten Zahlensymbolik berufen. So schreibt Walter Blankenburg zu diesem Duett der h-Moll-Messe:

„Obwohl im Mittelpunkt Jesus Christus steht, ... behandelt Bach hier doch alle drei Personen der Trinität in ihrem Verhältnis zueinander. Das geschieht zuerst in der Tonfigur, die zu Beginn ... erklingt und während des Stückes ständig wiederkehrt:

... Sie ist das Zeichen der Trinität: Auf eine Achtelnote folgen zwei Sechzehntel- und eine Viertelnote. Der rhythmische Wert der einen Achtel- und der beiden Sechzehntelnoten ist der gleiche. Beides zusammen aber ergibt den der nachfolgenden Viertelnote. Das bedeutet die Verschiedenheit und doch zugleich die Einheit von Gott Vater und Gott Sohn (Achtel und zwei Sechzehntel) sowie den Gott Vater und Sohn in sich beschließenden Heiligen Geist (Viertel). Die Tatsache, daß dieses Zeichen fast immer dreimal nacheinander erklingt, und zwar im Wechsel der Instrumentierung, und dazu dreimal der gleiche, einen Oktavraum ausfüllende und damit Gottes Totalität meinende Continuolauf gebracht wird, läßt keinen Zweifel über Bachs Absicht. Um den christlichen Trinitätsglauben noch weiter musikalisch-sinnbildlich darzustellen, teilt Bach dieses Duett genau in dreimal 30 Takte ..."

Ohne Kenntnis der jahrhundertealten historischen Gepflogenheiten, die musikalische Komposition mit Sinnbildern, symbolischen Zahlenverhältnissen und abbildenden Figuren anzureichern, hält der heutige Musikhörer derartige Interpretationen von Bachs Musik für zu spitzfindig. Er muß sich hier freilich sagen lassen, daß diese Art der Kompositionskunst den gebildeten Musikern und Hörern jener Zeit – auf dem Fundament überkommener Lehrwerke und beispielhafter Kompositionen – vertraut war und verstanden wurde. Sie hatte auch ihren Sinn, wenn sich der durchschnittliche Hörer nur die wenigsten Textbeziehungen solcher Musik bewußt machen konnte. Die Musik als Gabe Gottes, die derartige Beziehungen anbot und sich voller Analogien zu Gottes Gesamtschöpfung verstehen ließ, verpflichtete den Komponisten geradezu, die Möglichkeiten zur Lobpreisung Gottes zu nützen. Die Ausstrahlungskraft von Bachs Musik auch auf den nichtkundigen Hörer rechtfertigt letztlich diese kunstvolle Gestaltungsweise.
Während immer neue Figuren und Zahlensymbole entstanden, lebten andere Figuren und Symbole aus alten Überlieferungen in vertrauter Anwendung fort, gekenn-

zeichnet mit speziellen Fachbegriffen, wie z. B. die Oktave als „Diapason“, d. h. alle Intervalle in sich begreifend, zur Verkörperung der Allmacht Gottes.

Messe h-Moll, Et incarnatus est (Anfang)

21 Verfolgen Sie den ersten Einsatz der Singstimmen. Inwiefern läßt sich ihre Satzweise als Anspielung auf Verschiedenartigkeit und doch Einheit von Gott Vater und Sohn interpretieren? Vergleichen Sie ihr Anfangsmotiv auch mit dem der Flöte und der Violine. Welches neue Zeichen der Einheit gibt der dritte Einsatz der Singstimmen (Takt 31 f.) gegenüber den vorausgehenden Satzweisen?

Der Chorsatz „Et incarnatus est" aus dem Credo der Messe betrifft die Weihnachtsbotschaft der Kirche:

„... empfangen vom Heiligen Geiste,
geboren von der Jungfrau Maria
und Mensch geworden."

Bachs Musik steht an dieser Stelle idyllisch weihnachtlichen Klängen fern; sie interpretiert den Text im Blick auf den Karfreitag, das Ziel der Menschwerdung Gottes.

22 Machen Sie sich die folgenden Erläuterungen anhand des Partiturausschnittes auf Seite 289 klar.

Der absteigende, in Dissonanzspannungen führende Molldreiklang des imitatorisch angelegten Choreinsatzes versinnbildlicht die Erniedrigung Gottes zum Menschen. In der ganzen Messe charakterisiert die Tonart h-Moll den von Leid geprägten irdischen Bereich gegenüber dem in der Paralleltonart D-Dur strahlenden Himmel Gottes. Das beständig wiederkehrende Motiv der Violinen – unisono geführt – enthält gleichfalls den abwärts weisenden Molldreiklang, mit dissonanten Vorhalten verschärft. Die Vorhalte verleihen dem Melodieverlauf die Gestalt eines Kreuzes, indem sich die Bewegungsrichtungen durchkreuzen:

Diese Figur taucht in Bachs Musik immer wieder auf, wo an das Kreuz Christi gemahnt werden soll. Es ist zugleich die Gestalt des griechischen Buchstaben X („chi"), Anfangsbuchstabe des Wortes Christos, weshalb diese musikalische Figur den Namen „Chiasmus" trägt. Schütz wandte die Figur im gleichen Zusammenhang an (vgl. S. 284). Auf den expressiven verminderten Quartsprung (die Figur des „Saltus duriusculus", d. h. „etwas harter Sprung") innerhalb der Kreuzabbildung wurde bereits verwiesen. Zugleich wiederholt der Baß („Anaphora-" bzw. „Repetitio"-Figur) in bohrender Weise die Grundtöne der Harmonie. Die achtfache Wiederkehr der drei Taktschläge mit dem Ton h ergibt die Zahl 24 als Sinnbild der „Erfüllung" (abgeleitet aus der Stundenzahl eines Tages und auf die biblische Aussage anspielend: „Da aber die Zeit erfüllet ward, sandte Gott seinen Sohn" – Gal. 4,4). Insgesamt umfaßt der Chorsatz 49 Takte, die Potenzierung der Zahl 7 als Symbol der Vollendung von Gottes Schöpfung, ausgehend von den sieben Tagen des biblischen Schöpfungsberichts.[1]

[1] Auch diese Angaben zur Interpretation von Bachs h-Moll-Messe beziehen sich auf Walter Blankenburg.

Zusammen mit der Einbeziehung überlieferter und neu entwickelter bildhafter Figuren verlieh die Zahlensymbolik, die sich bis in die Musik des Mittelalters zurückverfolgen läßt, der Komposition eine zusätzliche, hintergründige Aussagekraft. Sie wurzelte in religiösen und philosophischen Anschauungen von der Einheit der Welt, die sich in immer wiederkehrenden Zahlenverhältnissen spiegelte. Ein Komponieren im Sinn dieser quantitativen Entsprechungen stand so auch im Dienst der Darstellung vollendeter Harmonie.

23 Hören Sie den ganzen Chorsatz „Et incarnatus est". Welche Rolle spielt die Kreuz-Figur der Violinen am Schluß des Satzes? 77
Worauf beruht der unmittelbare Stimmungsausdruck dieser Musik?
Welche einzelnen Momente der genannten rhetorischen Figuren können dazu beitragen?

24 Beurteilen Sie nun erneut das Verhältnis von Sprache und Musik in der h-Moll-Messe von J. S. Bach: In welcher Bedeutung muß die vielfältige musikalische Ausgestaltung des Messetextes gesehen werden?

Vom deklamatorischen Gesang zum Sprechton

Franz Schuberts letzter Liederzyklus, „Schwanengesang" (1828), enthält die Vertonung des Gedichtes „Der Atlas" von Heinrich Heine (1797–1856).

„Atlas, dessen Name vielleicht von einem Wort, das ‚tragen' bedeutet, abgeleitet ist, war am besten als der halbgöttliche Gigant bekannt, der den Himmel emporhielt und ihn so von der Erde trennte. Er hielt den Himmel auf seinen Schultern oder seinem Kopf, oder er stützte die Säulen, die ihn trugen. Atlas stand an einem der Enden der Erde. Am häufigsten wurde er mit Nordwestafrika in Verbindung gebracht, wo eine große Bergkette seinen Namen heute noch trägt ... Nach Ovid (Metamorphosen, 4, 628–662) flog Perseus auf seinem Heimweg, nachdem er die Gorgo[1] Medusa getötet hatte, zu Atlas' im Westen gelegenen Königreich und bat um Unterkunft für die Nacht. Atlas schlug ihm unhöflich den Wunsch ab ... Verärgert ... zeigte Perseus ihm Medusas Haupt und verwandelte ihn in einen Berg." (E. Tripp)

Der Dichter verwendet jedoch das Bild des Riesen Atlas zur Darstellung einer ganz persönlichen Tragödie: die Konsequenz eines von Stolz geprägten Wagnisses, das in die Katastrophe führte.

Ich unglückselger Atlas! Eine Welt,
Die ganze Welt der Schmerzen, muß ich tragen,
Ich trage Unerträgliches, und brechen
Will mir das Herz im Leibe.

Du stolzes Herz, du hast es ja gewollt!
Du wolltest glücklich sein, unendlich glücklich,
Oder unendlich elend, stolzes Herz,
Und jetzo bist du elend.

[1] *„Ungeheuer mit Schlangenhaaren ... Ihre Gesichter waren so scheußlich, daß ihr Anblick Mensch oder Vieh in Stein verwandelte."*

Der Interpret dieses Liedes, Dietrich Fischer-Dieskau, sieht in Schuberts Komposition eine eindringliche Deutung des Gedichtes:

„Tragisch groß ist das symphonische Anfangsthema des ATLAS. Zugleich unter der Last stöhnend und schleppenden Schrittes stellt es sich dar. Die Wiederholung der ersten Strophe durch Schubert trägt in die Schmerzbeladenheit einen Triumph der Selbstzerfleischung. Das Auftrotzen, die rezitativische Spannung, der Nachklang von Stolz im Mittelsatz und der negative Triumph des Endes gestalten sich zu einer Szene, in der ein Vabanquespieler sein Bekenntnis ablegt."

Schuberts Liedkunst, Ausgangspunkt für die Entwicklung der romantischen Gattung „Kunstlied" und zugleich ihr erster Höhepunkt, ist eng mit der Aussage der zugrunde gelegten Dichtung verwoben. Bei entsprechenden Texten intensiviert sie die beschwörende Kraft der Sprache.

78 25 Hören Sie das Lied, und versuchen Sie nachzuempfinden, wie die Musik den Textgehalt wiedergibt.

Der Atlas

12
tra-gen, die gan - - - ze Welt muß ich tra-gen, ich
16
tra - ge Un - er - träg - li-ches, und bre - chen will mir das Herz im
cresc.
19
Lei - - - - - - be.
ff
fz
fz
fp
23
Du stol - zes Herz, du hast es ja ge-
fp
fp
fp
26
wollt! Du woll - test glück - lich sein, un-

29
end - - - - lich glück - lich, o-der un-end - - lich
fp
decresc.
pp
32
e - lend, un-end - - - lich e - lend, stol-zes
cresc.
36
Herz, und jet - - zo bist du e - - - - -
fff
39
lend. Ich un - glück-sel-ger At-las, ich un - glück-sel-ger
43
At - las! die gan - ze Welt der Schmer-zen muß ich tra-gen, die gan - ze

Sprache und Musik gehen hier eine Synthese ein; sie vereinigen sich zu ausdrucksvoller Deklamation. Mit plastischer Bildhaftigkeit stellen sie die nuancenreichen seelischen Vorgänge dar. Eine genauere Beschäftigung mit Schuberts Komposition kann den Hörer für ihre Feinheiten noch sensibler machen.

26 Suchen Sie aufgrund der folgenden Hinweise die einzelnen Gestaltungsmittel der Musik im Notentext auf, und überprüfen Sie die musikalische Wirkung anhand des Klangbeispiels. 78

Vorspiel:
- Tremolo-Ausführung von Moll- und übermäßigen Akkorden
- Baßmotiv in Oktaven geführt, „stolzer" Rhythmus einer Sarabande, tiefe Lage mit darüber „lastenden" Akkorden

1. Strophe:
- unerbittlicher punktierter Rhythmus
- freie Textwiederholungen, abweichend von der Dichtung; die wesentlichen Worte treffen wechselnd mit dem Taktschwerpunkt zusammen
- Steigerung: Spitzentöne der einzelnen Melodiebögen, Verdichtung (Wiederholung „die ganze Welt muß ich tragen")
- Unisono-Führung von Singstimme und Baß der Klavierbegleitung, Fortsetzung der Tremolo-Akkorde
- in der gedehnten Schlußphrase Ausbruch aus der Tonart mittels Chromatik, Zielpunkt die entfernt liegende Tonart h-Moll; in der aufwärts gerichteten Tonleiter ist jeder 2. Schritt ein Halbtonschritt, zusätzlich ein übermäßiger Sekundschritt, gekoppelt mit der schnellsten Bewegung in der Singstimme
- verminderter Septakkord auf gis („Unerträgliches"), Vorhalt h zur Durdominante („Leibe")
- dynamische Steigerung bis zum Spitzenton, der zugleich der längste Ton der 1. Strophe und Leitton der Ausgangstonart ist; Tremolo auch im Baß

Überleitung zur 2. Strophe:

- Orgelpunkt h mit dissonantem vermindertem Septakkord, Sforzato
- überraschender Wechsel: piano (durch forte-Akzente unterbrochen), fast tänzerisch nachschlagende Dur-Akkorde (Triolenrhythmus) – Rückblick im Text
- Entschärfung der verminderten Quarte des Anfangs: reine Quarte dis – ais

2. Strophe:

- Fortsetzung der Triolenbegleitung in H-Dur, durchsetzt mit betonten verminderten Septakkorden; sie treffen mit dem Spitzenton des jeweiligen Melodiebogens zusammen, ihr Baßton wird mit einem abwärtsgerichteten chromatischen Schritt eingeführt
- sich wandelnde Rhythmik: Dehnung bei „unendlich“, schließlich Verzicht auf Punktierungen
- aufsteigender Dur-Dreiklang („du stolzes Herz“), Vorhalt (Hervorhebung von „glücklich“) als fallende große Sekunde, fallende kleine Sekunde c – h (Hervorhebung von „elend“), Übergang nach Moll und pianissimo
- Hervorhebung des „Jetzt“ im Gegensatz zum Rückblick: starkes Crescendo zum fff, abrupte Rückführung in die Ausgangstonart g-Moll, bisher höchster Spitzenton als Dissonanz, Dehnung des „elend“ durch Vorhaltsakkord im Tremolo

3. Strophe:

- über die Textvorlage hinausgehende Wiederaufnahme der 1. Strophe, Unentrinnbarkeit der Ausgangssituation
- Abweichungen von der 1. Strophe, bewirken zunächst Spannungsabnahme: fallende Melodik, Harmoniewechsel Dominante – Tonika im Gegensatz zum Anfang (Tonika – Dominante); der Text bricht nach der Beschreibung des Schicksals ab
- letztes Aufbäumen: 2 Takte g-Moll-Dreiklang (Tonika), Aufschwung der Melodie zum absoluten Spitzenton (kleine None g – as), Versuch, aus der Tonart auszubrechen, chromatisches Ausbalancieren der hohen Lage und Absturz (Oktave statt Quinte, Dynamik), unerbittliche Rückführung nach g-Moll

Nachspiel:

- dem Vorspiel entsprechend, aber im Piano
- Schlußbekräftigung der fortbestehenden, schicksalhaften Bestimmung: Tonika-Akkord mit Sforzato, Ausgangs- und Schlußpunkt des Liedes.

78

27 Welche Gestaltungsmittel halten Sie aufgrund des Höreindrucks für besonders wirkungsvoll?

28 Welche Hinweise der Liedbeschreibung schließen bereits Interpretationen ein? Versuchen Sie, weitere Deutungen zu formulieren. (Vgl. „Analyse und Interpretation“, S. 101 ff.)

29 Um der Deklamation und Ausdruckskraft willen weicht Schuberts Vertonung von sonst üblichen regelmäßigen Melodiegliederungen ab und schafft zusätzliche Spannung durch freie Phrasenlängen, die den freien Versmaßen der Textform entsprechen:

I V/4 2 2 4 2 Z/1 2 3 Z/2

II 3 Z/1 3 2 2 Z/1 4

III 2 2 3 2 4 N/4

(Die Zahlen geben die Anzahl von Takten an, Auftakte nicht mitgerechnet; V = Vorspiel; Z = Zwischentakte; N = Nachspiel)

Aus welchem Grund könnte der Komponist vor der 3. Strophe auf ein Zwischenspiel verzichtet haben?

Die ausdrucksvolle Deklamation des Sängers und die Textrezitation des Schauspielers kommen sich nahe, wo der Liedkomponist sich in der Melodieerfindung vom Sprachrhythmus inspirieren läßt. Für den Komponisten des sich an die Spätromantik anschließenden Expressionismus war es nur noch ein kleiner Schritt, den Sänger zum komponierten Sprechton zu führen. Im Melodram sprach man bereits früher einen dramatischen Text frei zu einer Instrumentalbegleitung. Nun aber wurde der Tonfall der Sprache minutiös in Rhythmus, Melodiekurve und Dynamik eingeplant. Neuerungen dieser Art bei Arnold Schönberg übernahm dessen Schüler und Freund *Alban Berg* (1885–1935) in seiner Oper „Wozzeck" (komponiert 1914–21, nach dem Dramenfragment von Georg Büchner).

Das 2. Bild der Oper zeigt den Hauptmannsburschen Wozzeck und seinen Gefährten Andres beim Holzholen („Stöckeschneiden") im Gestrüpp weit draußen vor der Garnisonsstadt. In der Sonnenuntergangsstimmung des Spätnachmittags bedrükken Wozzeck düstere Visionen und Vorahnungen.

Wozzeck, 1. Akt, 2. Szene (Ausschnitt)

molto rit.
a tempo
280
hält Wozzeck zurück
Andr
(gesprochen:)
He, bist Du toll?
(geschrieen:)
will Andres mit sich reißen
bleibt stehn
Wozz
Fort, fort!
Picc
loco (Hr)
molto
Ob
trem. (ad libit)
lautlos niederdrücken
(quasi Flag.)
Trp m D
(pp)
Kl
ff
fff
f
molto
rit.
starrt in die Gegend
G.P.
dimin
'sist ku-rios still. Und schwül. Man möch-te den A - tem an-hal-ten...
R
L
Trp
Kl, Cel u hohes Tamtam.
3 Kl
ohne Trp
dimin.
285
a tempo (♩= 54-60)
(ganz gesprochen:)
Was?
Die Sonne ist im Begriff unterzugehen. Der letzte scharfe Strahl
Ein Feu - er!
Hr m D
Gg pizz
Flag
(Xyl)
ged Pos
Hf
Hfe
mp
Trp m D
(Fltz)
K Bs m D
(Hf)

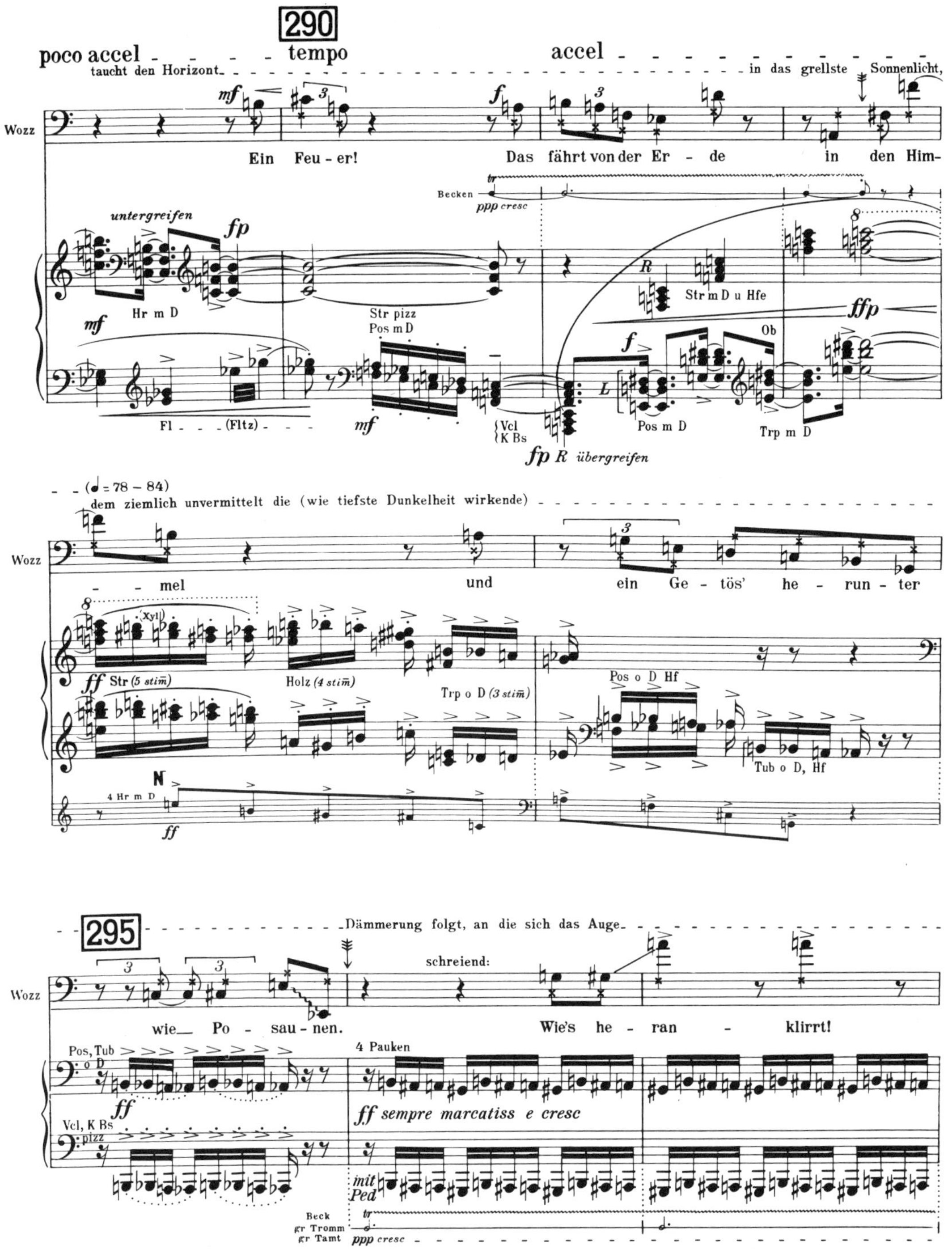
290
poco accel - - - - tempo
accel - - - - - - - - - - - -
taucht den Horizont - - - - - - in das grellste Sonnenlicht,
Wozz
mf
f
Ein Feu-er! Das fährt von der Er-de in den Him-
Becken
ppp cresc
untergreifen
fp
Hr m D
mf
Str pizz
Pos m D
R
Str m D u Hfe
ffp
Ob
f
L
Fl - - - (Fltz) - - -
mf
Vcl K Bs
fp R übergreifen
Pos m D
Trp m D
- - (♩= 78 – 84)
dem ziemlich unvermittelt die (wie tiefste Dunkelheit wirkende) - - - - - - - -
Wozz
- - mel und ein Ge - tös' he - run - ter
8
Xyl
ff Str (5 stim)
Holz (4 stim)
Trp o D (3 stim)
Pos o D Hf
Tub o D, Hf
N
4 Hr m D
ff
295
Dämmerung folgt, an die sich das Auge - - - - - - -
schreiend:
Wozz
wie Po - sau - nen. Wie's he - ran - klirrt!
Pos, Tub o D
ff
4 Pauken
ff sempre marcatiss e cresc
Vcl, K Bs pizz
mit Ped
Beck
gr Tromm
gr Tamt
ppp cresc - - - - - - - - - - - - - - - -

rit - - wieder langsamer
300
allmählich - - - - - - - - gewöhnt.
(mit geheuchelter Gleichgültigkeit
Andr
mf
Die Sonn' ist un-ter, drin-nen trommeln sie.
tr
(ff = Wirbel; Wirkung pp)
Einige kleine Tromm. weit hinter der Scene
Ggn u Br setzen
unhörbar ein (ppp)
ppp
(fff)
rasch
abdämpfen
(cresc) - - - - - - - - - fff
♩ = ♩ (=60)
packt die geschnittenen Stöcke zusammen
305
Andr
mp
Nacht!
frei
Wir müssen heim!
Wozzeck
p
Still, al-les still, als wä-re die Welt tot.
poco
mp
Str m D
allein
Viertel hervor
Vorhang langsam zu - - - - - - - - - - - - - Verwandlung
beide gehen langsam ab
310
poco legato
(Viertel hervor)
8
poco legato

Szene aus dem 2. Bild des 1. Aktes der Oper „Wozzeck“ in einer Inszenierung der Bayerischen Staatsoper, München

Im Vorwort der Oper zitiert Berg Schönbergs Anweisung zur „rhythmischen Deklamation“: „*... Es wird keineswegs ein realistisch-natürliches Sprechen angestrebt. Im Gegenteil, der Unterschied zwischen gewöhnlichem und einem Sprechen, das in einer musikalischen Form mitwirkt, soll deutlich werden. Aber es darf auch nie an Gesang erinnern.*“

30 Hören Sie den Szenenausschnitt, und verfolgen Sie das Notenbild (Klavierübertragung der Partitur). Beachten Sie Notierung und Ausführung der Textdeklamation. Welche Wirkung geht von dieser Musikgestaltung aus? **79**

In den Werken von *Carl Orff* (1895–1982) tritt die elementare Kraft des Sprachrhythmus in den Vordergrund. Anknüpfend an antike Chorrezitationen, gestaltet Orff seine textgebundene Musik vor allem vom Metrum der Sprache her. Griechische und lateinische, altdeutsche und klassische deutsche Dichtung, auch Verse aus volkstümlicher Überlieferung und eigene, vom Volksgut inspirierte Texte werden in dieser eindringlichen Vortragsweise lebendig. Der Sprachrhythmus kommt um so deutlicher zur Wirkung, je mehr die übrigen Gestaltungsmittel der Musik zurücktreten. In Orffs „Schulwerk“ wird der rhythmische Sprachvortrag für die Musikerziehung eingesetzt.

Im folgenden sind drei Chorstücke aus dem Schulwerk abgedruckt, die zur eigenen Ausführung anregen sollen:

Drei Stücke aus Goethes Faust

1 Wie traurig steigt die unvollkommne Scheibe

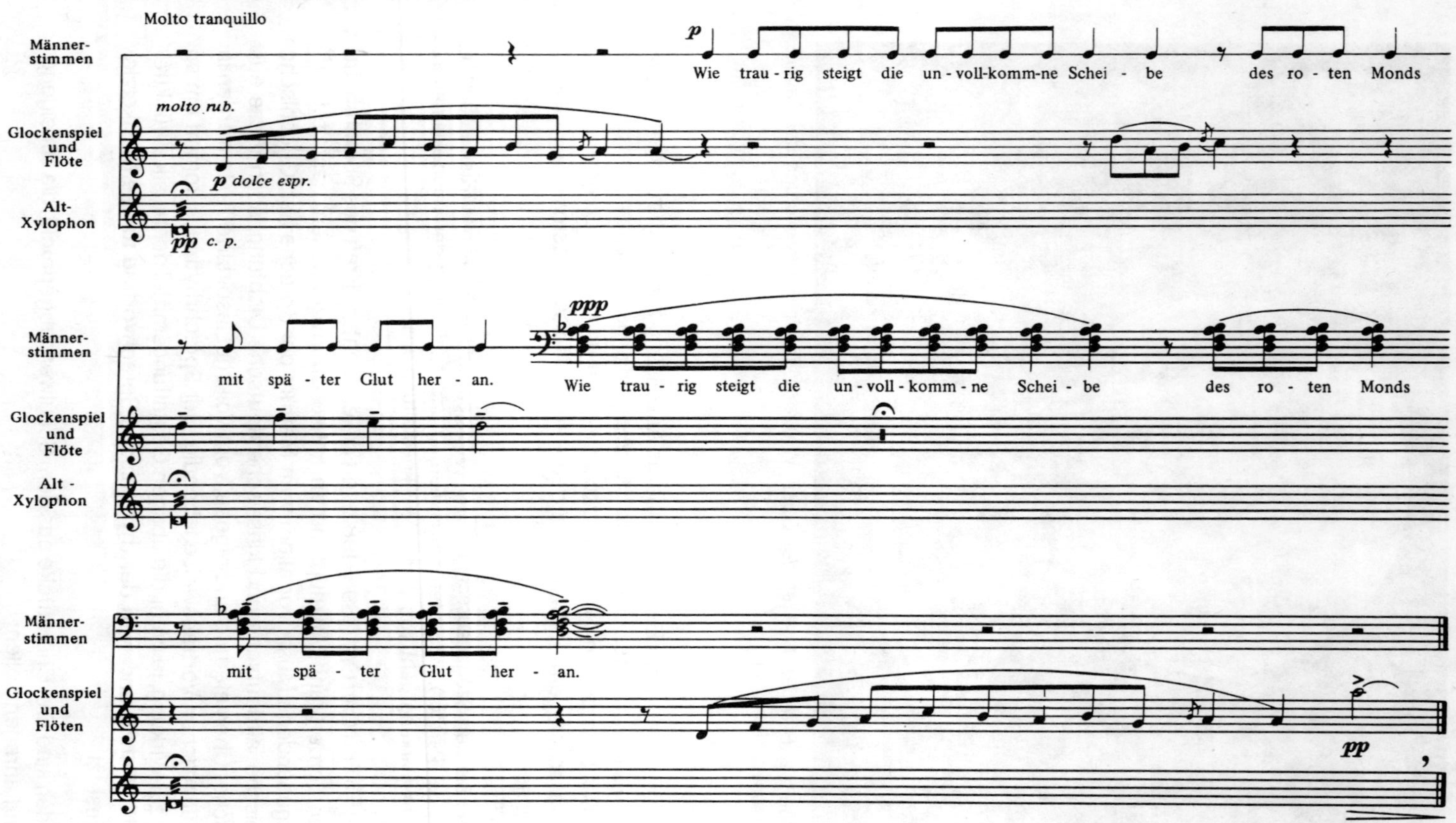

2 Hexen – Einmal – Eins

*) Der Satz wird dreimal ausgeführt, mit folgender Steigerung in der Besetzung:
1. Einige gemischte Stimmen mehrere Holzblocktrommeln
2. Mehr Stimmen als beim 1. Mal (tutti più f) Holzblocktrommeln, Röhrentrommeln, Stäbe
3. Alle Alle vorigen Instrumente + Bongos

3 Die grauen Weiber

Die Weiber
Alt - Xylophon
Baß - Xylophon
Cello
pp
p
kön-nen nicht ein. Die Tür ist ver-schlos-sen, wir kön-nen nicht ein. drin woh-net ein Rei-cher, wir mö - gen nicht 'nein.
Die Weiber
Sopr.-Xylophon
Alt - Xylophon
Baß - Xylophon
Cello
p
tutti pp subito
sempre rubato
Mangel:
Da werd ich
zu Schatten.
Schuld:
Da werd ich
zunicht.
Not:
Man wendet von mir
das verwöhnte Gesicht.
seque c. p.
Sorge: Ihr Schwestern, ihr könnt nicht und dürft nicht hinein.
Die Sorge, sie schleicht sich durchs Schlüsselloch ein.
Becken
pp

Die Weiber
Alt - Xylophon
Baß - Xylophon
a tempo
p
Mangel:
Ihr, graue Geschwister,
entfernt euch von hier.
Schuld:
Ganz nah an der Seite
verbind' ich mich dir.
Die Weiber
Alt - Xylophon
Baß - Xylophon
Cello
Not:
Ganz nah an der Ferse
begleitet die Not.
pp
Es zie-hen die Wol-ken, es schwin-den die Ster-ne! Es zie-hen die Wol-ken, es schwinden die Ster-ne! Da -
c. p.
pizz.
Die Weiber
Alt - Xylophon
Baß - Xylophon
Cello
Pauken
rit.
- hin-ten, da hin-ten, da hin-ten, da hin-ten, da hin-ten, da hin-ten von fer-ne, von fer-ne, da

rit.
molto rit.
a tempo
poco f
Die Weiber
kommt er, der Bru - der, da kommt er der Tod.
Sopr.-Xylophon
Alt - Xylophon
Baß - Xylophon
Metallophon
c. p.
Pauken
pizz.
arco
Cello
p
pp

Der Sprachlaut als Kompositionsmaterial

Bereits wo sich in der Koloraturarie des 18. Jahrhunderts der Vokalklang einer Wortsilbe zur Klangfarbe einer virtuosen Tonkette verselbständigte, den Spielbewegungen der Instrumente gleichend, gab der Gesangstext seine Sprachbedeutung auf; der Sprachlaut wurde zur absoluten Musik umfunktioniert (vgl. S. 268). In die gleiche Richtung weisen die „onomatopoetischen"[1] Silbenketten vieler volkstümlicher Liedrefrains.

Umgekehrt machte sich die Dichtung oft musikalische Komponenten der Sprache zunutze, um ihre Ausdruckskraft zu steigern: rhythmische und metrische Ordnungen, aber auch Zusammenstellungen charakteristischer Lautbildungen, z. B. im Reimen oder im Häufen stimmungsgemäßer Lautkombinationen. Dieses Bestreben führte bis zu neuen Wortbildungen um des expressiven Klanges willen. Der dadaistische Stil zu Beginn unseres Jahrhunderts läßt sich als Konsequenz solcher Musikalisierung der Sprache verstehen.

Drei Gedichte von Christian Morgenstern (1905):

Aus dem Bundeslied der Galgenbrüder

... O Greule, Greule, wüste Greule!
Hört ihr den Ruf der Silbergäule?
Es schreit der Kauz: pardauz! pardauz!
da taut's, da graut's, da braut's, da blaut's!

Grusulett

Der Flügelflagel gaustert
durchs Wiruwaruwolz,
die rote Fingur plaustert
und grausig gutzt der Golz.

Das große Lalulā

Kroklokwafzi? Sem̅emem̅i!
Seiokrontro – prafriplo:
Bifzi, bafzi; hulalem̅i:
quasti basti bo ...
Lalu lalu lalu lalu la!

Hontraruru miromente
zasku zes rü rü?
Entepente, leiolente
klekwapufzi lü?
Lalu lalu lalu lalu la! ...

31 ▷ Lesen Sie die drei Texte, indem Sie den Klang der Wörter und Silben zur Wirkung kommen lassen.

[1] onomatopoetisch = schallnachahmend

Wo sich Sprachgestaltung und musikalische Komposition in so gleichsinniger Weise treffen, liegt es nahe, daß der Komponist von Vokalmusik die ihrer semantischen[1] Zusammenhänge beraubten Sprachlaute eigenständig ordnet, neu zusammenstellt, d. h. „kom-poniert", so wie er die Klangfarben der Musikinstrumente gruppiert und ordnet: Die Sprache wird als phonetisches[2] Phänomen zum Material der Komposition. Dabei lassen sich auch Übergänge und Überschneidungen zwischen phonetischem und semantischem Bereich finden.
Nicht von ungefähr fällt diese Aufspaltung der Sprache, wo sich auch die Konsonanten als Zisch-, Explosiv- und Reibelaute selbständig machen, in die Epoche der neueren Musikentwicklung, in der sich das Geräusch emanzipiert und das traditionelle Tonsystem auflöst (vgl. S. 88).

„In der Vokalmusik des letzten Jahrzehnts ist viel passiert. Insgesamt dies, daß alle möglichen Äußerungsformen der menschlichen Stimme in die Musik einbezogen werden. Da röhrt es und lallt's ... Sänger fauchen, zischen, keuchen ... sie sprechen aber auch ... oder sie verlieren die Sprache und bilden durch sinnlose Laute den Übergang in Gesang. Solche Praktiken gehen über das, was bis in die sechziger Jahre in Vokalmusik üblich war, weit hinaus. Die Stimmen werden von den Konventionen des Kunstgesangs freigemacht, also entfesselt.“ (Dieter Schnebel 1972)

Luciano Berio (*1925) gibt in seinen sechs „Sequenzen" jeweils einem Solisten Gelegenheit, das ganze Spektrum an Klang- und Spielmöglichkeiten seines Instruments zu erschließen und darzulegen. Die „Sequenza III" (1966) gilt dem „Instrument" einer Frauenstimme („per voce femminile"). Grundlage ist ein Text des Engländers Markus Kutter:

give me – a few words – for a woman
to sing – a truth – allowing us
to build a house – without worrying – before night comes

In der seriellen Musik war das Prinzip der „Permutation" zur Regel geworden: Die Einzelelemente einer festgelegten Klangreihe konnten untereinander ausgetauscht werden. Nach dem gleichen Prinzip läßt sich ein bereits „vorgespaltener" Text weiter zerlegen und in seinen Bestandteilen umgruppieren.

32 Versuchen Sie mit dem Text von Markus Kutter neue Kombinationen einzelner Lautgruppen („Phoneme"):
- semantisch sinnvolle Aussagen
- mehrsilbige „Wörter" ohne bekannten Sinn
- Geräuschhäufungen.

33 Hören Sie den Anfang der „Sequenza III": Welche Lautgruppen können Sie identifizieren? Dominiert Sprache oder Gesang? Welche Arten sprachlicher bzw. nichtsprachlicher Stimmäußerungen sind einbezogen? 80

[1] semantisch = den Inhalt, die Bedeutung eines sprachlichen Zeichens betreffend
[2] phonetisch = die Lautbildung betreffend

Berio gibt die Anweisungen zur Ausführung seiner Komposition in dreierlei Notationsarten der Tonhöhen:

- herkömmliches Tonhöhensystem mit 5 Notenlinien im Terzabstand, absolute Tonhöhen markierend
- Abstufung relativer Tonhöhen durch 3 Höhenlinien, die eine ungefähre Hoch-, Mittel- und Tieflage der Stimme angeben
- Angabe einer durchschnittlichen Sprechstimmenhöhe mittels einer Linie, die der Vortragende zu über- oder zu unterschreiten hat.

Die Dauer einer Lautäußerung ist annähernd festgelegt:

- durch angedeutete Notenwerte traditioneller Art
- durch mehr oder weniger weit voneinander entfernte Notenköpfe
- mittels durchgestrichener Notenköpfe für extrem kurze Tondauern
- durch die Einordnung der Lautzeichen in ein System von 10-Sekunden-Abständen.

Hinzu kommen die Textangaben, z. T. in Lautschrift notiert, vor allem aber auch Beschreibungen der jeweiligen Intensität bzw. Gefühlsbetontheit einer Lautfolge, einschließlich Anweisungen für nichtstimmliche Bewegungen des Vortragenden (z. T. durch Zeichen, die in einem Vorwort zum Werk erklärt sind). Mimik und Gestik sollen jedoch nur die stimmlichen Äußerungen unterstreichen und zur entsprechenden Färbung der Artikulation anregen.

80 34

a) Suchen Sie Beispiele der vorstehend erläuterten Notationsweisen in dem abgedruckten Notenbeispiel.
b) Verfolgen Sie das Klangbeispiel (Beginn) anhand des Notenausschnitts.

Sequenza III per voce femminile (Anfang)

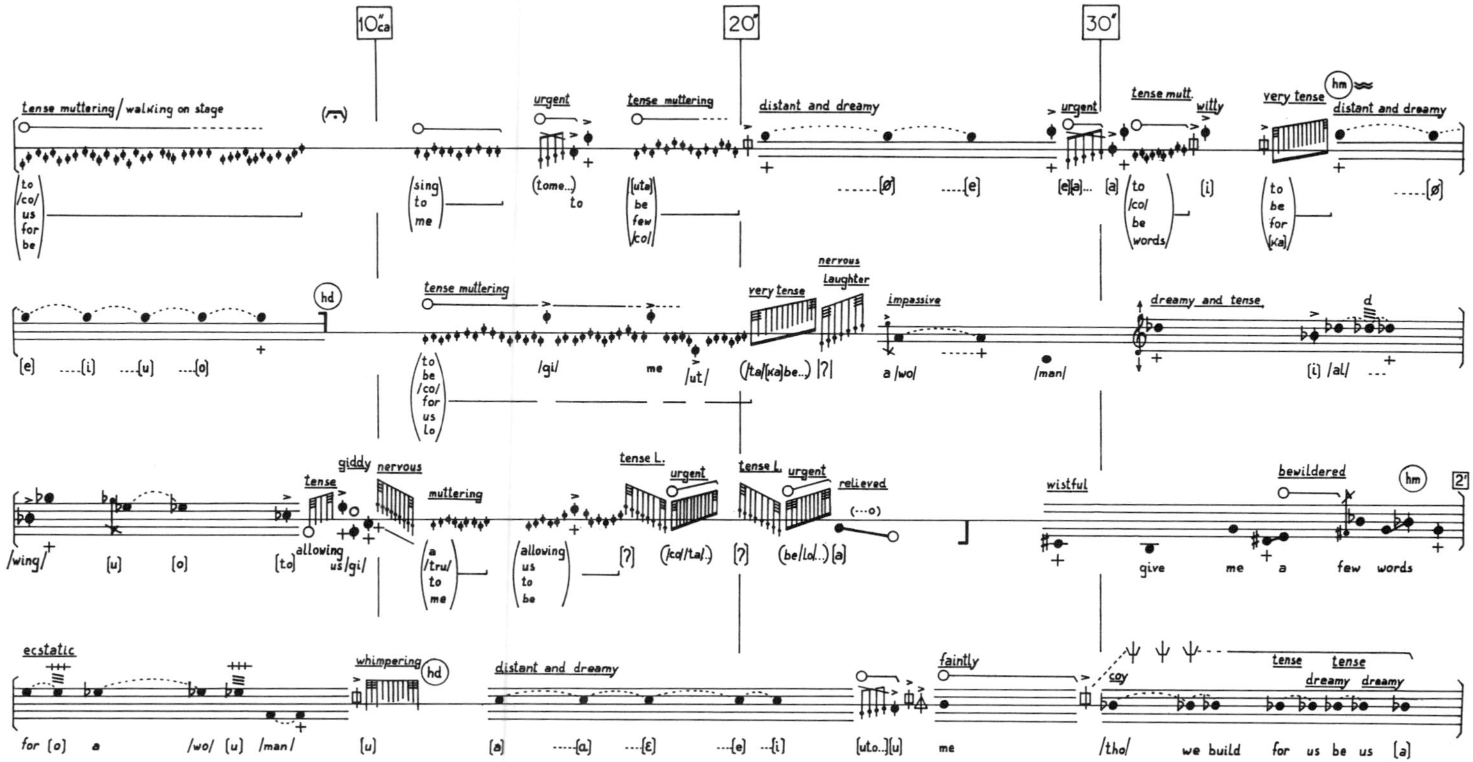

Der Verlauf der Komposition folgt mehrfachen Ordnungsprinzipien:
- Die Stimmäußerungen gehen mehr und mehr vom Sprechen zum Singen über, wobei die Textverständlichkeit allmählich zunimmt.
- Mit zunehmender Verständlichkeit nimmt der semantische Sinn der Lautgruppen ab.
- Das zu Anfang dominierende hektische Parlando beruhigt sich mit der Zeit zu melodischem Strömen.

Diese Entwicklungen verlaufen allerdings nicht kontinuierlich, sondern schubweise und mit Rückfällen, wobei sich die einzelnen Phasen der drei Tendenzen überschneiden. Es ergeben sich bizarre Wechsel zwischen emotionalen Eruptionen und ruhiger Linienführung. Die Gesamtanlage läßt sich als allmähliche Befreiung (Katharsis) der Seele von Bedrückungen auf dem Weg von Stimmäußerungen interpretieren.

81 35 Hören Sie einen Ausschnitt aus der Komposition, und schätzen Sie anhand der genannten Verlaufsprinzipien ab, ob er eher aus der Anfangs- oder der Schlußentwicklung des Werkes stammt.

36 Versuchen Sie beim Hören des ganzen Werks die bestimmende Kraft der genannten Ordnungsprinzipien zu erkennen.

Im Rahmen der elektronischen Musik ließ sich das Komponieren mit Stimmklang noch um eine Stufe erweitern: Der auf Tonband gespeicherte Gesang kann durch technische Manipulationen im Studio weiter aufgespalten, umgewandelt, in seinen „Atomen" neu zusammengestellt werden.
Karlheinz Stockhausen (*1928) kombiniert in seinem „Gesang der Jünglinge" (1955/1956) elektronisch erzeugte Klänge mit Bruchstücken und Transformationen des Stimmklangs. Der Titel der Komposition bezieht sich auf die alttestamentarische Überlieferung im Buch Daniel: König Nebukadnezar läßt drei jüdische Männer, die die Anbetung der babylonischen Götter verweigern, „in den Feuerofen" werfen, in dem sie aber, Gottes Lob anstimmend, auf wunderbare Weise nicht umkommen. *„Wo immer aus den Klangzeichen der Musik für einen Moment Sprache wird, lobt sie Gott."*
Man kann beim Hören des Werks die technischen Aspekte der Komposition in den Vordergrund stellen – Stockhausen hat seine Gestaltungsprinzipien in einem Aufsatz ausführlich kommentiert; z. B. sind ursprünglich die Lautsprecher der Übertragung *„rings um die Hörer und über den Hörern im Saal verteilt"* vorgesehen. Man wird das Wechselspiel der klanglichen Kontraste und Annäherungen zwischen organisch und künstlich erzeugtem Klang aufmerksam registrieren. Man kann diese Musik aber auch vom Titel her deuten und eine Beziehung zu Geschehnissen in unserem Jahrhundert sehen.

82 37 Hören Sie einen Ausschnitt aus Stockhausens „Gesang der Jünglinge", und beachten Sie die Formen der Einblendung von Sprachklang in die elektronischen Klangverläufe. Wodurch kommen beabsichtigte oder unbeabsichtigte bildliche Assoziationen zustande?

Claude Monet (1840–1926): Impression. Soleil levant (Sonnenaufgang. Eine Impression), 1873 (Musée Marmottan, Paris)

Edvard Munch (1863–1944): Der Schrei, 1893
Tempera auf Karton 91 x 73,5 cm
(Nasjonalgalleriet Oslo)

Wassily Kandinsky (1866–1944): Komposition IV, 1911
Öl auf Leinwand 100 x 250 cm (Kunstsammlung Nordrhein-Westfalen, Düsseldorf)
Schönberg hat dieses Bild 1912 in einer Ausstellung gesehen.

Henri Matisse: L'enterrement de Pierrot (Das Begräbnis des Pierrot)
Scherenschnitt aus dem Buch „Jazz"

Tafel IV

Katsushika Hokusai (1760–1849): Ansicht des Fuji vom Wellental im offenen Meer vor Kanagawa

Quellennachweis

S. 6f. Mich brennt's in meinen Reiseschuh'n
© Voggenreiter Verlag, Bonn – Bad Godesberg

S. 9 Guirant de Calancon: Lied „Fadet Joglar"
Peter Gülke: Mönche, Bürger, Minnesänger. Leipzig: Köhler & Amelang 1975, S. 129

S. 12 Übertragung des Palästinalieds
Walther von der Vogelweide. Die gesamte Überlieferung der Texte und Melodien. Hrsg. v. Horst Brunner u. a. Göppingen: Kümmerle 1977 (Litterae Nr. 7), S. 81*
Neuzeitliche Textfassung des Palästinalieds
Übertragung nach Stapf und Thurner, revidiert v. Beilhardt. Beiheft zur Schallplatte CLX 75430. Freiburg im Breisgau: Christophorus-Verlag 1961, S. 16
Melodiefassungen des Palästinalieds
Liedermagazin. Hrsg. v. Werner Breckoff u. a. Kassel: Bärenreiter 1975, S. 62

S. 16f. Übertragung von „Frölich geschray"
Oswald von Wolkenstein: Frölich geschray so well wir machen. Hrsg. v. Johannes Heimrath und Michael Korth. München: Heimeran [2]1978, S. 22

S. 18 Nachdichtung von „Frölich geschray"
Dieter Kühn: Ich Wolkenstein. Frankfurt am Main: Insel 1977, S. 183

S. 19 Her wiert uns dürstet
Oswald von Wolkenstein, hrsg. v. J. Heimrath u. M. Korth, a. a. O., S. 34

S. 20ff. Jagger / Richard: Sweet black angel
© Cansel Ltd., 1972. Für Deutschland, Österreich, Schweiz u. a.: Francis, Day & Hunter GmbH, Hamburg

S. 23 Übertragung der Orgeltabulatur
Heinrich Besseler / Peter Gülke: Musikgeschichte in Bildern. Bd. III, 5: Das Schriftbild der mehrstimmigen Musik. Leipzig: VEB Deutscher Verlag für Musik 1973, S. 143

S. 26 Volte
Heinz Teuchert: Europäische Gitarren- und Lautenmusik. Heft 4: Französische Musik. München: Ricordi 1974, S. 11

S. 28f. Abendlied
Robert Haas: Die Musik des Barocks. Wildpark-Potsdam: Athenaion 1928 (Handbuch der Musikwissenschaft), S. 166

S. 30ff. J. S. Bach: Kaffee-Kantate
Edition Eulenburg No. 1037. London u. a.: Ernst Eulenburg

S. 34ff. Reger: Serenade
Edition Eulenburg No. 287. London u. a.: Ernst Eulenburg

S. 38ff. Heider: Edition. Multiple Musik für Instrumental- oder Vokalgruppen
Edition Peters 8063. Frankfurt am Main: Peters

S. 49ff. Wagner: Die Meistersinger von Nürnberg
Klavierauszug von Karl Klindworth. Mainz: Schott, S. 140 u. 242ff.

S. 58 Organum „Rex caeli domine"
Nach Michael Alt: Das musikalische Kunstwerk. Teil II. Düsseldorf: Schwann 1965, S. 33
Naht der Welt nun die Nacht
Josef Heer u. a.: Musik im Leben. Bd. 1. Frankfurt am Main: Diesterweg 1973, S. 194 (transponiert)

S. 64 Estampie
Heinrich Besseler / Peter Gülke: Musikgeschichte in Bildern. Bd. 3: Das Schriftbild der mehrstimmigen Musik. Leipzig: VEB Deutscher Verlag für Musik 1973, S. 46

S. 66 Weckmann: Sinfonia
Arnold Schering: Geschichte der Musik in Beispielen. Wiesbaden: Breitkopf & Härtel 1931/1959, S. 277

S. 68 Mattheson-Zitat
Nikolaus Harnoncourt: Entstehungsgeschichte der Matthäus-Passion. Beiheft zur Schallplattenkassette Teldec 6.35047 FK, S. 10

S. 69f. J. S. Bach: Präludium und Fuge
Johann Sebastian Bach: Das wohltemperierte Klavier. Bd. 1. Urtextausgabe. München – Duisburg: Henle

S. 71 Schubert: Walzer
Franz Schubert: Klavierwerke. Bd. IV: Tänze. Wien: Universal Edition

S. 72ff. Liszt: Richard Wagner – Venezia
Edition Schott 11186. London: Schott 1952, S. 27f.

S. 74 Debussy-Zitat
Weltkulturen und moderne Kunst.Ausstellungskatalog. München 1972, S. 412

S. 78ff. Debussy: Prélude
Claude Debussy: Préludes pour piano. 1. Buch. Paris: Durand 1910

S. 83 Poor man's Blues
Blues und Work Songs. Hrsg. v. Janheinz Jahn. Frankfurt am Main – Hamburg: Fischer Bücherei 1964, S. 130

S. 84ff. Webern: Konzert op. 24
Philharmonia Partituren Nr. 434. Wien – London: Universal Edition

S. 89ff. Penderecki: Fluorescences
Partitur. Edition Moeck Nr. 5016. Celle: Moeck

S. 103 Bartók-Zitat
Everett Helm: Béla Bartók in Selbstzeugnissen und Bilddokumenten. Reinbek bei Hamburg: Rowohlt 1965, S. 105

S. 104 Bartók: Dudelsack
Béla Bartók: 44 Duos. Bd. 2: No. 26 – 44. Universal Edition Nr. 10452b. Wien: Universal Edition

S. 107ff. Bartók: Violinkonzert
Hawkes Pocket Scores Nr. 81. London: Boosey & Hawkes 1946

S. 113ff. Beethoven: Sonate
Edition Schott 0235. Mainz: Schott

S. 121 f. Kaiser-Zitat
Joachim Kaiser: Beethovens 32 Klaviersonaten und ihre Interpreten. Frankfurt am Main: S. Fischer 1975, S. 305 ff.

S. 122 f. Schering-Zitate
Arnold Schering: Beethoven in neuer Deutung. Leipzig: Kahnt 1934, S. 80 ff.

S. 124 ff. Chopin: Prélude
Frédéric Chopin: Préludes. Hrsg. v. Ewald Zimmermann. München: Henle

S. 128 Gide-Zitat
André Gide: Aufzeichnungen über Chopin. Frankfurt am Main: Insel 1962, S. 17 u. 11

Chopin-Zitat
Alfred Cortot: Chopin, Wesen und Gestalt. Zürich: Atlantis 1954, S. 96

Zitat aus der „Allgemeinen musikalischen Zeitung"
Camille Bourniquel: Frédéric Chopin in Selbstzeugnissen und Bilddokumenten. Reinbek bei Hamburg: Rowohlt 1959, S. 171

S. 129 f. Schumann: Vogel als Prophet
Robert Schumann: Werke für Klavier zu 2 Händen. Bd. 1. Hrsg. v. Emil von Sauer. Leipzig: Edition Peters, S. 125

S. 131 ff. Strauss-Zitat und Programm zu „Till Eulenspiegel"
Willi Schuh: Richard Strauss. Zürich – Freiburg i. Br.: Atlantis 1976, S. 402 u. 406 f.

S. 134 Strauss-Zitat
Epochen der Musikgeschichte in Einzeldarstellungen. Hrsg. v. Friedrich Blume. Kassel: Bärenreiter/München: Deutscher Taschenbuch Verlag 1974 (dtv Wissenschaftliche Reihe Nr. 4146), S. 325

S. 136 ff. C. Ph. E. Bach: Sinfonie Nr. 3
Nagels Musik-Archiv Nr. 73. Celle: Nagel 1931

S. 144 Reichardt-Zitate
C. Ph. E. Bach: Sinfonie Nr. 3, a. a. O., S. 2

S. 145 Strawinsky-Zitat
Igor Strawinsky: Musikalische Poetik. Frankfurt am Main: Insel 1960, S. 46 f.

Ansermet-Zitat
Ernest Ansermet: Die Grundlagen der Musik im menschlichen Bewußtsein. München: Piper 1965, S. 330

S. 148 Schubert: Walzer
Franz Schubert: Klavierwerke. Bd. 4: Tänze. Wien: Universal Edition, S. 72

S. 149 Debussy-Zitat
Claude Debussy: Einsame Gespräche mit Monsieur Croche. Leipzig: Reclam 1975, S. 26 u. 78

Strawinsky-Zitate
Igor Strawinsky: Erinnerungen. Zürich: Atlantis 1937, S. 51
I. Strawinsky: Musikalische Poetik, a. a. O., S. 41

Blume-Zitate
Epochen der Musikgeschichte in Einzeldarstellungen. Hrsg. v. Friedrich Blume. Kassel: Bärenreiter / München: Deutscher Taschenbuch Verlag 1974 (dtv Wissenschaftliche Reihe Nr. 4146), S. 314 u. 365

S. 150 f. Wagner: Tristan und Isolde
Programmheft der Bayerischen Staatsoper, München 1980, S. 66 f.

S. 152 Debussy-Zitat
C. Debussy: Einsame Gespräche mit Monsieur Croche, a. a. O., S. 28 ff.

Kandinsky-Zitat
Wassily Kandinsky: Über das Geistige in der Kunst. Bern: Benteli [10]1973, S. 47 f.

S. 153 ff. C. Debussy: Prélude „à l'après-midi d'un faune"
Paris: Jobert 1922

S. 156 Munch-Zitat
Luitpold-Sonderheft 74. Hrsg. vom Luitpold-Werk, München, S. 3

Strawinsky-Zitate
I. Strawinsky: Erinnerungen, a. a. O., S. 69 u. 62

S. 157 ff. Strawinsky: Le sacre du printemps
Igor Stravinsky: The Rite of Spring. Hawkes Pocket Scores Nr. 638. London: Boosey & Hawkes 1967

S. 162 f. Debussy-Zitat
C. Debussy: Prélude „à l'après-midi d'un faune", a. a. O., Vorwort

S. 165 Varèse-Zitat
Edgar Varèse: Erinnerungen und Gedanken. In: Darmstädter Beiträge zur Neuen Musik, Bd. III. Mainz: 1960, S. 66

Prokofjew-Zitat
Fred K. Prieberg: Lexikon der Neuen Musik. Freiburg i. Br. – München: Alber 1958, S. 346

Hindemith-Zitat
Paul Hindemith: Das Marienleben. Einleitende Bemerkungen zur neuen Fassung 1948. Mainz: Schott o. J., S. X

Zitat aus „Signale"
F. K. Prieberg, a. a. O., S. 384

Schönberg-Zitat
Arnold Schönberg: Briefe. Hrsg. v. Erwin Stein. Mainz: 1958. Aus dem Brief an W. Reinhard, 9. 7. 1923 (Brief Nr. 73)

S. 166 Russolo-Zitat
F. K. Prieberg, a. a. O., S. 153

Messiaen-Zitat
Hans Heinz Stuckenschmidt: Schöpfer der Neuen Musik. München: Deutscher Taschenbuch Verlag 1962, S. 155

S. 168 ff. Hindemith: Turandot-Scherzo
Paul Hindemith: Sinfonische Metamorphosen für großes Orchester. Edition Schott Nr. 3541. Mainz: Schott

S. 174 f. Gieseler-Zitat
Walter Gieseler: Komposition im 20. Jahrhundert. Celle: Moeck 1975, S. 81

S. 176 f. Messiaen: Etude
Olivier Messiaen: Mode de valeurs et d'intensités pour piano. Paris: Durand 1950

S. 179 f. Hindemith: Wer sich die Musik erkiest
© B. Schott's Söhne, Mainz 1928/1956

S. 181 Groupe-de-Six-Zitat
Winfried Zillig: Variationen über neue Musik. München: Nymphenburger Verlagshandlung 1959, S. 122

Bartók-Zitat
Béla Bartók. Weg und Werk, Schriften und Briefe. Hrsg. v. Bence Szabolcsi. Budapest und Bonn: 1957, S. 168

S. 181 f. Milhaud-Zitat
Komponisten über Musik. Hrsg. v. Sam Morgenstern. München: Langen-Müller o.J., S. 404 f.

S. 182 Samba lelé
Kurt Pahlen: So singt die Jugend der Welt. München: Südwest Verlag 1969, S. 18

S. 183 ff. Milhaud: Corcovado
Darius Milhaud: Saudades do Brazil. Suite de danses. Paris: Editions Max Eschig 1922, S. 2

S. 185 Milhaud-Zitat
Komponisten über Musik, hrsg. v. S. Morgenstern, a.a.O., S. 404

S. 186 ff. Dylan: The times they are a-changin'
© M. Witmark & Sons. Für Deutschland, Österreich und Schweiz: Neue Welt Musikverlag GmbH, München

S. 189 f. Weill: Die Dreigroschenoper
Klavierauszug v. Norbert Gingold. UE Nr. 8851. Wien: Universal Edition 1928, S. 18

S. 191 Schostakowitsch-Zitat
F.K. Prieberg, a.a.O., S. 250

S. 192 Henze-Zitat
Hartmut Lück: Der lange Weg zur Musik der Revolution, Fragmente zu einer Standortbestimmung des Komponisten Hans Werner Henze. In: Neue Musikzeitung, Februar/März 1971. Regensburg: Bosse, S. 3

S. 193 ff. Schostakowitsch: Sinfonie Nr. 7
Taschenpartitur. Ed. Sikorski Nr. 2229. Hamburg: Sikorski, S. 18 ff.

S. 196 Schostakowitsch-Zitat
Zeugenaussage. Die Memoiren des Dmitrij Schostakowitsch. Hrsg. v. Solomon Volkow. Frankfurt am Main – Berlin – Wien: Ullstein 1981 (Ullstein Taschenbuch Nr. 38027), S. 181 ff.

S. 197 Pahlen-Zitat
Kurt Pahlen: Sinfonie der Welt. Zürich: Schweizer Verlagshaus 1967, S. 276

Volkow-Zitate
Zeugenaussage, hrsg. v. S. Volkow, a.a.O., S. 32

S. 198 Bartók: Konzert für Orchester
Béla Bartók: Concerto for Orchestra. Hawkes Pocket Scores Nr. 79. London: Boosey & Hawkes

S. 204 Hahn-Zitat
Kurt Hahn: Text der Schallplattenhülle Eurodisc 74609 KK, Bartók: Konzert für Orchester (Originalaufnahme aus der UdSSR)

Pahlen-Zitat
K. Pahlen, a.a.O., S. 43

S. 204 f. Holland-Zitat
Programmheft zum 4. Jugendkonzert der Münchner Philharmoniker, München, 20.1.1978

S. 205 Zillig-Zitat
W. Zillig, a.a.O., S. 122

Bartók-Zitate
György Kroó: Bartók-Handbuch. Wien: Universal Edition 1974, S. 221
B. Szabolcsi, a.a.O., S. 304

S. 206 Strawinsky-Zitate
I. Strawinsky: Musikalische Poetik, a.a.O., S. 39
I. Strawinsky: Erinnerungen, a.a.O., S. 204 ff.

S. 208 Strawinsky: Psalmensinfonie
Igor Stravinsky: Symphony of Psalms. Hawkes Pocket Scores Nr. 637. London: Boosey & Hawkes 1948

S. 209 Strawinsky-Zitat
I. Strawinsky: Musikalische Poetik, a.a.O., S. 51

S. 210 ff. Strawinsky: Psalmensinfonie
I. Stravinsky: Symphony of Psalms, a.a.O.

S. 215 Strawinsky-Zitat
I. Strawinsky: Musikalische Poetik, a.a.O., S. 54

S. 217 Rock my soul
Erno Seifriz: Das Liederboot. Ravensburg: Otto Maier (Ravensburger Taschenbücher, Bd. 158)

S. 218 Adorno-Zitate
Theodor W. Adorno: Einleitung in die Musiksoziologie. Frankfurt am Main: Suhrkamp 1962, S. 17 ff.

S. 221 Nolde-Zitat
Werner Haftmann: Emil Nolde – Ungemalte Bilder – Aquarelle und „Worte am Rande". Köln: DuMont Schauberg 1963, nach Abb. 17

Hoffmann-Zitat
E.T.A. Hoffmann: Gesammelte Werke. Bd. V. Hrsg. v. Nino Erné. Hamburg: Standard-Verlag 1965, S. 119

S. 221 f. Kandinsky-Zitat
Wassily Kandinsky: Über das Geistige in der Kunst. Bern: Benteli [10]1973, S. 89 ff.

S. 222 Matisse-Zitate
Henri Matisse: Über Kunst. Sämtliche Aufsätze, Interviews, Statements und Radiosendungen. Zürich: Diogenes 1982, S. 74 u. 208
Henri Matisse: Jazz. München: Piper 1957, S. 12

S. 223 Manfred Miller: Blues. In: Die Story des Jazz. Hrsg. v. Joachim E. Berendt. Stuttgart: Deutsche Verlags-Anstalt 1975, S. 34

Klee-Zitat
Paul Klee: Über die moderne Kunst. Bern: 1979, S. 29

S. 224 Schönberg-Zitat
Arnold Schönberg, Wassily Kandinsky. Briefe, Bilder und Dokumente einer außergewöhnlichen Begegnung. Hrsg. v. Jelena Hahl-Koch. Salzburg – Wien: Residenz-Verlag 1980, S. 36

S. 225 ff. Schönberg: Orchesterstücke, Nr. 3
Arnold Schönberg: Fünf Orchesterstücke op. 16. Studienpartitur. Edition Peters 3376a. Frankfurt am Main: Peters

S. 227 f. Kandinsky-Zitate
Arnold Schönberg, Wassily Kandinsky, a.a.O., S. 57 u. 40

S. 228 Kandinsky-Zitat
Lothar-Georg Buchheim: „Der Blaue Reiter" und die „Neue Künstlervereinigung München". Feldafing: Buchheim-Verlag 1959, S. 114

Alberti-Zitat
Rudolf Wittkower: Grundlagen der Architektur im Zeitalter des Humanismus. München: Beck 1969, S. 90

S. 230ff. Mozart: Streichquartett
Wolfgang Amadeus Mozart: Quartet for 2 Violins, Viola and Violoncello D minor KV 421. Edition Eulenburg No. 32. London u.a.: Ernst Eulenburg

S. 235f. Don Giovanni: Inhaltsangabe
Programmheft der Bayerischen Staatsoper, München, 1976

S. 238ff. Mozart: Don Giovanni
Deutsche Bearbeitung v. Georg Schünemann. Klavierauszug v. Kurt Soldan. Edition Peters Nr. 4473. Frankfurt am Main: Peters

S. 244 Weber: Der Freischütz
Klavierauszug v. Kurt Soldan. Edition Peters Nr. 79. Frankfurt am Main: Peters

S. 247ff. Debussy: La mer
Paris: Durand 1905

S. 252 Ernst-Zitat
Herta Wescher: Die Geschichte der Collage vom Kubismus bis zur Gegenwart. Köln: DuMont Schauberg 1974, S. 191f.

S. 253 Ubu roi: Werkinformation
Pierre Brunel u.a.: Histoire de la littérature française. Paris – Brüssel – Montreal: Bordas 1972, S. 550ff.

S. 253f. Stürzbecher-Zitat
Ursula Stürzbecher: Werkstattgespräche mit Komponisten. München: Deutscher Taschenbuch Verlag 1973, S. 180f.

S. 255f. Zimmermann: Présence
Edition Schott Nr. 6733. Mainz: Schott

S. 262 Zimmermann-Zitat
B.A. Zimmermann: Présence, a.a.O.

S. 265 Byrd: Non nobis Domine
Der Kanon. Hrsg. von Fritz Jöde. Wolfenbüttel: Möseler 1959, S. 27 (transponiert)

S. 266 Caccini-Zitate
Die Garbe. Die großen Meister der Musik. Hrsg. v. Hugo Wolfram Schmidt u. Aloys Weber. Köln und Opladen: Westdeutscher Verlag / Köln: Tonger 1953, S. 113f.

S. 268f. Gluck-Zitat
Alfred Einstein: Gluck. Sein Leben – seine Werke. Zürich – Stuttgart: Pan-Verlag o.J. (1954), S. 142f. Zitiert nach Lenz Meierott / Hans-Bernd Schmitz: Materialien zur Musikgeschichte. Bd. 1: Texte. München: Bayerischer Schulbuch-Verlag ^{2}1981, S. 88

S. 270ff. Mozart: Die Zauberflöte
Klavierauszug v. Kurt Soldan. Edition Peters Nr. 71. Frankfurt am Main: Peters

S. 276 Mozart-Zitat
In Dur und Moll. Briefe großer Komponisten von Orlando di Lasso bis Arnold Schönberg. Hrsg. v. Hans Gal. Frankfurt am Main: G.B. Fischer 1966, S. 119 (Brief vom 13.10.1781)

S. 277ff. Schütz: Auferstehungshistorie
Edition Eulenburg No. 980. London u.a.: Ernst Eulenburg

S. 282 Schütz-Zitat
H. Schütz: Auferstehungshistorie, a.a.O., Vorwort
Ostersequenz
Michael Alt: Das musikalische Kunstwerk. Bd. 2. Düsseldorf: Schwann 1965, S. 17

S. 284 Walther-Zitat
Hans Heinrich Eggebrecht: Heinrich Schütz. Musicus poeticus. Göttingen: Vandenhoeck & Ruprecht 1959, S. 40
Praetorius-Zitat
H.H. Eggebrecht, a.a.O., S. 63
Burmeister-Zitat
H.H. Eggebrecht, a.a.O., S. 48
Zitat über Bach
Zitiert nach L. Meierott/H.-B. Schmitz, a.a.O., S. 60

S. 285ff. Bach: Messe h-Moll, Domine Deus
Johann Sebastian Bach: Missa Symbolum Nicenum BWV 232. Hrsg. v. Friedrich Smend. Taschenpartitur. Kassel: Bärenreiter ^{3}1968, S. 83

S. 288 Blankenburg-Zitat
Walter Blankenburg: Einführung in Bachs h-moll-Messe. Kassel: Bärenreiter ^{3}1974, S. 39f.

S. 289 Bach: Messe h-Moll, Et incarnatus est
J.S. Bach: Missa Symbolum Nicenum, a.a.O., S. 157

S. 290 Fußnote
W. Blankenburg, a.a.O., S. 73ff.

S. 291 Tripp-Zitat
Edward Tripp: Reclams Lexikon der antiken Mythologie. Stuttgart: Reclam 1974, S. 118, Fußnote: S. 201

S. 292 Fischer-Dieskau-Zitat
Dietrich Fischer-Dieskau: Auf den Spuren der Schubert-Lieder. Wiesbaden: Brockhaus 1971. Zitiert nach der Taschenbuchausgabe, München: Deutscher Taschenbuch Verlag 1976, S. 313

S. 292ff. Schubert: Der Atlas
Lieder von Franz Schubert. Hrsg. v. Max Friedlaender. Edition Peters Nr. 20a. Frankfurt am Main: Peters

S. 297ff. Berg: Wozzeck
Klavierauszug v. Fritz Heinrich Klein. Universal Edition Nr. 7382. Wien: Universal Edition

S. 301 Berg-Zitat
A. Berg: Wozzeck, a.a.O., Vorwort

S. 302ff. Orff: Drei Stücke aus Goethes Faust
Carl Orff: Stücke für Sprechchor. Orff-Schulwerk. Edition Schott Nr. 5583. Mainz: Schott 1969

S. 308 Morgenstern: Drei Gedichte
Christian Morgenstern: Alle Galgenlieder. Berlin – Darmstadt – Wien: Deutsche Buch-Gemeinschaft 1966, S. 19, 309 u. 23

S. 309 Schnebel-Zitat
Dieter Schnebel: Sprech- und Gesangsschule. In: Melos 1972, S. 198ff.
Kutter: give me a few words
Perspektiven neuer Musik. Hrsg. v. Dieter Zimmerschied. Mainz: Schott 1974, S. 235

S. 311 Berio: Sequenza III per voce femminile
Universal Edition Nr. 13723. Wien: Universal Edition

S. 312 Zitate über Stockhausens „Gesang der Jünglinge"
Text der Schallplattenhülle DG 16133

Personenregister

Achmatova, Anna 196
Adorno, Theodor W. 218
Alberti, Leon Battista 228
Ansermet, Ernest 145
Augustano, Jacobo Paix 24
Augustinus, Aurelius 253

Bach, Carl Philipp Emanuel 136ff., 145f.
Bach, Johann Sebastian 29ff., 41, 68ff., 136, 144, 185, 254, 284ff.
Bardi, Graf von Vernio 266
Bartók, Béla 103ff., 106ff., 180f., 192, 197ff., 206
Beethoven, Ludwig van 113ff., 165, 264
Berg, Alban 297ff.
Berio, Luciano 309ff.
Berlioz, Hector 166
Bernart de Ventadorn 9
Besard, Jean-Baptiste 24f.
Blankenburg, Walter 288, 290
Blume, Friedrich 149
Böcklin, Arnold 163
Braques, Georges 251
Brecht, Bert 188ff.
Bresgen, Cesar 6f.
Brühl, Heidi 218
Büchner, Georg 297ff.
Burmeister, Joachim 284
Byrd, William 265f.

Caccini, Giulio 266, 268
Cervantes, Miguel de 254
Chodowiecki, Daniel Nikolaus 147
Chopin, Frédéric 124ff.
Chu Tsai-Yü 67

Debussy, Claude 74ff., 77, 78ff., 148ff., 152ff., 245ff., 254
Diaghilew, Serge 163
Dylan, Bob 186ff.

Eichendorff, Joseph von 6f.
Elisabeth I., Königin 237, 265
Ernst, Max 251ff.

Fischer-Dieskau, Dietrich 292
Franco von Köln 19
Friedrich II., Kaiser 11

Gabrieli, Giovanni 233, 277
Gershwin, George 221, 223
Gide, André 128
Gieseler, Walter 175
Gilbert, Sir John 120
Gluck, Christoph Willibald 268f.
Goethe, Johann Wolfgang von 302ff.
Greger, Max 218
Grünewald, Matthias 156
Guido von Arezzo 10, 47f., 54
Guillaume de Machaut 13
Guirant de Calancon 9
Guthrie, Woody 186

Hahn, Kurt 204
Haydn, Joseph 165, 229
Heider, Werner 38ff.
Heine, Heinrich 291ff.
Henrici, Christian Friedrich 30ff.
Henze, Hans Werner 192
Herrmann, Rudolf 220
Hindemith, Paul 165, 166ff., 179f., 192
Hoffmann, E. T. A. 221
Hokusai, Katsushika 245f., Tafel IV
Holland, Dietmar 204f.
Honegger, Arthur 180
Humphries, Les 217f.

Jagger, Mick 20 ff.
Jarry, Alfred 253f.
Johannes de Grocheo 13
Joseph II., Kaiser 235
Joyce, James 254

Kaiser, Joachim 121f.
Kandinsky, Wassily 152, 221ff., 227, Tafel III
Kirnberger, Johann Philipp 68
Klee, Paul 223
Knef, Hildegard 218
Krieger, Adam 28f.
Kühn, Dieter 18
Kussewitzky, Serge 197, 205f.
Kutter, Markus 309

Lehár, Franz 197,204f.
Leonardo da Vinci 209
Liszt, Franz 72ff., 128, 131
Ludwig II., König 135
Luther, Martin 179f.
Lyser, Johann Peter 264

Mallarmé, Stéphane 153, 162
Matisse, Henri 221ff., Tafel III
Mattheson, Johann 68f.
Messiaen, Olivier 166, 174ff.
Milhaud, Darius 180ff.
Miller, Manfred 223
Monet, Claude 152, Tafel I
Monteverdi, Claudio 267f., 277
Morgenstern, Christian 308
Mozart, Wolfgang Amadeus 41, 144, 229ff., 235ff., 254, 268ff.
Mrawinskij, Jewgenij 197
Munch, Edvard 156f., 162, Tafel II

Navrátil, Josef 101
Nazareth, Ernesto 182
Nolde, Emil 221

Orff, Carl 301ff.
Oswald von Wolkenstein 13ff.

Paganini, Niccolò 232
Pahlen, Kurt 197, 204
Palladio, Andrea 229, 232
Penderecki, Krzystof 88ff.
Picander 30ff.
Picasso, Pablo 251
Plato 266
Poulenc, Francis 180
Praetorius, Michael 284
Prokofjew, Sergei 165, 254, 263
Pythagoras 54ff., 64

Ravel, Maurice 192
Reger, Max 34ff.
Reichardt, Johann Friedrich 144
Richard, Keith 20ff.
Rodzinsky, Artur 197
Rolland, Romain 134
Rolling Stones 20ff.
Russolo, Luigi 166

Sachs, Hans 48
Sándor, György 205
Schering, Arnold 122f.
Schikaneder, Emanuel 276
Schindler, Anton 119
Schnebel, Dieter 309
Schönberg, Arnold 84, 102, 165, 205, 220, 224ff., 297, 301
Schostakowitsch, Dmitri 191ff.
Schubert, Franz 71f., 148, 291ff.
Schumann, Robert 129f., 264
Schütz, Heinrich 276ff., 290
Schwind, Moritz von 5
Seeger, Pete 186
Seifriz, Erno 217
Shakespeare, William 119f., 122f., 253

Slevogt, Max 236
Smith, Bessie 82f.
Spieß, August 135
Stalin, Iossif Wissarionowitsch 191, 196f.
Stevin, Simon 67
Stockhausen, Karlheinz 233, 253, 263, 312
Strauß, Johann 205
Strauss, Richard 131ff., 254
Strawinsky, Igor 145, 148ff., 156ff., 206ff., 218
Stuck, Franz von 164
Stürzbecher, Ursula 253f.
Swieten, Gottfried Baron van 136, 144
Székely, Zoltan 112

Terhardt, Ernst 43
Teuchert, Heinz 26
Toscanini, Arturo 182

Varése, Edgar 165
Volkow, Solomon 197

Wagner, Richard 48ff., 72, 88f., 148ff., 150ff.
Walther von der Vogelweide 11ff.
Walther, Johann Gottfried 284
Weber, Carl Maria von 166f., 244
Webern, Anton 84ff.
Weckmann, Matthias 66
Weill, Kurt 188ff.
Werckmeister, Andreas 68
Wolters, Gottfried 7
Wüllner, Franz 131

Zillig, Winfried 205
Zimmermann, Bernd Alois 253ff.

Sachregister

absolute Musik 130, 134, 308
Affekt 64, 266, 269
Agitation 186
Agogik 103, 127
Akkordschrift 20ff.
Alteration 84, 161f., 274
Analogie 133, 221, 223, 254, 284, 288
Analyse 101ff., 128
Antike 48, 228, 253, 266, 291, 301
Arie 28f., 30ff., 130, 244, 268f., 285, 308
Ars nova 13, 165
Artikulation 42, 88, 175, 276
Assoziation 82, 218, 223f., 245, 312
Atonalität 48, 84, 191
Ausdruck 121, 127, 134, 156, 162, 209, 215, 221ff., 268, 275, 295f. (siehe auch Stimmungsgehalt)
Avantgarde 82, 166, 205

Ballade 129
Ballett 163, 252ff.
Barock 144, 161, 168, 233, 284f.
Basso continuo 27
Besetzung 19, 134, 207, 214, 237, 263
bezifferter Baß 23, 27ff.
Blue notes 84, 223
Blues 82ff., 223, 263
Bolero 192
Bordun 10, 25

Camerata 200
Canzone 233
Capriccio 129, 232
Cembalo 27, 29ff., 65, 69
Cent-Werte 76f.
Charakterstück 129f.
Chromatik 48ff., 74, 84ff., 106, 160ff., 181, 185, 214, 274f., 295f.
Cluster 100, 262f.
Collage 251ff.
Computer 42ff.

Dadaismus 253, 308
Deklamation 41, 291ff., 295ff., 301
Deutscher Tanz 235ff.
Diagramm-Aufzeichnung 43ff.
Diatonik 48ff. 53ff., 70, 161, 181
Diesis (große, kleine) 63, 67
Dissonanz 41, 63, 160ff., 164, 185, 214, 233, 283, 290, 295f.
Dramma per musica 266, 270
Drehleier 60
Dudelsack 61, 103ff.
Duett 189f., 285ff.
Duo 185
Dynamik, Lautstärke 34, 43f., 88, 103, 105, 127f., 129, 134, 175, 178, 221, 233, 251, 273, 295ff.

elektronische Musik 41ff., 312
Energetik 127
Enharmonik 65, 68, 71f., 161
Estampie 63f.
Etude 175ff.
Expressionismus 102, 148ff., 152, 156ff., 297

Fidel 59
Figuren 10, 19, 283ff., 288ff.
Folksong 186
Formalismus 191
Formgliederung 103, 105, 111f., 119, 126, 144, 156, 166ff., 173f., 180f., 207, 214ff., 223, 232, 263, 275, 284, 288, 296f., 312
Frequenz 42ff., 52, 67, 76, 221, 232
Fuge 68ff., 168, 173f., 209ff.
Futurismus 166

Gamelanmusik 53, 74ff.
Ganztonschritt 48, 57, 65, 76, 224
Ganztonskala 74, 77
Gassenhauer 204
Generalbaß 27ff., 267f., 283, 285ff.
Genrestück 129f.
Geräusch 41f., 166, 233, 254, 309
Gitarre 22f.
Gospel 217f.
grafische Notation 39ff., 89ff.
Gregorianik 8, 48, 233, 282, 284
Griffschrift 22f.
Groupe des Six 149, 180f., 185
Groupe La Jeune France 166
Grundton 48, 55, 68, 72, 84, 105, 275, 290
Guidonische Hand 47
Halbtonschritt 47f., 52, 67, 76, 224, 295
Hammerflügel 123
Harmonik 71, 74, 103, 105, 144, 160ff., 181, 183, 185, 214, 223, 228, 270, 272ff., 283f., 290, 295f.
Hermeneutik 122
Heterophonie 10, 82
Hexachord 47
Hit 206, 217f.
Homophonie 214, 270
Hörerwartung, Hörverhalten 102, 126ff., 183, 185, 206, 218f., 221, 224f., 288

Impressionismus 74ff., 148ff., 152f., 156, 245
Improvisation 7, 41, 58, 205, 217, 254
Instrumentation 147, 160, 168, 178, 233, 288
Intermezzo 129, 192, 197ff.
Interpretation, Deutung 13, 82, 101ff., 112ff., 121ff., 145, 162, 174, 186, 192, 196ff., 204f., 223, 251, 284f., 288ff., 292, 296, 312
Intervalle 55f., 76, 103, 228, 288
Intonation 64, 67, 223

Jazz 8, 82, 167, 205, 222ff.
Jugendbewegung 180

Kanon 19, 179f., 185, 217, 265f.
Kantate 29ff., 65f.
Kirnberger-Stimmung 68
Klang, Klangfarbe 5ff., 41ff., 88, 90, 103, 106, 127, 149, 152, 160, 162, 167f., 173f., 178, 183, 185, 196, 209, 214, 221ff., 232, 245, 251, 276, 308f., 312
Klangspektrum 41ff., 221
Klassik 149, 233
Klassizismus 149, 180, 228f.
Koloratur 268, 285, 308
Komma (pythagoräisches, syntonisches) 62f., 65, 67f.
Konsonanz 41, 53, 64, 228, 266
Kontertanz 235ff.
Konzert 84ff., 106ff., 192, 197ff., 206, 254, 283
Kubismus 251
Kunstlied 130, 292ff.
Kunstwerk 41, 205ff., 224

Laute 24ff., 67
Lautmalerei 133 (siehe auch Tonmalerei)
Lied, Liedsatz 6, 14ff., 28f., 130, 182, 217
Liedform 48
Ligaturen 10

Manieren 145f.
Marsch 186, 197, 245, 270
Meistersinger 48ff.
Melodik 103, 105, 144, 160f., 167, 183, 204, 274f., 283f., 290, 295ff., 312
Melodram 297
Mensuralnotation 13ff.
Menuett 229ff., 235ff.
Messe 276, 284ff.
Metrum 19, 103, 105, 161, 173, 275, 284, 295f., 301, 308
Militärmusik 205
Minnesänger 9ff., 48
Mittelalter 8ff., 53ff., 180, 291, 288
mitteltönige Stimmung 65, 68
Modulation 68, 72, 144, 274f., 295f.
Monochord 54f., 65
Monodie 266
Motiv, Motivik 106, 121, 131, 144, 167, 204f., 214, 223, 229, 232, 270, 274, 290, 295f.
Musikerlebnis 124ff., 134

Nationale Schulen 180
Naturalismus 156
Neoklassizismus 228
neudeutsche Schule 131
Neumen 10
Nocturne 129
Notation 5ff., 262, 310
Notenliniensystem 10, 52, 310
Notenschlüssel 10
Notenwerte 19, 25, 310

objektive Musikbetrachtung 102ff.
Oktave 53, 57, 67, 288f.
Oper 48ff., 188ff., 235ff., 244, 266ff., 285, 297ff.
Operette 197
Organum 10, 58
Ouvertüre 121, 166

Parameter 42ff., 88, 122, 192
Partialtonreihe 41, 55
Partitur 18, 178
Passion 282
Pélog-Skala 75ff.
Pentatonik 77
Perioden 105f.
Permutation 309
Phonetik 309
Phrasierung 34, 204
Polaritätsprofil 102
Polyphonie 13, 41, 106, 214
Polytonalität 185
Popmusik 82, 205, 217f., 265
Präludium 68f.
Prélude 75, 78ff., 124ff., 148, 153ff.
pluralistische Kompositonsart 253ff.
Programmusik 130ff.
Protestsong 186
Psalm 207ff., 282
pythagoräisches System 54ff., 62ff., 67, 228

Quadratnotation 10, 19, 282
Quarte 53ff., 284, 290, 296
Quinte 53ff., 65, 67f., 185
Quintenzirkel 68, 72

Raumakustik 232ff., 312
Rauschen 42
Realisierung 41
Realismus 191
Reihe 88, 174, 178
reine Intervalle 55, 63, 65, 68
Renaissance 228, 233
Rezension 204
Rezeptionsweisen, Wahrnehmungsformen 221ff., 224, 245, 251
Rezitativ 30, 32f., 121ff., 268f., 271f., 282ff.
Rhapsodie 112, 223
Rhetorik 276ff.
Rhythmus, Rhythmik 12, 19, 76, 82, 103, 105, 133, 144, 156, 160f., 167f., 180ff., 192, 196, 204, 214, 217, 223, 266, 270, 273ff., 283f., 288, 295ff., 301, 308
Ritornell 268
Rockmusik 20ff.
Romantik 41, 124, 129, 131, 149, 156, 181, 292
Rondo 131, 134

Samba 182f.
Sammlung 13, 68f., 103, 129
Sarabande 295
Satztechnik 106, 144, 192, 207, 215, 266, 270, 275, 284, 288, 290, 295
Scherzo 166ff., 192, 204
Schlager 204, 218
Schwingungsverhältnis 55ff., 67, 76
Scordatura 25
Semantik 309, 312
Sequenz 57, 282, 309ff.
Serenade 34ff.
serielle Musik 88, 166, 174, 178, 309
Sinfonia 66
Sinfonie, Symphonie 136ff., 192ff., 206ff., 218
sinfonische Dichtung 131, 134, 162
Singspiel 276
Sinuston 42
Sléndro-Skala 75ff.
Solmisation 47
Sonata 233
Sonate 113ff., 206
Sonatensatzform 112ff., 119
Song 20ff., 186ff., 189f., 218
Spätbarock 268
Spätromantik 148ff., 181, 185, 297
Spannungsverlauf 105, 127, 156, 161f., 295f.
Spielanweisungen 27, 90f., 123, 134 (siehe auch Vortragsanweisungen)
Spielleute 9, 53f.
Sprachakzent, Sprachrhythmus 276, 282f., 297, 301
Sprachlaut 308ff.
Sprechton 291ff., 297ff.
Stil (Epochen-, Gattungs-, Material-, National-, Personalstil) 103, 135ff., 145ff., 206, 218, 229, 265, 275, 282ff.
Stilwandel 135ff., 148ff., 180, 276, 284
Stimmäußerungen 309ff.
Stimmführung 27, 63, 161f.
Stimmung (von Instrumenten) 55, 63f., 67, 69, 77
Stimmungsgehalt 102, 127, 133, 185, 196, 206, 224, 273, 291, 308 (siehe auch Ausdruck)
Streichquartett 229ff.
subjektive Musikbetrachtung 102
Suite 182, 206
Surrealismus 253f.

Symbolik 122, 133, 149, 223, 263, 270, 288ff.
Synästhesie 149, 221, 223

Tabulatur 20ff.
Takt, Taktart 103, 166, 180, 183, 204, 273, 283f.
Tango 181, 192
Tanz, Danse 23f., 77, 82, 156f., 163, 180ff., 245, 263, 265, 283
Temperatur, temperierte Stimmung 65, 67ff., 165
Tempo 19, 34, 63, 103, 127ff., 232, 251, 275, 284
Terz 55, 64f., 67, 76, 183
Tetrachord 53
Tonalität 72, 84, 106, 160ff., 165, 173, 181, 185
Tonart 53, 67ff., 76, 103, 105, 180, 185, 204, 270, 273, 275, 290, 295
Tonleiter 52f., 75, 77, 105
Tonmalerei 275, 284 (siehe auch Lautmalerei)
Tonsystem (chromatisches, diatonisches) 47ff., 103, 165, 192, 309
Transponieren 47, 69, 144
Troubadours 9f.
Trouvères 9

Übersetzen (von Texten) 276
Übertragung 12, 16f., 23, 26

Variation 8, 35f., 41, 106, 111, 133f., 166ff., 223, 229, 232
Verfremdung 88, 190, 263
Verzierung 64, 145f., 268
Vierteltonschritt 48, 90, 111, 262f.
Volklied 134, 161, 180, 186
Volksmusik, Folklore 103, 180ff., 186
Volte 24ff.
Vortragsanweisungen 41, 129, 146, 175, 310 (siehe auch Spielanweisungen)

Wagnérisme 148ff.
Walzer, Valse 71f., 148, 192, 244f., 263
Weber-Fechnersches Gesetz 76
Wiener Klassik 144, 228
Wiener Schule 48, 84
wohltemperierte Stimmung 67ff.
Wolfsquinte 65

Zahlensymbolik 288ff.
Zitat 144, 204f., 254, 263
Zwölftontechnik 48, 84ff., 111, 178, 192
Zyklus 102, 129, 253, 291

Verzeichnis der besprochenen Musikbeispiele

(in historischer Folge geordnet)

Gregorianische Ostersequenz „Victimae paschali laudes“, einstimmig 282
– zweistimmig* 57
Organum „Rex caeli domine“ 58
Anonymer Troubadour: A l'entrada del temps clar* 9
Bernart de Ventadorn: Quand vei la lauzeta mover* 9
Walther von der Vogelweide: Palästinalied 11
Oswald von Wolkenstein: Frölich geschray so well wir machen 14
Her wiert uns dürstet 19
Spielleute: Chose Tassin 53
Saltarello (Fidel, Schellentrommel)* 20
Air de Galice (Drehleier)* 20
Estampie 63
Claude Gervaise: Bransle (Dudelsack)* 20
Giovanni Gabrieli: Sonata pian' e forte* 233
Canzon a 12 in eco* 233
Jean-Baptiste Besard: Volte (Laute) 24
William Byrd: Non nobis Domine 265
Claudio Monteverdi: L'Orfeo, Klage des Orfeo „Nò, nò che se'i versie alcuna“ 267
Heinrich Schütz: Auferstehungshistorie, Abschnitte 4–6 277
Matthias Weckmann: Kantate „Weine nicht“, Sinfonia 65
Adam Krieger: Abendlied „Nun sich der Tag geendet hat“ 28
Johann Sebastian Bach: Kaffee-Kantate BWV 211, Nr. 1 Rezitativ, Nr. 2 Arie, Nr. 3 Rezitativ 29
Das Wohltemperierte Klavier, 1. Teil, Präludium VIII es-Moll und Fuge VIII dis-Moll 69
Messe h-Moll, Duett „Domine Deus“ 284
– Chor „Et incarnatus est“ 284
Carl Philipp Emanuel Bach: Sinfonia III für Streichorchester, 1. Satz 136
Wolfgang Amadeus Mozart: Streichquartett d-Moll, KV 421, 3. Satz (Menuett) 229
Don Giovanni, 1. Akt, Finale 235
Die Zauberflöte, 2. Akt, Arie der Königin der Nacht „Der Hölle Rache“* 268
– 1. Akt, Finale 269
Ludwig van Beethoven: Sonate für Klavier d-Moll op. 31, Nr. 2 („Sturmsonate“) 113
Carl Maria von Weber: Der Freischütz, 1. Aufzug, Walzer 244
Franz Schubert: Walzer As-Dur op. 9, Nr. 2 71
Walzer B-Dur op. 127, Nr. 15 148
Schwanengesang, Der Atlas 291
Robert Schumann: Waldszenen op. 82, Nr. 7 („Vogel als Prophet“) 129
Frédéric Chopin: Prélude B-Dur op. 28, Nr. 21 124
Richard Wagner: Tristan und Isolde, Vorspiel 148
Die Meistersinger von Nürnberg, 1. Aufzug, Tabulaturverlesung des Kothner „Ein jedes Meistergesanges Bar“ 49
– 2. Aufzug, Monolog des Walther von Stolzing „Ein Meistersinger muß es sein“ 50
Franz Liszt: Richard Wagner – Venezia 72
Richard Strauss: Till Eulenspiegels lustige Streiche 31
Max Reger: Serenade für Flöte, Violine und Viola op. 77a, 2. Satz 34
Claude Debussy: Prélude à l'après-midi d'un faune 148
La mer, 2. Satz („Jeux de vagues“) 245
Préludes pour piano I, „Voiles“ 78
Franz Lehár: Die lustige Witwe, Lied des Danilo „Da geh ich zu Maxim“* 197
Arnold Schönberg: Klavierstücke op. 19, Nr. 2, 3 und 4* 102
Fünf Orchesterstücke op. 16, Nr. 3 („Farben“) 224
Variationen für Orchester op. 31* 165

Sergei Prokofjew: Symphonie classique, 3. Satz („Gavotte")* . . . 165
Igor Strawinsky: Le sacre du printemps, 1. Teil, Introduction und Danses des adolescentes . . . 148
Psalmensinfonie . . . 206
Alban Berg: Wozzeck, 1. Akt, 2. Szene . . . 297
Darius Milhaud: Saudades do Brazil, Nr. 7 („Corcovado") . . . 181
George Gershwin: Rhapsody in Blue* . . . 221
Edgar Varèse: Octandre, 2. Satz* . . . 165
Kurt Weill: Die Dreigroschenoper, Kanonensong . . . 188
Anton Webern: Konzert für Kammerensemble op. 24, 2. Satz . . . 84
Béla Bartók: Duos für zwei Violinen, Nr. 36 („Dudelsack") 103
Konzert für Violine und Orchester Nr. 2, 1. Satz . . . 106
Konzert für Orchester, 4. Satz („Intermezzo interrotto") . . . 197
Dmitri Schostakowitsch: Sinfonie Nr. 7 („Der Stadt Leningrad gewidmet"), 1. Satz . . . 192
Paul Hindemith: Wer sich die Musik erkiest (Kanon) . . . 179
Sinfonische Metamorphosen, 2. Satz („Turandot", Scherzo) . . . 166
Olivier Messiaen: Mode de valeurs et d'intensités . . . 174
Pierre Schaeffer: Etude aux allures* . . . 165
Carl Orff: Drei Stücke aus Goethes Faust („Wie traurig steigt die unvollkommne Scheibe", „Hexen-Einmal-Eins", „Die grauen Weiber") . . . 301
Cesar Bresgen: Mich brennt's in meinen Reiseschuh'n (Chor- und Instrumentalsatz: Gottfried Wolters) 6
Karlheinz Stockhausen: Gesang der Jünglinge* . . . 312
Bernd Alois Zimmermann: Présence, 3. Szene . . . 253
Krzysztof Penderecki: Fluorescences . . . 88
Luciano Berio: Sequenza III per voce femminile . . . 309
Werner Heider: Edition. Multiple Musik für variable Besetzungen . . . 38
Rolling Stones (Mick Jagger/Keith Richard): Sweet black angel . . . 20
Bob Dylan: The times they are a-changin' . . . 186
Hubert Bognermayr/Harald Zuschrader: Erdenklang. Computerakustische Klangsinfonie, Eden* . . . 42

Volkslieder und folkloristische Musik
aus Island:
Naht der Welt nun die Nacht . . . 58
aus den USA:
Poor man's Blues . . . 83
I'm a royal child (Gospel)* . . . 218
Rock my soul (Gospel), Popfassung von Les Humphries* . . . 217
– Kanonfassung von Erno Seifriz . . . 217
aus Brasilien:
Samba lelé . . . 182
Capoeira angola* . . . 183
Roupa Nova* . . . 183
aus Indonesien:
Tjarabalen-Gamelan* . . . 76
Martapura-Gamelan* . . . 77
Pferdetanz „Kuda Lumping"* . . . 77

Die angeführten Werke werden zum Teil nur ausschnittweise behandelt.

* nur als Klangbeispiel vorhanden

Bildnachweis

Umschlag: Frei gestaltet nach der Karikatur „Arnold Schönberg" von Rudolf Herrmann (vgl. Angaben zu S. 220) – S. 5: Staatliche Graphische Sammlung, München – S. 11: Nordrhein-Westfälisches Staatsarchiv, Münster – S. 13: Universitätsbibliothek Innsbruck – S. 14f.: Österreichische Nationalbibliothek, Wien – S. 23: Aus Heinrich Besseler / Peter Gülke: Musikgeschichte in Bildern. Bd. III,5: Schriftbild der mehrstimmigen Musik. Leipzig: VEB Deutscher Verlag für Musik 1973, S. 142 – S. 24: Aus Heinz Teuchert: Europäische Gitarren- und Lautenmusik. Heft 4: Französische Meister. München: Ricordi 1974, Vorwort – S. 42: Aus Werner Kaegi: Was ist elektronische Musik. Zürich: Orell Füssli 1967, S. 183 – S. 47: Bayerische Staatsbibliothek, München – S. 54: Österreichische Nationalbibliothek, Wien – S. 56: Bayerische Staatsbibliothek, München – S. 59: Universitätsbibliothek Heidelberg – S. 60f.: Bildarchiv Preußischer Kulturbesitz, Berlin – S. 65: Germanisches Nationalmuseum, Nürnberg – S. 75: Aus Fred Mayer: Schattentheater. Zürich: Bär-Verlag 1979, S. 34f. – S. 83: Schomburg Center for Research in Black Culture; The New York Public Library – Astor, Lenox and Tilden Foundations – S. 101: Nationalgalerie, Prag – S. 120: Aus William Shakespeare: Complete Works. Crown Publishers Inc. 1975 – S. 135: Werner Neumeister, München – S. 146: Bayerische Staatsbibliothek, München – S. 147: Kunstsammlungen der Veste Coburg – S. 163: Niedersächsisches Landesmuseum, Landesgalerie, Hannover – S. 164: Verlag Luise Däbritz, München (Foto Eva Heilmann, München) – S. 191: Hildegard Steinmetz, Gräfelfing – S. 207: Aus Igor Strawinsky: Erinnerungen. Zürich: Atlantis 1937, S. 207 – S. 220: Aus: Der Merker. Österreichische Zeitschrift für Musik und Theater. 2. Jg., Heft 17, Juni 1911 – S. 229: Archiv für Kunst und Geschichte, Berlin – S. 236: Prestel-Verlag, München – S. 246: Bibliothèque Nationale, Paris – S. 252: Archiv für Kunst und Geschichte, Berlin – S. 264: Aus: Musik-Karikaturen. Hrsg. v. Helmut Loos. Dortmund: Harenberg 1982 (Die bibliophilen Taschenbücher Nr. 359), S. 27 – S. 267: Aus: Monteverdis Orfeo. Facsimile des Erstdrucks der Musik. Hrsg. v. Adolf Sandberger. Augsburg: Benno Filser 1927, S. 30ff. – S. 269 u. 301: Foto-Studio Sabine Toepffer, München – Tafel I: Musée Marmottan, Paris (Foto Studio Lourmel 77, Paris) – Tafel II: Nasjonalgalleriet, Oslo – Tafel III: oben: Kunstsammlung Nordrhein-Westfalen, Düsseldorf (Foto Cosmopress); unten: Aus Henri Matisse: Jazz. München: Piper 1957, S. 21 – Tafel IV: Rijksmuseum, Amsterdam

Von folgenden Verlagen erhielten wir freundlicherweise die Erlaubnis, aus ihren Publikationen **Notenbilder** zu übernehmen:

Bärenreiter, Kassel: S. 285ff., 289 (aus J. S. Bach: Missa Symbolum Nicenum [Messe in h-moll], BWV 232.Hrsg. von F. Smend. Taschenpartitur)

Boosey & Hawkes, Bonn: S. 157ff. (aus I. Stravinsky: The Rite of Spring [HPS 638]), S. 208, 210–213 (aus I. Stravinsky: Symphony of Psalms [HPS 637])

Verlag Moritz Diesterweg, Frankfurt am Main: S. 6f. (aus: Chor- und Instrumentalbuch Musik im Leben. Stammausgabe. Hrsg. von H. Sabel und W. Träder. 1970)

Editions Max Eschig, Paris: S. 183ff. (aus D. Milhaud: Saudades do Brazil. Suite de danses)

Edition Eulenburg, Mainz: S. 34 (aus M. Reger: Serenade für Flöte, Violine und Viola D-Dur [Edition Eulenburg No. 287]), S. 230ff. (aus W. A. Mozart: Quartet for 2 Violins, Viola and Violoncello D minor, KV 421 [Edition Eulenburg No. 32]), S. 277–281 (aus H. Schütz: Auferstehungs-Historie [Edition Eulenburg No. 980])

Francis, Day & Hunter GmbH, Hamburg: S. 20ff. (aus: The Rolling Stones Complete)

G. Henle Verlag, München: S. 124ff. (aus F. Chopin: Préludes. Hrsg. von E. Zimmermann)

Moeck Verlag, Celle: S. 89, 91–99 (aus K. Penderecki: Fluorescences pour orchestre. Partitur [Edition Moeck Nr. 5016])

Möseler Verlag, Wolfenbüttel – Zürich: S. 179f. (aus: ars musica. Bd. 4: Chorbuch für gemischte Stimmen. Hrsg. von G. Wolters. 1965)

Nagels Verlag, Celle: S. 136–143 (aus C. Ph. E. Bach: Sinfonie Nr. 3 für vierstimmiges Streichorchester und Cembalo. Hrsg. von E. F. Schmid [Nagels Musik-Archiv Nr. 73])

C. F. Peters, Frankfurt am Main: S. 39f. (aus W. Heider: Edition. Multiple Musik für Instrumental- oder Vokalgruppen [EP 8063]), S. 225f. (aus A. Schönberg: Fünf Orchesterstücke op. 16. Studienpartitur [EP 3376a]), S. 238–243 (aus W. A. Mozart: Don Giovanni. Deutsche Bearbeitung von G. Schünemann. Klavierauszug von K. Soldan [EP 4473]), S. 244 (aus C. M. von Weber: Der Freischütz. Klavierauszug von K. Soldan [EP 79], S. 270ff. (aus W. A. Mozart: Die Zauberflöte. Klavierauszug von K. Soldan [EP 71]), S. 292–295 (aus F. Schubert: Lieder. Bd. 1. Hrsg. von M. Friedlaender [EP 20a])

B. Schott's Söhne, Mainz: S. 72ff. (aus: Liszt Society Publications. Bd. 1: Late Piano Works [Edition Schott 11186]), S. 113–119 (aus L. van Beethoven: Sonate d-Moll op. 31 No. 2. Hrsg. von A. Hoehn [Edition Schott 0235]), S. 169–173 (aus P. Hindemith: Sinfonische Metamorphosen für großes Orchester [Edition Schott 3541]), S. 255–261 (aus B. A. Zimmermann: Présence [Edition Schott 6733]), S. 302–307 (aus C. Orff: Stücke für Sprechchor. Orff-Schulwerk [Edition Schott 5583])

Musikverlag Hans Sikorski, Hamburg: S. 193ff. (aus D. Schostakowitsch: 7. Symphonie op. 60. Taschenpartitur [Ed. Sikorski Nr. 2229])

Universal Edition, Wien: S. 84–87 (aus A. Webern: Konzert op. 24 [Philharmonia No. 434]), S. 104 (aus B. Bartók: 44 Duos. Heft 2: No. 26–44 [UE 10452b]), S. 189f. (aus K. Weill: Die Dreigroschenoper. Klavierauszug von N. Gingold [UE 8851]), S. 297–300 (aus A. Berg: Wozzeck. Klavierauszug von F. H. Klein [UE 7382]), S. 311 (aus L. Berio: Sequenza III per voce femminile [UE 13723])

Warner Bros. Music GmbH Germany, München: S. 186ff. (aus: Bob Dylan und seine Songs, Bd. 1)